UTB **2223**

W0088060

Eine Arbeitsgemeinschaft der Verlage

Wilhelm Fink Verlag München
A. Francke Verlag Tübingen und Basel
Paul Haupt Verlag Bern · Stuttgart · Wien
Hüthig Fachverlage Heidelberg
Verlag Leske + Budrich GmbH Opladen
Lucius & Lucius Verlagsgesellschaft Stuttgart
Mohr Siebeck Tübingen
Quelle & Meyer Verlag Wiebelsheim
Ernst Reinhardt Verlag München und Basel
Ferdinand Schöningh Verlag Paderborn · München · Wien · Zürich
Eugen Ulmer Verlag Stuttgart
Vandenhoeck & Ruprecht Göttingen und Zürich
WUV Wien

Rudolf Richter

Soziologische Paradigmen

Eine Einführung in klassische und moderne Konzepte

WUV

Rudolf Richter, Univ.-Prof. Dr., lehrt am Institut für Soziologie der Universität Wien.

Die Deutsche Bibliothek – CIP-Einheitsaufnahme

Richter, Rudolf:
Soziologische Paradigmen : eine Einführung in klassische und moderne Konzepte / Rudolf Richter. – Wien : WUV-Univ.-Verl., 2001
   ISBN 3-8252-2223-3 (UTB)
   ISBN 3-85114-566-6 (WUV)

Herstellung: WUV-Universitätsverlag Wien
Einbandgestaltung: Atelier Reichert, Stuttgart
Printed in Austria

ISBN 3-8252-2223-3 (UTB-Bestellnummer)

Inhalt

Vorwort

Dieses Buch richtet sich an alle, die sich über grundlegende Denkweisen der Soziologie informieren wollen. In erster Linie will dieses Buch Studierende der Soziologie und aller Sozialwissenschaften ansprechen, die eine Einführung in soziologische Theorien benötigen. Darüber hinaus soll dieses Buch auch für all jene brauchbar sein, die an den Grundlinien soziologischen Denkens interessiert sind und entdecken wollen, welche Modelle und Theorien den Hintergrund soziologischer Aussagen bilden.

Das Buch bietet grundlegende Kenntnisse und verliert sich nicht in Details. Es behandelt auch nicht eine Theorie in aller Tiefe und Komplexität, es vermittelt Basiswissen. Es will neugierig machen auf soziologisches Denken und zum Weiterlesen und selbstständigen Weiterdenken anregen. Als solche Anregungen verstehen sich die an einigen Stellen eingefügte Übungen, die dem größeren Verständnis für die vorgestellten Theorien dienen und soziologische Beobachtung im Alltag initiieren wollen.

In einer Einleitung wird die Frage diskutiert, was Theorie eigentlich ist. Dabei verheimlicht der Hauptautor keineswegs seinen Standpunkt, dass sozialwissenschaftliche Theorie vor allem die Aufgabe besitzt, das Programm zu entdecken, die Choreographie nachzuschreiben, nach der gesellschaftliches Leben funktioniert. Dann folgt die Darstellung der historischen Entwicklung. Zunächst wird die Vorgeschichte der Soziologie im Rahmen der Gesellschaftsvertragstheorien behandelt, danach die Gründungsphase und Etablierung der Soziologie im 19. Jahrhundert. Soziologie wird dabei als empirische, historische Wissenschaft formuliert. Die Hauptströmungen im 20. Jahrhundert werden zunächst in drei große Blöcke gegliedert: die materialistische Gesellschaftstheorie, die systemtheoretische Vorgangsweise und die interpretative Soziologie. Die Abfolge der drei Themenbereiche ist willkürlich und soll keinen Stellenwert der Theorien widerspiegeln. Wissenschaft besteht im Wesentlichen im Lösen von Problemen und Fragen, man sollte sich an jenen Gedankengebäuden orientieren, mit deren Hilfe man zu ausführlichen und brauchbaren Antworten kommt. Die Theorien sollen daher gleichberechtigt nebeneinander stehen.

In jedem dieser Themenbereiche werden zunächst die Klassiker oder „Gründer" dieses Ansatzes mit ihren Theorien vorgestellt, um dann auf das zentrale Gedankengebäude – meist in der Nachkriegszeit ausformuliert – einzugehen. Die neueste Entwicklungen des letzten Jahrzehnts bilden den Abschluss der Kapitel.

Im Ausklang des Buches werden speziell zwei Strömungen behandelt, die quer zu den zuvor behandelten Theorien liegen und den theoretischen Diskurs der letzten Jahre bestimmten. Dazu gehört zum einen die feministische Theorie, zum anderen jene Theorien, die Gesellschaft als postmodern ansehen.

Eine stichwortartige Zusammenfassung der Ansätze am Ende soll die Orientierung erleichtern und als Anhaltspunkt für das Gedächtnis über das Gelesene dienen.

Ich danke all jenen, die am Entstehen dieses Buches mitgewirkt haben. Zum einen waren dies die in der Massenuniversität anonym bleibenden Studierenden, die in meinen Lehrveranstaltungen die hier vorgestellten Inhalte mit mir diskutierten und die mir so die Möglichkeit gaben, mein Verständnis zu vertiefen und zu überprüfen.

Besonders dankbar bin ich Karl-Michael Brunner, Wolfgang Dür und Barbara Ossege, die je ein Kapitel dieses Buches verfassten und auf diese Weise ihr Spezialwissen zur Verfügung stellten.

Weiters bin ich Elisabeth Wallner für die Standardisierung und Formalisierung der Literaturliste und ihr sowie Sylvia Supper für die mühsame Arbeit des Korrekturlesens zu Dank verpflichtet. Für die Neuauflage bin ich Danièle Lipp für die Gestaltung des Manuskripts dankbar.

Rudolf Richter   Wien, 1997/2001

1 Einleitung: Was versteht man unter einer soziologischen Theorie?

1.1 Ein Dialog

Ein Dialog zwischen einem Fragenden (Fr) und einem Wissenschaftler (W).

Fr: Was versteht man unter einer soziologischen Theorie?

W: Soziologische Theorie bietet ein Modell zur Erklärung der sozialen Welt. Das ist jene Welt, in der Menschen miteinander umgehen oder, wie die Soziologen sagen, sozial handeln. Das ist zumindest die traditionelle Auffassung von Theorie.

Fr: Du sagst Modell. Ich sehe mir gerne Modelle an. Besonders mag ich Modelle von großen Schiffen und ich muss gestehen, auch von alten Schlachtschiffen. Die guten Modelle zeigen maßstabsgetreu und recht genau, wie die Wirklichkeit aussieht. Sie beinhalten in verkleinertem Maßstab die wichtigsten, wenn nicht alle Details. Leider kann man oft die Einzelteile nicht so bewegen, wie man möchte. Sie sind festgeklebt. Und man sieht keine Veränderungen, weil die Modelle nicht „leben".

W: Du sprichst ein wichtiges Problem an. Manchmal habe auch ich Schwierigkeiten, den Modellbegriff auf die Wissenschaft umzulegen. Bei einem Modell sieht man, wie die Wirklichkeit aussieht. Bei der soziologischen Theorie sieht man das meistens nicht. Man braucht schon viele Vorkenntnisse oder eine sehr blühende Phantasie, um wirklich als Bild zu *sehen*, was eine Norm, eine Rolle ist, wie soziale Schichten oder gar soziale Systeme aussehen.

Fr: Hängt das damit zusammen, dass soziologische Theorie so abstrakt ist oder dass es für die Menschen schwer ist, die eigene Wirklichkeit zu betrachten?

W: Mit beidem. Tatsächlich ist die Theorie der Soziologie sehr abstrakt. Gespräche werden zu Interaktionen, Familie und Schule zu funktional ausdifferenzierten sozialen Systemen, usw. Vieles davon ist Fachsprache, die es erlaubt, die soziale Wirklichkeit präziser zu erfassen – eine Fachsprache, die aber nur Eingeweihte verstehen. Ebenso sind die mathematische, die juridische oder die medizinische Sprache Fachsprachen, die gelernt werden müssen. Natürlich besteht die Gefahr, dass eine so abstrakte Theorie keinen Bezug mehr zur Wirklichkeit hat. Es wird schon für Wissenschaftler schwer nachzuvollziehen, wie die Phänomene in der realen Welt aussehen, über die die Theorie handelt, für Laien ist es wahrscheinlich unmöglich.

Fr: Ein Modell bleibt aber doch sehr genau an der Wirklichkeit. Vielleicht sollte man bei einer wissenschaftlichen Theorie weniger von Modell sprechen, sondern ganz einfach von einem Gedankengebäude, einem Erklärungsmuster, das mir hilft, das Leben zu verstehen, im besten Falle auch vorherzusagen, wohin es sich entwickeln wird.

W: Gedankengebäude ist ein schöner Begriff, aber er trifft auf alles mögliche zu, auf Philosophie, auf Ideologie, auf Religion. Große soziologische Theorie und Religion haben tatsächlich einiges gemeinsam, etwa ihren Anspruch, allumfassend Wirklichkeit zu erklären. Aber ich bleibe für die Wissenschaft beim Begriff der Theorie. Man sollte sie nur nicht als Modell verstehen, das die Wirklichkeit abbildet, sondern eher als Gebrauchsanleitung, die sagt, wie man die Teile zusammensetzt. Mit Hilfe der Theorie kann man Wirklichkeit rekonstruieren. Das scheint mir die wichtige Aufgabe der Theorie zu sein.

Fr: Gebrauchsanleitungen bietet aber auch die Religion.

W: Die Frage ist aber, wie wir zu den Regeln gekommen sind. In der Soziologie kommen die Erkenntnisse nicht wie in der Religion durch die Berufung auf eine übergeordnete Instanz zustande, auch nicht durch reine Introspektion oder reines Nachdenken, sondern durch das Beobachten der Wirklichkeit und durch die Analyse der beobachteten Daten.

Fr: Macht das einen Unterschied?

W: Einen gewaltigen. Es macht einen Unterschied, ob ich aus einem erdachten Gedankengebäude Regeln ableite oder ob ich betrachte, wie Menschen handeln, und aus diesen Beobachtungen die Regeln ihres Verhaltens rekonstruiere. Es ist der Unterschied zwischen normativer und konstruktiver Vorgangsweise, zwischen Religion und Wissenschaft. Wir nehmen unseren Weg von der vorhandenen Realität aus, der uns wirksam der Wahrheit näher kommen lässt und auf dem wir immer mehr Details der Wirklichkeit erfahren. Ob wir das Ziel erreichen können, nämlich Wahrheit zu finden, darüber streitet man. Aber alleine der Versuch lohnt.

Wir haben durch die Wissenschaft auf viele Fragen der menschlichen Existenz äußerst brauchbare Antworten gefunden. In vielen Fällen ist es offensichtlich wirksamer, nach moderner, wissenschaftlicher Erkenntnis zu handeln als nach religiösem Glauben. Der Glaube hilft uns zum Beispiel in den wenigsten Fällen, gesund zu werden. Medikamente sind da meist wirksamer.

Fr: Du formulierst aber doch sehr vorsichtig. Ganz überzeugt bist du nicht vom Wert der Wissenschaft. Erst verwirfst du den Modellbegriff, der für traditionelle wissenschaftliche Theorie gilt, dann meinst du einschränkend, dass sie in den meisten Fällen, durchaus aber nicht immer hilft.

W: Ja, weil wir nicht meinen dürfen, dass nur das, was auf wissenschaftlicher Erkenntnis beruht, wirksam und brauchbar sei. Vor allem die Wissenschaften vom Menschen kämpfen mit vielen Ungenauigkeiten und Unwägbarkeiten. Das liegt sicherlich in der Komplexität des Menschen, der ja nicht nur ein Organismus ist, der mit anderen Organismen in Kontakt tritt, sondern einer, der Geschichte geschaffen hat, Religionen, Philosophien, Staaten, Weltreiche, der auch Armut und Krieg verursacht hat. Wir wissen eine ganze Menge über das, was es gibt, aber sehr wenig über die Prozesse, wie es zustande gekommen ist, und offensichtlich hat es auch keine Soziologie erreicht, genau anzugeben, was für soziale Gesundheit, etwa für den Frieden notwendig und in der heutigen Gesellschaft verwirklichbar ist. Vielleicht wollen wir Menschen das auch gar nicht so genau wissen. Oder sind uns nicht der eigenen Fähigkeiten sicher, hier zu neuen Erkenntnissen zu kommen. Wahrscheinlich wird auf der ganzen Welt unvergleichlich mehr Geld in naturwissenschaftliche Forschung als in sozialwissenschaftliche investiert. Das Vertrauen der Geldgeber in die Sozialwissenschaften scheint manchmal nicht sehr groß zu sein. Oder ist es auch Angst vor Erkenntnissen? Ich will das gar nicht beurteilen. Solange sozialwissenschaftliche Theorie daher notgedrungen so allgemein und leider oft unpräzise bleibt, ist es nicht verwunderlich, dass einzelne Menschen weniger nach den historisch doch sehr neuen soziologischen Theorien (die Soziologie gibt es seit der Mitte des 19. Jahrhunderts in moderner, empirischer Form) als mehr nach den Jahrtausende alten Religionen handeln. Man kann sehr zufrieden und gesund „im Glauben" leben. Trost spendet die Wissenschaft nicht. Es beschäftigt sich übrigens ein eigener Zweig der Soziologie, die Wissenschaftssoziologie und auch die Wissenssoziologie, mit solchen Fragen – warum zum Beispiel einige Menschen astrologische Erklärungen wissenschaftlichen vorziehen.

Fr: Jetzt frage ich mich aber schon, was soziologische Theorie eigentlich ist.

W: Lies das Buch. Du wirst sehen, dass es hier viele Ansätze und mehrere Gebrauchsanweisungen gibt, die ermöglichen, ein Teilstück der gesellschaftlichen Wirklichkeit zusammenzubauen. Es ist einerseits eine Frage des Problems – was will man gerade untersuchen – andererseits aber auch eine Frage des Geschmacks, ob und wie man Modelle bauen will.

Fr: Man kann also wählen.

W: Das Buch soll dir eine Orientierungshilfe sein.

1.2   Einleitung zur soziologischen Theorie

> „Grau, teurer Freund, ist alle Theorie."
> (Goethe, Faust I, Vers 2038, bezeichnenderweise von Mephistopheles gesprochen)

Das Verhältnis der meisten Menschen zu Theorien ist – vorsichtig formuliert – ambivalent. Wissenschaftliche Theorien gelten oft als langweilig. Alltagstheorien sind hingegen beliebter Bestandteil von Stammtischgesprächen und Diskussionsrunden im Fernsehen, die heute allerdings zumeist Talkshows und Wortduellen gewichen sind. Über Theorien lässt sich vortrefflich streiten. Warum immer weniger Menschen heiraten und als Single leben, warum das politische System an einer Legitimationskrise leidet – und das schon seit Jahrzehnten –, wie man am erfolgreichsten einen Betrieb führen kann, was für die Kindererziehung das Beste ist, dazu können Ideenlieferanten, Klatschtanten und Wirtshausgeher immer eine vortreffliche Meinung liefern, über deren Richtigkeit man nächtelang diskutieren kann. Diese Alltagstheorien hat Mephistopheles in Goethes Faust natürlich nicht gemeint, wenn er von grauer Theorie sprach. Hier im wirklichen Leben ist die Theorie noch bunt. Der Goethe'sche Vers geht weiter: „und grün des Lebens goldner Baum". Die frohe Buntheit verliert sich in der Wissenschaft etwas, wenn man statt von Betrieben von Organisationen, statt von Erziehung von Bildungsinstitutionen redet, statt von zwischenmenschlichen Beziehungen die Begriffe Interaktion und kommunikative Kompetenz verwendet, kurz, wenn man immer abstraktere, allgemeinere Worte wählt und sie zueinander in Beziehung setzt. Aber schillernd bleibt die Wirklichkeit – auch in soziologischer Theorie.

Brauchen wir wissenschaftliche, soziologische Theorie? Wir alle, oder nur die Soziologen und Soziologinnen? Gleichgültig, wie wir dazu stehen, wir können leicht sehen, dass niemand ohne Theorie im Alltagsleben auskommt. Theorie heißt nämlich, Annahmen über die sogenannte Wirklichkeit zu treffen und zu hoffen, dass diese zutreffen. Wenn ich morgens mein Frühstück koche, nehme ich an, dass die Herdplatte die Teekanne erwärmt. Ich habe eine sehr einfache Theorie über das Verhalten von Elektroherden. Wenn man an einem Schalter dreht, fließt vermutlich Strom, der die Platte erhitzt, wobei sich die Wärme auf den Teekessel überträgt. Das hat schon immer funktioniert, ich kann mich darauf verlassen. Sollte es einmal nicht funktionieren, dann hole ich eine Firma, die das Ganze wieder repariert. Wenn ich auf dem Weg zur Straßenbahn meine Zeitung kaufe, nehme ich an, dass es eine Verkäuferin gibt, die mir auf mein Verlangen hin die Zeitung aushändigt, die ich bezahlen muss. Hinter diesem Verhalten steht eine Theorie des Kaufens und Verkaufens, die ich mir natürlich in den meisten Fällen überhaupt nicht bewusst mache, nach der ich aber handle. SoziologInnen suchen nach solchen, dem Einzelnen oft verborgen bleibenden Theorien und bilden daraus allgemeinere, wissenschaftliche. Wenn wir im Alltagsleben ständig von Theorien geleitet sind, dann sind natürlich auch Wissenschaftler bei ihren Untersuchungen davon nicht unbeeinflusst. Auch sie sind Menschen, und auch Wissenschaft ist ein menschliches Unterfangen.

Es gibt aber doch Unterschiede zu den alltäglichen Theorien. Die wissenschaftlichen Theorien sollten uns immer bewusst sein, das heißt, ich muss als Wissenschaftler angeben können, welcher Theorie ich folge oder welche Theorie ich gerade zu konstruieren versuche. In diesem Fall bezieht sich die Theorie auch nicht auf einfaches, konkretes Verhalten, sondern ich möchte möglichst viele Aspekte der Wirklichkeit mit ihr erklären. Es geht also in der Soziologie nicht nur darum festzustellen, welche Theorie dem Zeitungsverkauf in der Trafik unterliegt, sondern zum Beispiel, wie Dienstleistungen zwischen Klientin und Administrator, zwischen Kunden und Anbietern ganz allgemein aussehen. Verständlicherweise brauchen wir dazu besondere Begriffe und nur zu leicht wird diese Theorie für Laien unverständlich. Den Naturwissenschaften geht es natürlich *nicht* besser. Um die Gesetze des Kosmos zu erforschen, um die Verhaltensweisen der Gene zu entdecken, sind komplizierte Messinstrumente und Versuchsanordnungen nötig, die uns in sonst nicht einsichtige Welten der Natur eindringen lassen. Haben wir diese Gesetze schließlich entdeckt, so ist auch verständlich, dass sie nicht in einfacher Alltagssprache erfasst werden können, sondern dass dazu abstrakte Sprachen, etwa die Mathematik, notwendig sind.

Damit soll aber nicht gesagt sein, dass wissenschaftliche Theorien unverständlich sein müssen. Zunächst einmal muss es Menschen geben, die auf ein Fachgebiet spezialisiert sind und schlicht und einfach gelernt haben, mit der Fachsprache umzugehen. Dass manche daraus eine Geheimsprache machen, ist eine andere Sache. So wie man Fremdsprachen übersetzen kann, so kann auch die Wissenschaftssprache in eine Alltagssprache übersetzt werden. Karl Popper oder Ludwig Boltzmann etwa haben immer auch wissenschaftliche Werke in einfacher Sprache geschrieben. Große Wissenschaftler haben sich wohl immer bemüht, ihrem Publikum verständlich zu bleiben und ihre Entdeckungen und Ideen in einer für alle verstehbaren Sprache zu beschreiben. Natürlich gehen in jeder Übersetzung Dinge verloren, aber das Wesentliche bleibt in guten Übersetzungen erhalten. Damit will ich sagen, dass zwischen wissenschaftlicher

Theorie und Alltagstheorie zwar ein gradueller, aber kein prinzipieller Unterschied besteht. Zumindest die Grenzen sind fließend, die Formulierungen ineinander übersetzbar. Natürlich gibt es auch hier Grenzen der Übersetzung, und ein Minimum an Bildung wird unweigerlich notwendig sein, um selbst in Alltagssprache formulierte wissenschaftliche Theorien zu verstehen. Ohne gewisse Anstrengungen erreichen wir nichts.

So wie es im Alltagsleben Menschen gibt, die stundenlang über Theorien brüten können und andere, die das langweilig und überflüssig finden und ganz einfach leben wollen, so gibt es auch in der Wissenschaft unterschiedliche Einstellungen zur Theorie. Manche halten sie immer für notwendig, andere wollen zunächst lieber einmal Daten sammeln und beobachten. Die Argumente beider Gruppen kann man in wissenschaftlichen Diskussionen oft hören. Wenn man lange genug im wissenschaftlichen Betrieb tätig ist, wird man feststellen, dass diese Argumente immer wieder auftauchen. Die einen sagen: „Die Untersuchung ist schlecht, weil das ja bloßes, theorieloses Datensammeln ist." Noch schlimmer sei, dass sich die Datensammler ihre (Alltags)Theorien, die sie ja haben müssen, weil jedes menschliche Verhalten theoriegeleitet ist, nicht bewusst machen. Das Argument, das andererseits die Theoretiker zu hören bekommen, lautet: „Das ist ja bloße Theorie" – und auch dies bedeutet nichts Gutes. Damit meint man, dass es sich hier um Spekulationen, um nicht überprüfte oder nicht überprüfbare Behauptungen oder überhaupt schlicht um Spinnereien handelt.

Die erste Behauptung unterstellt, dass nur theoriegeleitet geforscht werden darf. Theoriegeleitet heißt wiederum: geleitet von wissenschaftlicher Theorie, von wissenschaftlichen Modellen. Die zweite Behauptung zielt auf Theoretiker ab, die sich nicht vordergründig an die Empirie halten. Für diese wäre es durchaus erlaubt, Theorien aufzustellen, die nicht empirisch überprüfbar sind, die auch Spekulationen beinhalten. In einem engen Wissenschaftsverständnis gehören diese allerdings nicht zur Wissenschaft.

Es ist gar nicht so einfach, klar zwischen Theorien, Gedankengebäuden, Modellen oder Ideologien zu unterscheiden. Aber wir werden es versuchen. Die Wissenschaftler sollten sehr genau angeben können, was sie tun und warum sie es tun. Ihre Handlungen müssen nachvollziehbar sein. Das ist vielleicht das wichtigste, wenn auch nicht allein ausreichende Merkmal aller Wissenschaft: Sie reflektiert ihre Aussagen selbst. Ohne Reflexion gibt es keine Wissenschaft.

1.3 Klassische Einteilungen soziologischer Theorien

Die Soziologie als moderne Wissenschaft war immer bemüht, sich auch als Wissenschaft darzustellen. Das hieß, sich an naturwissenschaftlichen Methoden zu orientieren. So ist auch die Einteilung der Theorien von René König (1967) zu verstehen, die im Prinzip die vorher erwähnten Ansichten von Theorie berücksichtigt. Er unterscheidet:

> *a) Soziologische Theorien*
> *b) Theorien von der Gesellschaft*

Soziologische Theorien
Sie bestehen im Wesentlichen aus logischen Verknüpfungen von Variablen, Sätzen, Begriffen oder auch Konzepten. Die Inhalte der Theorie müssen in eine Beobachtungssprache umsetzbar und empirisch überprüfbar sein. Homans Theorie der sozialen Gruppe wäre ein klassisches Beispiel für eine solche Theoriebildung. Wir finden solche Theorien in allen soziologischen Teildisziplinen.

Je nach Komplexität können wir verschiedene Ebenen soziologischer Theorie unterscheiden:

Empirische Regelmäßigkeiten
Streng genommen sind diese natürlich noch keine Theorien. Es sind Ergebnisse, die man wiederholt durch Forschungen erhalten hat. Zum Beispiel: Je höher die Schulbildung, desto häufiger geht man ins Theater. Oder: Männer essen eher Fleisch als Frauen. Eine Menge solcher empirischer Regelmäßigkeiten werden durch Meinungsforschungen erhoben. Deskriptive Studien, die die Wirklichkeit einfach beschreiben, aber auch Längsschnittstudien, die Entwicklungen über einen Zeitraum darstellen, gehören in diesen Bereich. Dazu zählen auch demographische Arbeiten, die die Veränderungen in der Zahl der Eheschließungen, der Geburtenraten oder

der Migration zum Gegenstand haben. Sie stellen oft nur empirische Regelmäßigkeiten dar, ohne sie erklären zu können.

Ad hoc-Theorien

Ad hoc-Theorien erklären einsichtig und spontan empirische Regelmäßigkeiten. Sie liefern unmittelbar plausible Vermutungen über die festgestellte Regelmäßigkeit. Zum Beispiel: Leute mit höherer Schulbildung gehen deswegen öfter ins Theater, weil sie mehr darüber wissen als Leute geringerer Schulbildung. Menschen wandern in andere Länder aus, weil sie erwarten, dort mehr zu verdienen. Ad hoc-Theorien haben viel mit den Theorien im Alltag gemein, die wir alle sehr rasch zur Erklärung eines Verhaltens heranziehen – und die sich manchmal bei näherer Betrachtung als Vorurteil oder zumindest als nicht vollständiges Urteil erweisen. Natürlich wandern Leute nicht nur aus, weil sie im Gastland mehr Geld verdienen wollen, sondern weil sie dort zum Beispiel mehr politische Freiheiten haben, weil sie zu ihrer Familie ziehen wollen, die schon dort wohnt, und aus vielen anderen Gründen mehr.

Übung: Finden Sie eine Ad hoc-Theorie zur empirischen Regelmäßigkeit: Männer essen mehr Fleisch als Frauen. Oder vielleicht etwas gewichtiger: In alpinen Regionen gibt es mehr uneheliche Geburten als in Großstädten.

Theorien mittlerer Reichweite

Ad hoc-Theorien erklären nur einen kleinen Ausschnitt der Wirklichkeit. Sie erheben nicht den Anspruch, die vielen Aspekte der Wirklichkeit zu berücksichtigen und umfassende Erklärungen (etwa über Migration) zu geben. Diesbezüglich sind Theorien mittlerer Reichweite (middle range theories) breiter angelegt. Der Begriff wurde von dem berühmten amerikanischen Soziologen Robert K. Merton vorgeschlagen und erfreute sich lange Zeit außerordentlich großer Beliebtheit. Theorien mittlerer Reichweite fassen eine Reihe von Ad hoc-Theorien zu einem Themenbereich zusammen. Dazu gehören Theorien der sozialen Gruppen, zur Stadtentwicklung, zum Zusammenhalt von Organisationen usw. Spezielle Soziologien, die sich allen möglichen Themenbereichen widmen, sind voll von solchen Theorien.

Übung: Suchen Sie in ihrer Universitätsbibliothek zu einem Thema ihrer Wahl in der Literatur nach soziologischen Theorien mittlerer Reichweite.

Theorien höherer Komplexität

Diese Theorien erheben den Anspruch, allumfassende Erklärungen zur Entwicklung von Gesellschaften zu liefern. Sehr oft wird von „großer Theorie" gesprochen. Ihr Gültigkeitsbereich erstreckt sich von der Interaktion zweier Personen zu den Beziehungen von Staaten und Organisationen über die ganze Welt. Zu den allgemeinsten Ansätzen gehören hierbei Systemtheorie und Strukturfunktionalismus, aber auch historischer Materialismus oder eine Theorie zur Entwicklung der Weltgesellschaft. Die Theorie des kommunikativen Handelns von Habermas wäre ein weiteres Beispiel. Es gibt wenige solcher Theorien. Neben einem hohen Abstraktionsgrad haben sie aber einen weiteren schweren Nachteil: Sie sind kaum empirisch überprüfbar und daher weitgehend unwiderlegbar. Manchmal haben sie geradezu etwas Religiöses an sich: Man muss daran glauben. Gerade die Möglichkeit, eine Theorie empirisch zu überprüfen und gegebenenfalls zu widerlegen, ist der Gradmesser ihrer Güte.

Kurzer Exkurs über Verifikation und Falsifikation

Hier wird eine Wissenschaftsauffassung vertreten, die dem kritischen Rationalismus von Popper (1973) verpflichtet ist. Die frühen Positivisten meinten, eine Theorie müsse verifiziert werden können, das heißt, wir müssen angeben können, wann eine Theorie sich bewahrheitet. Das war auch noch die Auffassung des Wiener Kreises. Popper hat aber eindrucksvoll gezeigt, dass eine Theorie nie endgültig bestätigt werden kann, da wir ja bestenfalls alle bisherigen Fälle, aber nie die zukünftigen kennen können. Ein einfaches, beliebtes Beispiel: Der Satz: „Alle Raben sind schwarz" kann nie vollständig bewiesen werden, weil wir nie alle Raben zählen können und vor allem nicht wissen, ob nicht in Zukunft weiße Raben auftreten.

Zudem ist es mühsam, nach allen schwarzen Raben zu suchen. Prinzipiell ist es einfacher, nach einem weißen Raben Ausschau zu halten – also zunächst nach den „Fehlern" der Theorie zu forschen. Entdecken wir nur einen einzigen weißen Raben, brauchen wir nicht mehr weiter zu suchen, die Theorie ist widerlegt. Solange wir keinen finden, halten wir die Theorie aufrecht, sie ist vorläufig nicht falsifiziert. In der Wissenschaft – so Popper – müssen wir alle Mittel darauf verwenden, Theorien zu falsifizieren und dadurch falsche Annahmen auszuschalten.

Theorien von der Gesellschaft

Die großen Theorien sind schwer widerlegbar, sie nähern sich dem an, was Rene König als Theorien von der Gesellschaft bezeichnet. Dazu zählen (sozial)philosophische, spekulative und wertende Ansätze, die sich empirischer Beobachtung oft entziehen. Zu den Theorien von der Gesellschaft sind etwa Rousseaus Theorie über die Entstehung des Eigentums, Thomas Hobbes Theorie des Leviathans, die Utopien von Thomas Morus oder die eschatologischen Theorien des Marxismus zu rechnen. Ihr Wert für die Soziologie: Sie sind gedankenanregend. Manche Theorien fordern darüber hinaus zum praktischen Handeln auf, sie beinhalten Gesellschaftskritik (wie etwa der Marxismus). In ihnen geht es nicht nur um Überprüfung wissenschaftlicher Theorien, sondern um Veränderung von Gesellschaft. Insofern sind sie hochpolitisch.

Diese Einteilung Königs unterscheidet wissenschaftliche Theorien von eher philosophischen Spekulationen. Wie wir gesehen haben, sind die Grenzen allerdings fließend. Sehr viele SoziologInnen bewegen sich nicht weiter als bis zu Theorien mittlerer Reichweite. Mit unserem derzeitigen Forschungsinstrumentarium ist diese die höchste zu erreichende Ebene der empirischen Theoriebildung. Andere wiederum wollen das Handeln nicht aus der Soziologie ausschließen und auch Theorien von der Gesellschaft als wissenschaftliche Theorien ansehen. Da im menschlichen Leben alles miteinander verwoben ist, ist diese Trennung von verschiedenen Theoriearten eine rein analytische. Sie hilft, Unterscheidungen zu treffen und Theorien zu kategorisieren. Das hilft uns wiederum, etwas über die Aussagekraft und den Stellenwert einer Theorie zu erfahren. Es sagt uns, welche Erwartungen wir in sie setzen können. So können wir von einer Theorie mittlerer Reichweite erwarten, Aussagen über ihren Themenbereich zu treffen – beispielsweise über die Stadtentwicklung, die auf Beobachtungen der Realität, also auf empirischer Vorgangsweise, beruht. Von Gesellschaftstheorien verlangen wir vor allem komplexe Gedanken über die Wirklichkeit aus der Sichtweise des Theoretikers, der lange und in Ruhe (sine ira et studio) nachgedacht und vor allem sich entsprechend informiert hat. Vielleicht können wir uns auch damit verbundene Gesellschaftskritik erwarten, die uns Anweisungen gibt, wie wir zu einem friedlicheren Zusammenleben kommen können. Wenn wir diese Anweisungen nicht verabsolutieren und keine „Religion" daraus machen, dann können sie uns sehr wohl Wege zu einer besseren Gesellschaft aufzeigen.

Wie wir eingangs erläutert haben, stehen wir auf dem Standpunkt, dass sich wissenschaftliche Theorien von nicht-wissenschaftlichen nur graduell unterscheiden. So gesehen hat diese Einteilung heuristischen Wert: sie dient als Anhaltspunkt für die Einschätzung einer Theorie.

1.4   Eine einheitliche Theorie von Gesellschaft?

Die vorher getroffene Einteilung wird von einer weiteren Dimension überlagert, nach der man soziologische Theorien oft klassifiziert: Man unterscheidet zwischen *Konsens-* und *Konflikttheorien.* Je nachdem, ob in der Theorie stärker das Element der sozialen Ordnung und Stabilität betont wird oder ob man eher nach Konflikten und sozialem Wandel fragt, wird die Theorie der einen oder anderen Kategorie zugeordnet. Ein Kritiker dieser Unterscheidung ist der bekannte englische Soziologe Anthony Giddens (1981). Er zeigt, dass sich diese Differenz auf eine spezifische Tradition der Rezeption soziologischer Klassiker zurückführen lässt. Was wir brauchen, so meint er, sei eine umfassende Theorie der Industriegesellschaft, die sowohl Konflikt- als auch Konsensaspekte beinhaltet. Diese könne nur gefunden werden, wenn man zunächst die unsinnige Trennung von Konflikt- und Konsenstheorien als Mythos entlarvt einen Mythos, der durch eine verkürzte Interpretation der Soziologiegeschichte entstehe, die bei den soziologischen Werken einseitig konsens- oder konflikttheoretische Elemente aufgreift. Moderne Soziologie müsse beide Aspekte mit dem Ziel einer Theorie der Entwicklung der Industriegesellschaft verbinden und vor allem vergleichende Studien wiederbeleben (vgl. auch Giddens 1981).

Während man sich in den siebziger Jahren des zwanzigsten Jahrhunderts noch vorstellen konnte, eine einheitliche Theorie der Industriegesellschaft zu entwickeln, wurde in den achtziger Jahren immer deutlicher, dass eine Entwicklung hin zu einer postindustriellen Informationsgesellschaft im Gange ist. Andererseits sind viele Gesellschaften keineswegs auf dem Standard der europäischen Industriegesellschaft, und der Einfluss der unterschiedlichen Weltkulturen (Huntington 1997) erlaubt vielleicht gar keine einheitlichen Theorien mehr. Vielleicht muss man sich daher bei der soziologischen Theoriebildung mit einzelnen Aspekten zufrieden geben, ganz im Sinne einer Theorie mittlerer Reichweite, oder sich auf ein sehr allgemeines, abstraktes Niveau begeben, wie es heute in der Systemtheorie geschieht.

Aber das ist weder verwunderlich, noch ist eine solch umfassende Theorie meiner Meinung nach erstrebenswert. Verwunderlich ist es deshalb nicht, weil die Geschichte der Menschheit so komplex und vielfältig ist, weil es so unterschiedliche Formen des menschlichen Zusammenlebens gab und gibt, dass wir uns nicht auf eine einheitliche Erklärung verlassen können. Und erstrebenswert ist sie nicht, weil man dann zu leicht alles unter dem Gesichtspunkt dieser Theorie sehen, alles darunter einordnen würde. Was nicht dazu passt, hätte auch keine Berechtigung. Eine einheitliche Theorie der Gesellschaft, die politisch umgesetzt werden würde, wäre totalitär und daher abzulehnen.

Es bleibt dabei: Es gibt viele „kleine" und „große" soziologische Theorien, die sich auf einer allgemeineren Ebene ganz unterschiedlichen Traditionen zuordnen lassen.

Die Vielfältigkeit der soziologischen Theorie wird in diesem Buch vereinfacht dargestellt. Wir unterscheiden im Wesentlichen zwischen drei großen Entwicklungssträngen: einer umfassenderen abstrakten (Strukturfunktionalismus, Systemtheorie), einer eher humanistischen (Verstehende Soziologie) und einer eher materialistischen (kritische Theorie) Tradition. Damit sind die Hauptströmungen erfasst, die in das moderne soziologische Denken eingeflossen sind und uns die Gebrauchsanleitungen bieten, die wir benötigen, um ein Bild von Gesellschaft zu entwerfen. In der Praxis soziologischen wissenschaftlichen Arbeitens, das, wie Popper (1994) sagte, wie jede Wissenschaft ein Problemlösen ist, können sich die Ansätze vermischen. Vielleicht – und das wird im Schlusskapitel kurz behandelt – wird diese hier getroffene Unterscheidung in einer postmodernen Gesellschaft zunehmend hinfällig. Heute bestimmt sie jedoch noch weitgehend soziologisches Denken.

1.5   Theorie oder Paradigma

Wir haben in den vorigen Abschnitten versucht zu erläutern, was Theorie, insbesondere soziologische Theorie in der Wissenschaft sein soll. Trotzdem gaben wir dem Buch bewusst nicht den Titel „Soziologische Theorien", sondern „Soziologische Paradigmen. Eine Einführung in klassische und moderne Konzepte". Vor allem auch deswegen, weil wir die Absicht hatten, grundsätzliche Perspektiven einander gegenüberzustellen. Das Buch handelt von Theorie unter paradigmatischen Ordnungsgesichtspunkten. Was meinen wir damit?

Es geht in dem Buch darum, den Leser und die Leserin mit grundsätzlichen Argumentationsweisen der Soziologie vertraut zu machen. Das leistet eine paradigmatische Vorgangsweise. Theorien gibt es vielfältige, Paradigmen im Idealfall nur eines, in der modernen Wissenschaft wahrscheinlich einige wenige. Zu jedem Paradigma kann es eine Fülle von Theorien geben.

Soziologische Theorien sind einerseits, wie wir in den vorangehenden Abschnitten festgestellt haben, Modelle von Gesellschaft. Sie versuchen allgemeine Annahmen über Entwicklungen in der Wirklichkeit zu treffen, sie versuchen soziale Phänomene zu erklären. In der Regel setzen sie verschiedene Variablen, also verschiedene soziale Phänomene miteinander in Beziehung und zeigen auf, wie diese einander beeinflussen. Das kann, wie wir ebenfalls gesehen haben, auf einer relativ abstrakten Ebene passieren, indem etwa beschrieben wird, wie Werte, Normen und Rollen miteinander übereinstimmen. Solche grundlegenden Theorien finden sich zum Beispiel in der paradigmatischen Zugangsweise des Funktionalismus, wenn dargelegt wird, wie Normen auf Rollenverhalten wirken. Diese Theorien können aber auch wesentlich einfacher sein, indem sie etwa versuchen, die Entwicklung der Urbanisierung oder ein abweichendes Verhalten zu erklären. Theorien können auch auf eine untere Ebene eingehen, indem sie das Verhalten auf öffentlichen Plätzen, Interaktionen zwischen Chef und Mitarbeitern, zwischen Partnern oder zwischen Eltern und Kindern beobachten und interpretieren. Auf diesen unterschiedlichen Ebenen gibt es eine Fülle von Theorien, die jeweils nur handbuchartig wirklich umfassend darzustellen wären.

Der Begriff Paradigmen bezeichnet dagegen eine grundsätzliche Perspektive, unter der man bestimmte Gegenstände, in unserem Fall eben Gegenstände der sozialen Realität, betrachtet. Ein Paradigma gibt an, welche Fragen man stellt und welche Phänomene man in den Mittelpunkt rückt – was einem sozusagen zuerst auffällt, wenn man an Gesellschaft herangeht. Dieser Begriff des Paradigmas wurde vor allem von Thomas S. Kuhn in der Wissenschaft populär gemacht. Er sprach in seiner wissenschaftsgeschichtlichen Analyse der Naturwissenschaften vom Paradigmenwechsel, wobei er aufzeigte, dass die Newton'sche Gravitationstheorie von der Einstein'schen Relativitätstheorie abgelöst wurde. Wahrscheinlich würde man heute von der Quantentheorie als neuem Paradigma der Physik sprechen. Eine derart lineare Aufeinanderfolge von Paradigmen finden wir in der Soziologie nicht, wir können aber die Fülle von Theorien bestimmten Gesichtspunkten zuordnen. Wir versuchen hier, prinzipiell drei Paradigmen voneinander zu unterscheiden: die *materialistisch kritischen* Gesellschaftstheorien, die *systemisch orientierten* und die am *Handeln orientierten* Theorien. Mit diesen drei Perspektiven werden durchaus unterschiedliche Forschungsintentionen verfolgt.

In der materialistischen Gesellschaftstheorie richtet sich der Fokus vor allem auf die Produktion von Gesellschaft. Etwas einfacher gesprochen: Der zentrale Begriff, unter dem Gesellschaft analysiert wird, ist der Begriff der Arbeit. Insofern erweist sich materialistische Gesellschaftstheorie als ein Prototyp der Industriegesellschaft und ist auch eng mit der im 19. Jahrhundert entstandenen Industriegesellschaft verbunden. Unter materialistischen Aspekten steht eine Gesellschaftskritik im Zentrum, das heißt, es geht in diesem Paradigma auch um Veränderung von Gesellschaft, um Veränderung der Situation, in der die arbeitenden Menschen stehen. Konflikt, Arbeit, Veränderung – das sind grundlegende Elemente dieses Paradigmas, und unter diesen Gesichtspunkten wird gesellschaftliche Realität analysiert, erklärt und beurteilt.

Das zweite, das systemische Paradigma stellt mehr die Ordnungsfunktion von Gesellschaft in den Mittelpunkt. Wie wir im Folgenden sehen werden, hat Thomas Hobbes dieses Problem der sozialen Ordnung erstmals deutlich umrissen. Zwar mag die Gesellschaft konfliktuell organisiert sein, es ist aber Ziel der Sozialwissenschaft und insbesondere der Soziologie, die ordnenden Elemente darzustellen. Das bringt natürlich auch mit sich, dass das Ziel einer solchen Theorie eher darin liegt, Ordnung herzustellen als Wandel und Veränderung zu propagieren. Diese Theorien wurden früher in politischer Hinsicht als konservativ bezeichnet. In diesen Theorien spielen nicht mehr relativ konkrete Begriffe wie Arbeit eine Rolle, sondern es geht um abstrakte Dinge wie etwa Struktur, Funktion und System. Das sind Begriffe, die im Alltagsleben nicht gebräuchlich sind und die aufzeigen, dass es dieser Theorie nicht um eine Reproduktion des Alltaglebens, sondern um eine allgemeine situationsunspezifische, historisch und geographisch übergreifende Theorie von Gesellschaft geht. Dieser paradigmatische Zweig leitet sich ebenso von biologischen Theorien her und hat in seinem Ursprung enge Verbindungen zur Sozialtheorie eines Herbert Spencers und zur Evolutionstheorie der Biologie. Zunächst als Strukturfunktionalismus (siehe Kapitel 4) formuliert, entwickelt sich dieser Ansatz weiter zu einer allgemeinen Systemtheorie. In dieser Perspektive steht der Begriff Kommunikation im Mittelpunkt. Als eine allgemeine Theorie sieht sie von konkreten Besonderheiten ab beziehungsweise versucht sie, diese in allgemeinere Begriffe einzugliedern. So geht es auch nicht um den Menschen an sich, sondern um die Strukturen, die das Handeln des Menschen leiten. Menschen verständigen sich miteinander, zumeist auf der Ebene der Sprache, aber auch auf verschiedenen anderen Ebenen, sie kommunizieren miteinander. Da wir in der Soziologie nicht den „Menschen an sich" erfassen können – denn er hat ja auch noch psychische und biologische, im Körperbau zusätzlich mechanische Elemente –, konzentriert man sich auf das Soziale im Leben des Menschen – und dies liegt in der Kommunikation. Kommunikation wird damit zum Grundbegriff der Systemtheorien, und alle Analysen und Erklärungen menschlichen Verhaltens orientieren sich an der Art und Weise, wie Kommunikation zustande kommt, abläuft und beeinflussbar ist.

Als drittes Paradigma unterscheiden wir Ansätze, die auf das soziale Handeln des Menschen abzielen. In diesem Ansätzen steht der Mensch als Individuum im Mittelpunkt. Seine Aktivitäten, seien sie geistiger, seien sie materieller Natur, werden beobachtet. Im Gegensatz zur Systemtheorie steht hier nach wie vor der Handelnde mit seinen Kommunikationen im Zentrum. Diese Theorien beinhalten und berücksichtigen auch teilweise die Motivationslage der betreffenden Person. Sie kommen dadurch in die Nähe der Psychologie und werden auch sehr oft als Sozialpsychologie bezeichnet. Auf einer allgemeineren Ebene geht es um den Sinn und die Bedeutung, die sozial Handelnde, also einzelne Individuen, mit ihren Handlungen verbinden. Solche Theorien werden, da sie direkt auf das Alltagshandeln Bezug nehmen, mikrosoziologische Theorien genannt – im Gegensatz zu makrosoziologischen Theorien, die den beiden vorigen Paradigmen zuweisbar sind. Innerhalb dieses mikrosoziologischen, am sozialen Handeln orientierten Paradigmas, haben sich vor allem solche Theorien etabliert, die sich an der pragmatischen Philosophie Amerikas, an den geisteswissenschaftlichen Disziplinen Europas und weniger an der Naturwissenschaft orientieren. Die naturwissenschaftlichen Aspekte werden im Rahmen eines mikrosoziologischen Paradigmas vor allem von einer Theorie in Anspruch genommen, die derzeit wieder größere Verbreitung erlangt: die Rational Choice-Theorie. Soziales Handeln wird dabei als rationales Handeln gesehen und ist dementsprechend kausalanalytisch zu erforschen (vgl. Kapitel 8). Im verstehenden oder interpretativen Paradigma, wie wir es nennen wollen, steht also der Mensch als Handelnder im Mittelpunkt der Betrachtung; von der Motivationslage aber auch von der sozialen Lage und historisch besonderen Situation des Menschen her wird versucht, sein Handeln zu erklären. In der Rational Choice-Theorie geht man über die historisch besondere Situation hinaus und versucht allgemein gültige Gesetzmäßigkeiten zu entwickeln. In diesem Sinne knüpft diese mikrosoziologische Theorie an die Paradigmen des Strukturfunktionalismus an, steht allerdings im Gegensatz zur Systemtheorie.

Natürlich gibt es, wie einleitend angesprochen, eine Fülle von Theorien in der Soziologie. Wenn man sich problemorientiert verhält und die Aufgabe des Wissenschaftlers darin sieht, Probleme zu lösen, wird man bei der Problemlösung Anleihen aus allen Perspektiven nehmen. Darüber hinaus sind Theorien, die in der praktisch-empirischen Arbeit entstehen, nicht unbedingt einem Paradigma verpflichtet. Es ist kein Grundsatz der wissenschaftlichen – also auch der soziologischen Arbeit – sich dogmatisch an ein Paradigma zu halten, sondern es ist die Regel, dass es einen Problemfall gibt, wie zum Beispiel die Stadtentwicklung oder die Veränderungen im Bereich der Familie, und versucht wird, auf dieses Problem aus möglichst unterschiedlichen und vielen Perspektiven zu antworten. Insofern sind in praktischer Forschung entstehende Theorien der Soziologie paradigmatisch weniger gebunden. Hinzu kommt, dass jede Forscherin und jeder Forscher einen Hintergrund hat, von dem aus er die Realität betrachtet, gleichsam ein Leitsystem, das ihn dazu bringt, Fragen zu stellen und bestimmte Dinge in den Mittelpunkt zu rücken. Und dieses Leitsystem liegt im Wesentlichen in den paradigmatischen Bereichen, die wir in diesem Buch behandeln.

Damit sollte klar werden, dass soziologische Ergebnisse und soziologische Theorien vor bestimmten Fragestellungen und Hintergründen entwickelt werden. Man erfährt in diesem Buch, von welchen Ideologien – ein gefährliches Wort im Rahmen der Wissenschaft, aber Paradigmen nähern sich der Position von Weltanschauungen – und von welchen weltanschaulich-wissenschaftlichen Perspektiven aus hier Gesellschaft untersucht wird. Daher ist es auch verständlich, dass sich etwa Vertreter einer kritischen Gesellschaftstheorie, die auf Veränderung abzielt, nicht oder kaum mit Vertretern einer Systemtheorie verständigen können, die Ordnungsgesichtspunkte in den Mittelpunkt rückt, oder mit Vertretern eines interpretativen Paradigmas, das sich sehr stark auf das soziale Handeln des Einzelnen orientiert und Fragen wie Macht oder Produktion eher in der Hintergrund rückt. Die Zusammenschau wird dadurch zusätzlich verkompliziert, dass alle Begriffe in allen Paradigmen eine Rolle spielen, allerdings unterschiedlichen Stellenwert haben.

Wenn wir von solch einem paradigmatischen Ordnungsaspekt ausgehen, ist es auch nicht notwendig, Theorien im Detail, im Einzelnen zu beschreiben. Es ist eben auch Absicht des Buches, große Zusammenhänge darzustellen, soziologische Perspektiven aufzufächern, nicht aber Theorien in ihrer Vielfalt und ihrem Detail zu untersuchen. Dazu gibt es eine Fülle anderer Einführungsbücher. Es geht in unserem Sinne mehr um das Verstehen von soziologischen Paradigmen und von soziologischer Perspektive, es geht stärker um Sinnvermittlung als um Wissens- und Informationsvermittlung. Ziel ist es, nach der Lektüre der „Soziologischen Paradigmen" die unterschiedlichen Zugangsweisen und Perspektiven der Soziologie unterscheiden zu können. Wenn eine soziologische Analyse beurteilt wird, dann sollte mit dem Hintergrundwissen aus diesem Buch klar werden, welche paradigmatischen Zugangsweisen die Autoren verfolgt haben.

2 Vorgeschichte und Grundlegung

Es gab keine Soziologie vor dem Ende des 18. Jahrhunderts, wenn man unter Soziologie systematisches Wissen über Gesellschaft, eine besondere säkulare Sichtweise von Gesellschaft und einen konzeptionellen Rahmen versteht, der sie als eigenständige Disziplin erkennen lässt (vgl. Swingewood 1984, S. 7). Die Bezeichnung Soziologie wurde im 19. Jahrhundert von Auguste Comte geprägt. Damit wird gleichsam der Ursprung des wissenschaftlichen Studiums von Gesellschaft bestimmt.

Allerdings beschäftigten sich auch vorher schon Autoren mit dem Phänomen Gesellschaft. Die europäische Wissenschaftsgeschichte findet ihre Ursprünge im antiken Griechenland, und man wird unschwer feststellen können, dass sich antike Autoren mit Gesellschaft beschäftigen. Die *Antike* gilt aber als typisch nicht-soziologisch, weil sie sich mehr an den Ideen als an der Wirklichkeit orientierte wie etwa bei Platons Räsonieren über das Staatswesen. Die aufgezeichneten sokratischen Dialoge sind hochintelligente und aufschlussreiche Gespräche und Gedanken über Staat und Staatsführung, von denen Sozialforscher auch einiges für die moderne Interviewtechnik lernen können, sie sind aber keine empirischen Untersuchungen im Sinne einer modernen Wissenschaft. Bei Platon resultiert Wahrheit aus der Übereinstimmung mit Ideen, nicht durch Überprüfung an der Wirklichkeit. Der Unterschied von Staat und Gesellschaft war in der griechischen Polis noch nicht ausdifferenziert und spiegelt sich daher auch bei den griechischen Denkern nicht im Sinne eines modernen Verständnisses wider.

Dieses moderne Verständnis der Soziologie, der Lehre von der Gesellschaft, gedeiht erst auf einen Boden, den man als säkular bezeichnen muss. Erst wenn die Erklärungsmuster für menschliches Leben nicht mehr bei den Göttern gesucht werden, nicht mehr theologische Antworten auf Fragen der Entwicklung der Menschheit erwartet werden, kann sich soziologisches Denken durchsetzen.

In diesem Sinne ist es verbunden mit dem Aufkommen der Naturwissenschaft als einer rationalen, objektiven und säkularen Auseinandersetzung mit Natur und Mensch.

Wir vertreten hier allerdings nicht den Standpunkt, dass dieses neue Denken das non plus ultra menschlicher Denkmöglichkeiten darstellt. Die Konzentration auf das Beobachtbare und Messbare in unserer Welt umfasst genauso wenig wie früheres Denken die soziale Wirklichkeit als Ganzes. Kein wissenschaftliches Denken kann gleichzeitig alles vollständig erfassen. Mit der naturwissenschaftlichen Vorgangsweise wurde aber ein Weg gefunden, der uns zu umfangreichem Wissen über das menschliche Zusammenleben führte – ein Wissen allerdings, das noch immer viel zu gering ist und dem oft ordnende Gesichtspunkte fehlen. Wir wissen sicherlich mehr als die antiken Autoren, ob wir dadurch auch weiser geworden sind, mag bezweifelt werden.

Soziologisches Denken beginnt auch damit, dass man den Menschen als Gestalter seiner eigenen Geschichte sieht. Bei den Vorläufern findet sich diese Vorstellung noch rudimentär, bei Karl Marx erlangt sie schließlich eine ganz zentrale Bedeutung.

Wichtig ist hervorzuheben, dass Soziologen nach Erklärungsmustern für die Wirklichkeit in der Gesellschaft selbst und nicht außerhalb suchen. Und wie man unschwer feststellen kann, gibt es keine einfachen Erklärungsmuster in der Wirklichkeit. Die Gesellschaft stellt sich uns keineswegs in schwarz-weiß dar, nicht einmal differenzierte Grautöne reichen aus, ihre Vielfältigkeit zu beschreiben. Gesellschaft ist bunt, voller leuchtender oder gedämpfter Farben, je nach dem Ausmaß von Glück oder Leid, das in ihr zu finden ist. Die Vorläufer der Soziologie beginnen, Gesellschaft als ein solch komplexes Gebilde zu sehen.

Die eigentliche Vorgeschichte kann bei den *Sozialphilosophen* wie Thomas Hobbes, John Locke oder Montesquieu und Vico angesetzt werden. Sie wirkten im 17. und 18. Jahrhundert. Wir wollen uns im Folgenden ihren wichtigsten Argumentationslinien widmen.

2.1 Die Vorläufer der Soziologie im 17. und 18. Jahrhundert

Historische Daten

Zunächst seien einige Daten historische Ereignisse angeführt, die für die Vorgeschichte der Soziologie wichtig sind.

Europa setzte sich im 17. Jahrhundert als Weltmacht durch, nachdem die Situation im 15. Jahrhundert durchaus offen gewesen war und auch China, Indien oder das osmanische Reich einen hohen, wenn nicht sogar wesentlich höheren Entwicklungsstand als Europa besessen hatten. Wie der Historiker Paul Kennedy (1989) zeigt, dürfte eine gewisse Flexibilität und Dezentralität die Entwicklung Europas zur Weltmacht begünstigt haben. Eindrucksvoll wird diese Weltmacht symbolisiert durch das Imperium Karls des Fünften (1519–1556), von dem man sagte, in seinem Reich ginge „die Sonne nicht unter". Damit kündigte sich die Vorherrschaft der Habsburger an. Sie wurde aber in den folgenden Jahrhunderten in zahlreichen kriegerischen Auseinandersetzungen konsequent bekämpft. Europa wehrte sich in diesen Jahrhunderten kontinuierlich gegen den Aufbau einer Zentralmacht. Gerade diese Flexibilität ermöglichte – laut dem Historiker Paul Kennedy – den Aufbau der Vormachtstellung Europas in der Welt.

Das 16. Jahrhundert war gekennzeichnet durch eine Reihe von Kriegen, im Besonderen von den Bauernkriegen (1524/25), den Hugenottenkriege in Frankreich, die zwischen dem zum Teil protestantischen Adel und dem katholischen Königtum geführt wurden – mit der blutigen „Pariser Bluthochzeit" (Bartholomäusnacht 1572), in der Königin Katharina den Hugenottenführer und Tausende seiner Anhänger anlässlich einer Hochzeit ermorden ließ – und vor allem den Türkenkriegen ab 1529. Hier wurden fundamentale Grundlagen des europäischen Gesellschaftssystems geschaffen und speziell in den Bauernkriegen die Konfliktlinie zwischen reich und arm deutlich.

Die Entstehung einer modernen, säkularen Gesellschaft kündigt sich auch in den Religionskriegen an. Martin Luther (ab 1517) erweckte mit seinen Thesen wieder das Bedürfnis nach einer ursprünglichen, von der Amtskirche losgelösten Religion. Der Bann der römisch-katholischen Kirche war die bekannte Folge. Die Gegenreformation der katholischen Kirche führte wieder zurück zu grundlegenden religiösen Werten. Doch mit dieser Spaltung der Kirche war auch der Grundstein für das Misstrauen gegen religiöse Instanzen gelegt. Die Hinwendung zu fundamental christlichen Werten, die diesseitige Askese für jenseitige Belohnung forderten, begünstigte in der Folge die Entwicklung des Kapitalismus (vgl. Weber 1920).

In England wurde in Bürgerkriegen (1642 und 1648) der Grundstein für die Demokratie gelegt, wenn es auch noch kaum „demokratisch" zuging. Die Auflösung des Parlaments durch den König führte zum Kampf, aus dem Cromwell mit dem Parlament siegreich hervorging. Der König wurde hingerichtet. Gerade diese Situation prägte einen der wichtigsten Autoren jener Zeit, nämlich Thomas Hobbes. Sein Werk ist auch aus dieser Situation zu verstehen.

Europa wurde, wie schon gesagt, zur Weltmacht. Es gründete überall Kolonien, vor allem in Afrika und Asien. Amerika begann sich teilweise von England und Frankreich zu lösen. Mit der Gründung der East India Company 1600 begründete England seine Vormachtstellung bei der Eroberung der Welt[1]. Der transatlantische Handel lebte auf, das Mittelmeer verlor an Bedeutung. Der Merkantilismus, die Errichtung von Schutzzöllen und staatlicher Planwirtschaft führte zum Staatsbankrott in Frankreich.

Neben dieser strukturellen Entwicklung setzten sich neue Ideen im politischen Bereich durch. Bestimmend war die Ablösung des germanischen Gewohnheitsrechts durch das römische Recht. Erasmus von Rotterdam übersetzte 1516 die Bibel in griechische Sprache und etablierte den Humanismus, in dessen Mittelpunkt der Mensch steht. Die ersten Schritte zur modernen Naturwissenschaft wurden gesetzt, etwa durch den Arzt Paracelsus oder durch Pascal, der die Rechenmaschine erfand. Im Geistesleben kulminierte die Entwicklung in der Aufklärung des 18. Jahrhunderts. Die Ausbreitung moderner Ideen wurde begünstigt durch den schon 1450 erfundenen Buchdruck, der die Verbreitung politischer Druckschriften erlaubte.

Diese Epoche der frühen Neuzeit war durch die Auflösung der mittelalterlichen Ordnung gekennzeichnet. Es setzten sich Merkmale wie Säkularisierung und Rationalität durch, die für uns die „Moderne" charakterisieren. Am Beispiel der zentralen gesellschaftlichen Institution, der Familie, kann dies gezeigt werden. In diesen beiden Jahrhunderten bildeten sich verschiedene Familienformen heraus. Neben den bäuerlichen und adeligen Familien haben die Handwerker und Beamten in den Städten besondere, ihrem Beruf angepasste Familienstrukturen. Während etwa in bäuerlichen Familien Frauen und Männer in gleicher Weise, wenn auch mit unterschiedlichen Aufgaben, in die Arbeit des Betriebes eingebunden waren, entwickelt sich vor allem bei den städtischen Beamten das Muster der bürgerlichen Familie: der Mann geht außer Haus zur Arbeit, die Frau bleibt zu Hause. In den Handwerksfamilien sind Arbeitsstätte und Haushalt am gleichen Ort (vgl. Dülmen 1990). Erst später, im 19 Jahrhundert, beginnt sich das Ideal der bürgerlichen Familie allgemein durchzusetzen – eine Idealform, noch lange keine Realform.

Gesellschaftsvertragstheorien
Thomas Hobbes (1588–1679) gilt als besonders einflussreich für die soziologische Theorie. Der berühmte Ausspruch „der Mensch ist des Menschen Wolf" stammt von ihm. Wenn wir uns an die historischen Ereignisse der Zeit erinnern, verwundert diese Einstellung nicht. 1642 brach in England der erste Bürgerkrieg aus. Karl I. und das Parlament lagen miteinander im Streit. Der König hatte die Immunität des Parlaments verletzt, als er mit bewaffneter Begleitung im Unterhaus erschien, um fünf Abgeordnete festzunehmen. Nach dem Bürgerkrieg, der bis 1646 dauerte, teilte sich das Land in Regionen der königlichen und der parlamentarischen Partei. 1648 kam es erneut zum Bürgerkrieg, aus dem die parlamentarische Partei unter Cromwell siegreich hervorging. Unsichere Zeiten. Das Leben in London selbst war auch im Alltag unsicher und man konnte sich abends nur schwer auf die Straße wagen. Hobbes sprach wohl den Zeitgenossen aus der Seele, wenn er von sich sagte: „Meine Mutter hat Zwillinge geboren, mich und die Furcht zugleich". Literaten und Soziologen haben eines gemeinsam: sie können ihre Ängste durch Schreiben kompensieren. Hobbes versuchte also,

ausgehend von seinem Alltag, ein Gesellschaftsmodell zu entwickeln. Einerseits erlebte er hautnah die gegenseitigen Kämpfe und die Unordnung im Land, andererseits war ihm auch klar, dass gesellschaftliches Leben geordnet funktionieren konnte. Er sah zugleich, dass soziale Ordnung möglich, jedoch nicht selbstverständlich war.

Verglichen mit dem 17. Jahrhundert leben wir in der westlichen Welt im beginnenden 21. Jahrhundert trotz der zahlreichen Krisenherde und lokalen Kriege in sehr sicheren Zeiten. Die Ereignisse in der ersten Hälfte der 90er Jahre nach dem Zusammenbruch des Ostblocks zeigten uns aber auch, wie labil diese Ordnung ist. Der für viele Betrachter unverständliche und grausame Krieg im ehemaligen Jugoslawien, die Auseinandersetzungen in Tschetschenien und in anderen russischen Teilrepubliken machen uns bewusst, dass es keineswegs immer so sicher zugehen muss. Die Situation Londons im 17. Jahrhundert ähnelte sicherlich wesentlich mehr der Situation Sarajewos Mitte der neunziger Jahre als dem London der heutigen Zeit.

Für Hobbes war es das „Problem der sozialen Ordnung", das er zu seinem Thema machte. Dieses Thema ist grundlegend für die Soziologie bis heute, jede soziologische Theorie beschäftigt sich damit. Sie fragt danach, wie gesellschaftliches Zusammenleben funktioniert und weiß auch, dass das Zusammenleben keineswegs selbstverständlich ist, sondern immerzu ein Problem darstellt. Theorie sieht von der Wirklichkeit ab, sie überhöht sie und wird abstrakt. Hobbes beschreibt daher auch nicht soziale Wirklichkeit, sondern konstruiert ein Gedankengebäude, wie man gesellschaftliche Wirklichkeit verstehen kann. Viele Missverständnisse ließen sich ausräumen, wenn man diese Sozialphilosophien zunächst als Gedankengebäude ansähe, als Erklärungsversuche, nicht als Abbilder der Wirklichkeit. Dadurch vermiede man auch die verhängnisvolle Konsequenz, diesem Modell in Wirklichkeit folgen zu wollen, also Wirklichkeit aus dem Modell nachzukonstruieren. Der Versuch, Theorien in Wirklichkeiten umzusetzen, muss oft gewaltsam durchgesetzt werden, weil die Menschen nach der Theorie geformt werden sollen und nicht umgekehrt die Theorie nach den Menschen. Ebenso sollte man nicht die Theorie von Hobbes gleichsam als Abbild der Wirklichkeit verstehen, sondern eher als Interpretation.

Aus dem Erleben seiner Zeit ist seine Vorstellung des Naturzustandes als „Kampf aller gegen alle" verständlich. Hobbes konzipiert Ordnung als etwas, das erst im Laufe der Zeit entstanden ist. Biblisch gesprochen setzt er den Beginn der Menschheitsentwicklung nach der Vertreibung aus dem Paradies an – allerdings nicht unmittelbar. Die Menschheitsgeschichte entwickelte sich für ihn aus dem Grundkonflikt zwischen Kain und Abel. Der Gegensatz, der Kampf bestimmt die Menschheit[2]. Rücksichtslose Konkurrenz steht, so Hobbes, auf der Tagesordnung, der Mensch wird von Angst getrieben – aber auch von Vernunft! Diese sagt ihm, dass er in einem Zustand zügelloser Gewalt nicht überleben kann. Solche Verhältnisse können die Menschen nicht ertragen. Es ist vernünftig, die chaotischen Kräfte des Naturzustandes in geregelte Bahnen zu lenken.

Hobbes findet eine modern anmutende Lösung. Modern deswegen, weil man heute weiß, dass sich ein System nur schwer selbst aus einem chaotischen Zustand befreien kann. Wenn ein Betrieb in Schwierigkeiten gerät, wenn es in der Familie nicht klappt, dann wendet man sich an einen außenstehenden Berater, weil man im System selbst zu verhangen ist, zu verbohrt in die eigenen Vorstellungen, die keine neuen Lösungen erlauben. So sieht auch Hobbes die Lösungsmöglichkeit von außen kommend.

Um der Barbarei ein Ende zu setzen – wie es Hobbes formuliert –, übertragen die Menschen die Ordnungsgewalt einem Dritten, einem allmächtigen Herrscher. Das ist der Staat, den er als Leviathan bezeichnet, nach dem Namen eines Ungeheuers aus der altorientalischen Mythologie, der auch im alten Testament (Buch Hiob) vorkommt. Mit diesem schließen die Menschen einen Vertrag. Der Leviathan hat für die Sicherheit der Menschen zu sorgen, er ist für diese verantwortlich. Um die Sicherheit gewährleisten zu können, besitzt er absolute Macht, die Menschen unterwerfen sich dem Staat. Dieser Vertrag konstituiert Gesellschaft. Sie beruht also auf einem Sozial-, einem Gesellschaftsvertrag. Dadurch tritt der Mensch aus seinem Naturzustand heraus und wird zum gesellschaftlichen Wesen. Diese Vergesellschaftung bedeutet nicht nur Unterwerfung, „sondern auch Selbstverleugnung des Menschen, der nicht nur auf seine eigenen Bedürfnisse verzichten, sondern diesen Verzicht auch noch moralisch billigen muss." (Jonas 1968, S.70).

Hobbes entwirft ein sehr pessimistisches, tristes Bild des Menschen. Denn dieser strebt seinem Naturzustand gemäß nach immer Macht. Um dieses Bedürfnis zu unterdrücken, ist die absolute Macht des Staates notwendig, sonst fällt der Mensch – wie im England des 17. Jahrhunderts – wieder in die Situation des Naturzustandes zurück. Hobbes ist hier als Machtanalytiker zu lesen.

Für das Denken dieses frühen Gesellschaftstheoretikers sind einige Kennzeichen typisch, die ihn als Vorläufer der Soziologie ausweisen. Zunächst wird die Frage nach der Willensfreiheit ausgeklammert. Hobbes beschäftigt sich nicht mit der für ihn höchst überflüssigen Frage, ob der Mensch frei oder unfrei geboren sei, sondern er geht von seinem Dasein aus, vom Vorkommen des Menschen in der Welt. Hier erkennt Hobbes den Menschen zunächst als ein Wesen, das um sein Überleben kämpfen muss. Er besitzt eine kämpferische Natur, sein ungezügeltes Machtstreben ist natürlich angelegt und nicht von ihm freiwillig gewählt. Der Mensch ist zunächst als solches ein Einzelwesen. Allerdings ist er auch vernunftbegabt. Die Vernunft sagt ihm, dass er nicht seiner Natur gemäß überleben kann. Deswegen schließt er den Sozialvertrag, der Gesellschaft konstituiert. Das ist neben der Leugnung der Willensfreiheit ein weiteres Element, das die Kirche der damaligen Zeit vor den Kopf stoßen musste. Gesellschaft und gesellschaftliche Ordnung sind nicht gottgewollt, auch nicht gottgemacht, sondern ein Produkt des Menschen. Sie sind künstlich geschaffen. Hobbes macht des weiteren darauf aufmerksam, dass ein Vertrag nicht etwas ist, das ein für alle Mal feststeht, er kann modifiziert werden, und es ist nicht auszuschließen, dass bei verschiedenen Vertragspartnern verschiedene Lösungen zustande kommen. Der Sozialvertrag regelt die Sicherheit der Bürger, der Staat hat dafür zu sorgen, dass Recht herrscht. Was aber Recht im Einzelnen bedeutet, kann von Gesellschaft zu Gesellschaft verschieden sein. Das, was Unrecht ist, ja selbst was als Diebstahl oder Totschlag bezeichnet wird, wird nicht durch das natürliche, sondern durch das bürgerliche Gesetz bestimmt.

Vielleicht war es anstößig, vielleicht auch versöhnlich, wahrscheinlich wurde es aber von der Kirche als unpassend empfunden, dass Hobbes Menschen mit Gott vergleicht. An einer Stelle heißt es: „Die Natur (das ist die Kunst, mit der Gott die Welt gemacht hat

und lenkt) wird durch die Kunst des Menschen ... nachgeahmt ..."
(Hobbes, Leviathan, 1969 Einleitung). Das, was Gott geschaffen
hat, ist also in der Leistung durchaus vergleichbar mit dem, was der
Mensch geschaffen hat. Ersteres nennen wir Natur, das zweite stellt
uns Hobbes in der Folge als künstliches Tier vor. Gesellschaft ist
kein Organismus – das wäre Natur –, sondern ein mechanisch
nachgebildeter Organismus, ein mechanisches Gerät. Wir sprechen
deshalb auch von einem mechanistischen Gesellschaftsmodell. Diese Stelle, in der er das künstliche Tier beschreibt, endet nochmals
provokativ: Denn „endlich aber gleichen die Verträge und Überein-
kommen ... jenem ‚Fiat' oder ‚Lasst uns Menschen machen', das
Gott bei der Schöpfung aussprach". (Hobbes, Leviathan, 1969 Einleitung). Gott hat seine Schuldigkeit getan, er hat die Welt geschaffen, der Mensch schafft die Gesellschaft. Dieser Gedanke ist die fundamentale Grundlage jeder Gesellschaftslehre.

Wir haben uns hier relativ lange Hobbes gewidmet, da er als einer
der ersten die grundlegenden Elemente einer Sozialtheorie formulierte. Natürlich gibt es neben ihm auch andere Philosophen, die
sich mit der durch einen Sozialvertrag konstituierten Gesellschaft
beschäftigen.

Dazu gehört der um fast fünfzig Jahre später geborene *John Locke*
(1632–1704). Er nimmt in Gegensatz zu Hobbes einen friedlichen
Naturzustand an. Die Menschen können bei ihm frei über sich und
ihr Eigentum verfügen. Sie sind sich auch in dem Recht gleich, ihre Fähigkeiten zur Nutzung der Natur einzusetzen. Locke sieht ein
ausdrückliches Recht des Menschen auf Eigentum an sich selbst
(Selbstbestimmungsrecht) und an den Produkten seiner Arbeit,
führt aber auch die gesellschaftlichen Spannungen auf die Entstehung des Privateigentums durch die Geldwirtschaft zurück.

Durch seinen moralischen Anspruch wird der erst im 18. Jahrhundert geborene *Jean Jacques Rousseau* (1712–1778) bereits der
Aufklärung zugeordnet. Auch er spricht von einem Sozialvertrag
des Menschen mit dem allmächtigen Staat. Dieser ist vielleicht noch
absoluter als bei Hobbes, da der Mensch gänzlich im Staat aufgeht
und die Rechte des Naturzustandes verliert, wenn er den Gesellschaftsvertrag eingeht. Der Staat legt den Menschen in Ketten und
beraubt ihn seiner Freiheit. Romantisch verklärt erscheint bei Rous-

seau der friedliche, harmonische Naturzustand. Das Privateigentum, so seine Quintessenz, verderbe den Menschen.

Ist es zufällig, dass die soziologische Theorie vor allem die Ideen von Thomas Hobbes aufgenommen hat und er als Begründer des soziologischen Denkens, das natürlich noch keine Soziologie war, gilt? Moderne soziologische Theorie beruft sich in ihren Grundlagen vor allem auf ihn. Sind auch die Theoretiker der modernen Soziologie mehr fasziniert von dem Gedanken, dass der natürliche Zustand der Kampf aller gegen alle ist, der durch Gesellschaft geordnet wird, als von dem Gedanken eines paradiesisch harmonischen Beginns, nach dem die Geschichte nur Mühsal gebracht hat? Oder liegt die Erklärung darin, dass moderne Soziologietheorie nicht Wirtschafts- sondern Gesellschaftsanalyse ist, dass also jene Theorien, die auf wirtschaftliche Momente, wie eben Privateigentum abzielen, als Vorläufer von volkswirtschaftlichen Theorien und weniger von soziologischen gelten könnten? Privateigentum als grundlegende Kategorie spielt in der marxistischen Theorie eine zentrale Rolle, sie ist jedoch auf weiten Strecken eben auch Wirtschaftstheorie. Oder ist die einfache Erklärung die, dass Hobbes der älteste der Gesellschaftsvertragstheoretiker war, der erste, der in diese Richtung dachte und sowohl Locke wie Rousseau sein Prinzip, dass Gesellschaft auf einem Vertrag beruht, beibehielten? Die Konzentration auf Hobbes ist nicht nur durch die Formulierung des „Problems der sozialen Ordnung" gerechtfertigt, sondern auch, weil er in seiner mechanistischen Vorstellung von Gesellschaft formal die Fundamente für soziologische Theorie gelegt hat. Locke und Rousseau ergänzen ihn im Wesentlichen bloß inhaltlich, nämlich um den wirtschaftlichen Aspekt.

Obwohl viele dieser Gedanken soziologisch sind, kann man bei den Gesellschaftsvertragstheorien noch nicht von einer Soziologie sprechen. Gesellschaft wurde nicht definiert als eine objektive Struktur säkularer Institutionen und Prozesse, sondern als Resultat asozialer Prozesse und der freiwilligen Unterwerfung der Individuen unter den Staat (vgl. Swingewood 1984, S. 10). Die Vertragstheorien gehörten aber schon zu einer neuen Wissenschaft, die vom Dasein ausgeht und nicht vom göttlichen Willen. Sie heben die Individualität des Menschen hervor. Aber sie erfassen bei weitem noch nicht die Vielfältigkeit von Gesellschaft. Sie sind in ihrer Gesellschafts-konstruktion recht einfach, indem sie Geschichte auf einen be-stimmten, einfachen Naturzustand zurückführen – paradiesisch oder kämpferisch – oder nur ein Element, etwa das Privateigentum, als gesellschaftlichen Motor bezeichnen.

Dem stehen jene Theorien gegenüber, die Gesellschaft als kom-plexes und differenziertes Gebilde begreifen.

Gesellschaft als komplexes Gebilde

Die Vertragstheorien erfassen Gesellschaft noch nicht als komplexes Gebilde mit verschiedenen Ebenen, wie etwa einer ökonomischen, politischen oder kulturellen Ebene, die jeweils nach eigenständigen Gesetzmäßigkeit funktionieren. Gedanken dazu wurden von Giam-battista Vico und de Montesquieu formuliert, die manche auch als eigentliche Vorläufer der Soziologie sehen. Sie können zumindest als Begründer zweier spezieller Soziologien, nämlich der Kultur- und der Rechtssoziologie angesehen werden.

Giovanni Battista Vico (1668–1774) behandelt in seinem grund-legenden Werk „Nuova Scientia" die Geschichte der menschlichen Kultur, die Entstehung von Religion, Sprache, Kunst und Literatur sowie die Ausbildung von Eigentum. Die Geschichte ist seiner Vor-stellung nach vom Menschen gemacht und entwickelt sich immer weiter. Vico gilt durch sein Werk als Vorläufer der Kultursoziologie.

Er sieht eine Entwicklung der Geschichte in Stadien. Jede Ge-sellschaft durchläuft zunächst das Zeitalter der Götter, dann jenes der Helden und schließlich das Zeitalter der Menschen[3]. Ihm geht es darum, die aktive Rolle der Menschen in ihrer Geschichte klar zu machen. Anders als Locke und Hobbes versteht er die menschliche Gesellschaft als einen ständigen geschichtlichen Prozess, als Resul-tat menschlicher Handlungen, die immer wieder stattfinden. Vico vertritt hier eine dynamische Auffassung von Gesellschaft. Sie wird nicht ahistorisch als ein Ausdruck einer unveränderbaren mensch-lichen Natur hingestellt. Es gebe keinen Naturzustand, zumindest sei diese Vorstellung nicht hilfreich bei der Analyse von Gesell-schaft, sie entspreche nicht der Wirklichkeit. Sie kann nicht als ein Walten dunkler Kräfte angesehen werden. Vico schreibt apodik-tisch: „In the night of thick darkness there shines the eternal and never failing light of truth beyond all question: that the world of civil society has certainly be made by men. (Vico, 1948, Section 331). Für Vico ist Gesellschaft ein organisches Ganzes und nicht etwas Atomistisch-Individualistisches. Geschichte wird begriffen als Prozess, der erfolgreich die oft widersprüchlichen und chaotischen Aktionen der Individuen so zusammenbinden kann, dass sie ein kohärentes Ganzes bilden (Swingewood 1984, S. 12). Mit diesen Gedanken wird Vico auch zum Vorläufer einer holistischen Theorie von Gesellschaft, wie sie später von Comte und Marx entwickelt wird.

Montesquieu (1689–1755) entwarf ein noch komplexeres Gedankengebilde von der menschlichen Gesellschaft. Sein Werk „Vom Geist der Gesetze" leitet er mit dem Bekenntnis ein, er habe seine Prinzipien nicht aus seinen Vorurteilen, sondern aus der Natur der Dinge gewonnen. Gesellschaft werde durch die Gesetze zusammengehalten und diese seien wiederum der Ausdruck der Gesellschaftsform. Deswegen sind laut Montesquieu für eine Monarchie andere Gesetze typisch als für eine Republik. Obwohl sich auch ihm Gesellschaft als etwas Chaotisches darstellt, sieht er unter der Oberfläche eine Struktur von Regelmäßigkeit im Verhalten, in den Institutionen und in den Gesetzen. Jedes Gesetz hängt mit jedem anderen zusammen, sie bilden ein integriertes Ganzes, das die Gesellschaft beschreibt. Auch Montesquieu versucht eine Typenbildung von Gesellschaft, die allerdings nicht im Abstrakt-Formalen verbleibt, sondern angereichert ist mit historischen Details. Aber er entwirft dadurch keine Theorie des sozialen Wandels. Sein Verdienst war es, aufzuzeigen, dass den chaotisch aussehenden Prozessen der Wirklichkeit eine immanente Struktur zugrunde liegt, die für ihn in den Gesetzen sichtbar wird. Die Frage nach den Ursachen dafür stellte er nicht. Solchen tieferliegenden Gründen gehen die schottischen Moralphilosophen nach.

Schottische Moralphilosophie
Adam Smith (1723–1790) und *Adam Ferguson* (1723–1816), die beide von dem Empiristen *David Hume* (1711–1776) beeinflusst waren, gehören zur schottischen Moralphilosophie. Auch sie wandten sich wie Vico und Montesquieu von Gesellschaftsvertragstheorien ab. Bei ihnen überwiegt die Analyse der Gesellschaft unter dem Aspekt von Wirtschaft, ein Grund, warum sie vor allem in wirtschaftsorientierte soziologische Analysen einfließen.

Smith unterscheidet in seinem bedeutsamen Werk „Der Wohlstand der Nationen" (1978, orig. engl. 1776) drei Ebenen der Analyse: eine ökonomische, eine philosophische und – erstmals – eine soziologische. Zentrale Kategorie bei der Analyse ist die Arbeitsteilung. Das gilt sowohl für Smith als auch für Ferguson. Mit Montesquieu teilen sie die breite Perspektive, aber sie beobachten auch die Wandlungsprozesse in der Gesellschaft und entwerfen eine Theorie des sozialen Wandels, die auf Arbeitsteilung beruht. Wichtig ist aber immer, dass sie neben einer wirtschaftsorientierten Gesellschaftsanalyse die Moral nicht vergessen. So schreibt Adam Smith auch ein zweites Hauptwerk mit dem Titel „Theory of Moral Sentiments". Nach zeitgenössischer „Mode" entwerfen auch sie Typen von Gesellschaft. Ferguson etwa unterscheidet zwischen „savage", „barbaric" und „polished", während Smith die Einteilung in „hunting", „pastoral", „agricultural" und „comercial" trifft. Arbeitsteilung bewirkt und bringt demnach soziale Ungleichheit mit sich. Obwohl sie nicht den Begriff der sozialen Klasse einführen, entwickeln die Autoren eine Theorie der sozialen Ungleichheit, die man als Klassentheorie bezeichnen könnte. Im Menschen sehen sie im Wesentlichen ein mechanisches Arbeitsinstrument (ein Gedanke, der wohl später bei Marx wieder aufgenommen wird). Dieses „Instrument" kann offensichtlich die Auswirkungen seiner Handlungen nicht kontrollieren. Der soziale Wandel erscheint in seiner Konkretion als ungewollte Folge menschlicher Handlungen. Konflikt wird als bestimmendes Element der gesellschaftlichen Entwicklung gesehen.

Obwohl sich die genannten Autoren mit Gesellschaft beschäftigen, können sie noch nicht als Soziologen bezeichnet werden, weil sie Gesellschaft in letzter Konsequenz noch nicht als eine Struktur säkularer Prozesse und Institutionen begreifen.

2.2 Grundlegung der Soziologie als empirische Wissenschaft

2.2.1 Historische Daten

Wir wollen uns zunächst vergegenwärtigen, in welcher Zeit die Soziologie entstand. Die Vorläufer lebten im 17. und 18. Jahrhundert in einer Zeit des Umbruchs und der Unruhen. Im 19. Jahrhundert, in dem sich die Soziologie als eigene Wissenschaft ausdifferenzierte, ist die Situation nicht viel besser. Es sind aber weniger die europaweiten Kriege, obwohl man natürlich den napoleonischen Feldzug nicht vergessen darf, es sind vielmehr fundamentale Veränderungen in der Wirtschaftsstruktur, die das Leben bestimmen. Das 19. Jahrhundert kann als Zeitalter der Industrialisierung angesehen werden, und dies prägt auch die Soziologie.

Soziologie entwickelte sich als eine Wissenschaft der Moderne, eine *Wissenschaft der Rationalität*. Der Ursprung der Soziologie liegt in der *Aufklärung*, in dem „Ausgang des Menschen aus seiner selbstverschuldeten Unmündigkeit", wie Kant 1784 formulierte. Die Aufklärung wird zum Programm der Soziologie, in welchen Varianten sie uns auch immer entgegentritt.

Frankreich und England waren die eigentlichen „Startplätze". In England war es die industrielle Revolution, in Frankreich vor allem die Umstrukturierung des Staates, die französische Revolution, die Anlass zur Reflexion über Gesellschaft und Staat gaben. Wenn wir uns bei den historischen Ereignissen vor allem auf Frankreich konzentrieren, dann deswegen, weil hier die bedeutendsten Grundlagen für die soziologische Theorie gelegt wurden. Englische Autoren konzentrierten sich stärker auf Methode (z. B. Mills) und Wirtschaft.

In Frankreich regierte ab 1774 Ludwig XVI. als Nachfolger des unverantwortlich nachlässigen und genusssüchtigen Ludwig XV. (Urenkel des „Sonnenkönigs" Ludwig XIV.). Der höfische Absolutismus stand an seinem Höhepunkt, die prunkvollen Paläste, das ausschweifende Leben des Königs und der Adeligen standen im krassen Widerspruch zur wirtschaftlichen Situation. Ludwig XVI. stand vor einer Industrie- und Agrarkrise. Wirtschaftliche Reformgedanken der Physiokraten wurden kaum in die Tat umgesetzt.

In Deutschland und Österreich war die Zeit des auf Heer und Beamtentum gestützten aufgeklärten Absolutismus. Maria Theresia und Joseph II. prägten die Politik der Zeit. Mit einer Verwaltungsreform und dem Aufbau des Volksschulwesens durch Maria Theresia und den revolutionären Reformen Josef II., die allerdings später großteils wieder zurückgenommen werden mussten, zeigten sich in Österreich zumindest Anzeichen einer Aufklärung.

Im zentralistischen Frankreich hingegen kam es zur Revolution. Die chaotischen Nachwirkungen des Sturms auf die Bastille von

1789 hielten bis 1804 an. Das Königtum war abgeschafft. Diese Jahre waren eine Zeit der Unsicherheit und des Terrors. Kriege mit Preußen, Russland und Österreich konnten die innenpolitischen Wirren Frankreichs nicht überdecken. Die Revolution wurde auf die Spitze getrieben. Wohlfahrtsausschuss und Nationalversammlung bekannten sich zur Schreckensherrschaft. In der Folge entstand ein totalitäres System, das schließlich 1804 zur Kaiserkrönung Napoleons führte. Weitere Kriege, zunächst mit gigantischen Gewinnen, schließlich mit katastrophalen Verlusten (Russlandfeldzug 1812 und 1815 die Schlacht bei Waterloo) führten zum Zusammenbruch der europäischen Ordnung. Im Wiener Kongress 1814/1815 wurde schließlich die Neuordnung Europas beschlossen. 1848 war neuerlich ein Revolutionsjahr, in Wien und Berlin wurde vor allem von Studenten ausgehend mehr demokratische Rechte verlangt. In Paris kam es zum Aufstand der Pariser Kommune und ihrer blutigen Niederschlagung. In der Folge wurde Napoleon III. zum Präsidenten gewählt und die Dritte Republik auf demokratischer Basis errichtet.

Auch in Frankreich schritt trotz aller Wirren bereits vor 1850 die Industrialisierung weiter fort – die sogenannte „soziale Frage" entstand in dieser Zeit.

In Deutschland war ab 1862 Bismarck Ministerpräsident. Immer wieder kam es zwischen Deutschland und Österreich zu Auseinandersetzungen und Kriegen, die 1866 in der Schlacht von Königgrätz kulminierten, in der Preußen gegen Österreich siegte und es zu weiteren Gebietsabtrennungen vom Habsburgerreich kam. In der Folge konnte ein Norddeutscher Bund mit Schleswig-Holstein errichtet werden.

Auch die Kirche in Europa stand vor einer Neuordnung. 1869 fand das Erste Vatikanische Konzil statt, das 1870 das Unfehlbarkeitsdogma des Papstes formulierte.

Für die Soziologie war auch der deutsch-französische Krieg um den spanischen Thron 1870/71 von Bedeutung. Durkheim, dessen grundlegende Gedanken wir weiter unten vorstellen werden, erlebte diesen in einem Grenzort als Kind mit. Der Krieg endete mit der Niederlage Frankreichs. Die deutsch-französischen Auseinandersetzungen etablierten die Feindschaft der beiden Nationen. Aus diesem Umfeld entstand auch die Dreyfuss-Affäre, in deren

Verlauf der französische General Dreyfuss wegen Landesverrats zugunsten Deutschlands in völlig regelwidrigem Verfahren auf Grundlage eines gefälschten Briefes 1897 verurteilt wurde. Das berühmte „J'accuse" von Emile Zola, in dem er die Regelwidrigkeit des Verfahrens aufzeigte, führte nach 1906 zur Rehabilitierung von Dreyfuss.

Die Arbeiterfrage wurde Gegenstand öffentlicher Debatten. Dies äußerte sich auch in der Literatur. Als Leitwerk kann hier Victor Hugos „Les Miserables" gelten.

Das 19. Jahrhundert war neben den politische Wirren durch Industrialisierung gekennzeichnet, die durch die technischen Erfindungen beschleunigt wurde. Der Dampfschiffverkehr über den Atlantik setzte ein, nachdem die Dampfmaschine schon 1769 erfunden worden war. Die Spinnmaschine (1769) und der Webstuhl (1785/90) lieferten die Voraussetzungen für eine rasche Industrieentwicklung in den Städten. 1861 kam das Telefon hinzu, die elektrische Beleuchtung wurde von Edison 1879 erfunden. Das Verkehrswesen entwickelte sich zunehmend. Genau auf diese Entwicklungen wird Marx in seinen Schriften eingehen und etwa aufzeigen, wie grundlegend das Verkehrswesen zur Organisation der Arbeiter ist.

Vor diesem geschichtlichen Hintergrund entstand in Frankreich die Soziologie – in der ersten Hälfte des 19. Jahrhunderts geprägt durch Auguste Comte, dem Namensgeber der neuen Wissenschaft. In der zweiten Hälfte war es Emile Durkheim, der die wesentlichen Grundlagen einer wissenschaftlichen Soziologie im methodischen und theoretischen Bereich legte. Mit diesen beiden Autoren wollen wir uns näher befassen.

2.2.2 Soziologie als die Krönung der Wissenschaft: Auguste Comte (1798–1857)

Comte hat den Begriff *Soziologie* geprägt. Er war beeinflusst von seinem Lehrer Saint Simon (1760–1825), der die wirtschaftlichen und sozialen Ungleichheiten im nachrevolutionären Frankreich analysierte und kritisierte. Saint-Simon und Comte waren beeindruckt vom gewaltigen Fortschritt der Naturwissenschaften im 18. Jahrhundert. Gegen diese Erfolge der Naturwissenschaft standen die sozialen und moralischen Missstände ihrer Zeit. Was sich in den Wissenschaften als ordnend und erfolgreich durchgesetzt hatte, stand im Gegensatz zur wirklichen Welt. Die französische Revolution brachte keineswegs die Verwirklichung ihrer Parolen von Freiheit, Gleichheit und Brüderlichkeit mit sich. Ganz im Gegenteil, es regierten Schrecken und Gewalt. Fast könnte man hier eine ähnliche Situation sehen, wie sie Hobbes zwei Jahrhunderte zuvor in London vorgefunden hat. Auch Comte war in seiner Jugendzeit durch die nachrevolutionären Wirren geprägt. Die Gewalt richtete sich nicht nur gegen den Adel, die Revolutionäre bekämpften sich auch untereinander. Dem Gedanken der Aufklärung widersprach das völlig. Die große Leistung der frühen Soziologen, allen voran Comtes, war es, einerseits eine Theorie zu entwickeln, die sich gesellschaftliche Krisen zum Thema macht und diese zu lösen versucht, und andererseits das Bemühen, eine Wissenschaft von der Gesellschaft zu etablieren. Soziologie beginnt als Wissenschaft, die sich mit diesen *gesellschaftlichen Krisen* beschäftigt, und wird so zur Krisenwissenschaft. Da sie aber gleichzeitig analysieren will, wie funktionierende Gesellschaften hypothetisch aussehen könnten, wird sie auch zu einer Wissenschaft der sozialen Ordnung. Beide Momente – Konflikt und Konsens – stehen am Beginn der Entwicklung einer Gesellschaftswissenschaft. In ihrem rationalistischen Optimismus waren Saint-Simon und Comte der Meinung, dass die Krise überwunden werden kann, wenn man die *Methode der Naturwissenschaft* auf die sozialen Erscheinungen anwendet. Diese verhält sich gegenüber Einzelfällen neutral, sie sucht nach allgemeinen Gesetzmäßigkeiten in der Natur. Dementsprechend rechnen die frühen Soziologen mit dem alten Individualismus ab, der besagt, dass das Individuum Träger von Vernunft und Wahrheit ist. Nicht im Individuum seien gesellschaftliche Gesetze zu erkennen, sondern es bedürfe eines Blickes auf das Verhalten der Menschen in der Geschichte. Aus dieser Menschheitsgeschichte seien die Vernunft und die Wege ihrer Entwicklung zu entdecken. Konsequenterweise beschäftigen sich die Autoren daher auch mit einer Analyse der Menschheitsgeschichte, mit der Frage, wie es in ihrem Verlauf zur Industriegesellschaft gekommen ist. Die *Geschichtsphilosophie* ist zentral im Werk Comtes.

Der naturwissenschaftliche Gedanke scheint in der ersten Namengebung auf. Zunächst nannte Comte die Wissenschaft, die sich mit der Gesellschaft befasste, *„soziale Physik"*, erst später prägte er den Namen *„Soziologie"*, der die Bezeichnung für diese neue Wissenschaft blieb.

Seine grundlegenden Gedanken finden sich in dem mehrbändigen Werk „Cours de philosophie positive", das 1830–1842 publiziert wurde – zur gleichen Zeit übrigens, als auch die Fotografie entstand[4]. Das neue naturwissenschaftliche Denken war das positive Denken, das sich an den beobachtbaren Phänomenen und nicht an inneren Anschauungen orientierte. Comte verstand das positive Denken als Resultat der Entwicklung der Menschheitsgeschichte, als letzten Punkt der Entwicklung. Für ihn entwickelte sich die Menschheit in einer Evolution linear von ihren Anfängen zum optimalen Zustand des positiven Denkens hin.

Dieses Entwicklungskonzept formulierte Comte im sogenannten *Dreistadiengesetz*:
das theologische oder fiktive Stadium
Geprägt wird dieses Denken im „Kindesalter" der Menschheit durch den Glauben an übernatürliche Kräfte (Götter), die Einfluss auf unser Leben ausüben. Aber auch innerhalb dieses Stadiums kann eine Entwicklung beobachtet werden. Ausgehend vom Fetischismus, der Gegenstände als beseelt und als Lebewesen – göttergleich – betrachtet, entwickelt sich mit zunehmender Kommunikation zwischen Gesellschaften der Polytheismus und schließlich die monotheistische Phase.

Das theologische Stadium wird abgelöst durch
das metaphysische oder abstrakte Stadium.
Dies ist eine revolutionäre Übergangsphase zwischen dem theologischen und dem positiven Denken. Auch der metaphysische Geist will dadurch absolute Erkenntnis gewinnen, dass er die „innerste Natur", das innerste Wesen der Phänomene ergründen möchte. In diesem Stadium wendet sich der Mensch vermehrt dem praktischen Denken zu. Es sind nicht mehr Gottheiten, die die Welt regieren, sondern Wesenheiten. Die angestrengte Suche nach Ursachen für die Praxis verleitete die metaphysischen Denker dazu, sich von der Praxis immer mehr zu entfernen und aus juristischen, philosophischen oder ökonomischen Prinzipien Gesellschaft zu er-

klären. Das ist die spekulative Grundorientierung der Sozialphilosophie – auch der von Hobbes –, dass sie nach der letzten Ursache sucht und sich nicht nüchtern auf beobachtbare Tatsachen stützt.

Schließlich kann sich die auf nüchterne, beobachtbare Tatsachen orientierte Wissenschaft erst im nächsten, höchsten Stadium entfalten,

dem positiven Stadium.

Das positive Denken ist nicht spekulativ, es ist ein Denken in empirischen Gesetzmäßigkeiten, in denen jede beobachtbare Tatsache auf eine allgemeine theoretische Aussage rückbezogen werden kann.

Übung: Nach allem, was Sie über Wissenschaft schon gehört haben: Geht die heutige Wissenschaft, selbst die Naturwissenschaft rein positiv vor? Wo finden Sie Elemente aus den anderen Stadien?

Dieser *„Geist des Positivismus"* kann mit Kiss (1977, S. 247) in vier Punkten zusammengefasst werden.

a) Der Positivismus lehnt *unnachprüfbare abstrakte und absolute Begriffe* ab. Die Grundregel besagt, „dass Behauptungen, die nicht auf einfache Aussagen über besondere oder allgemeine Tatsachen zurückzuführen sind, ihren wirklichen und verständlichen Sinn verlieren und folglich unvereinbar mit dem „positiven" Denken sind"; (Kiss, S. 247)

b) Im Positivismus muss man darauf *verzichten, nach „letzten" Ursachen* zu suchen. Wir haben nur relative Kenntnisse über die Erscheinungen, diese sind zudem wandelbar und unzureichend. Deshalb sind die letzten Ursachen der Welt und ihrer Erscheinungen nicht auffindbar.

c) Comte lehnt es ab, den Anspruch zu erheben, die Frage nach dem Wesen der Erscheinungen sei beantwortbar. Er hatte dabei methodologische Bedenken. „Im Gegensatz zu den ‚Geistesbeschwörern? (- gemeint ist Hegel –) wollte Comte von der unmittelbaren erfahrbaren Wirklichkeit ausgehen und aufgrund der Systematisierung von Einzelbeobachtungen den grundlegenden Gesetzen der sozialen Bewegung auf die Spur kommen." (Kiss S.247)

d) Comte wies auf die *soziale Gebundenheit des Denkens* hin. Die Wahrheitsfindung sollte nicht an das Subjekt, den einzelnen Wissenschaftler gebunden sein. Damit wollte er „intellektuellen Übertreibungen" entgegenwirken. Das Kriterium der Wahrheit von Erkenntnis liegt in ihrer allgemeinen sozialen Anerkennung oder in der Kontrolle ihrer Gültigkeit durch die Allgemeinheit. Schon Comte hat hier auf die soziale Konstruktion von Wissenschaft hingewiesen, wie sie uns im modernen Konstruktivismus entgegentritt.

Comte war Positivist und von naturwissenschaftlichem Denken bestimmt. Allerdings wäre es verkürzt, ihn so zu interpretieren, als wäre die Soziologie für ihn reine Naturwissenschaft. Sie ist mehr als das, und es wäre völlig falsch, sie etwa auf Mathematik reduzieren zu wollen. Gerade dadurch, dass er einen neuen Namen (Soziologie) erfand und nicht von Physik, sondern von „sozialer Physik" sprach, zeigt, dass er damit eine neue Auffassung von Wissenschaft vertrat, die über physikalisches Denken hinausgeht. Comte wendet sich scharf gegen die Auffassung, Soziologie auf Mathematik reduzieren zu wollen: „Diese (mathematische) Betrachtungsweise der Sozialwissenschaft ist durchaus phantastisch und infolgedessen durchaus irrtümlich", schreibt er schon in den ersten Kapiteln seines Werkes zur positiven Philosophie. Er bekämpft die theoretische Irrelevanz solcher Studien, die sich auf reines Zählen begrenzen. Sie tun so, meint Comte, als ob es außerhalb der Mathematik keine Wirklichkeit gäbe und fügen unserem Wissen eigentlich keinen Begriff von irgendwelcher Bedeutung hinzu (vgl. auch Massing 1976, S. 42). Er fügt auch hinzu, dass durch die Studien dieser sogenannten Geometer-Schule meist ohnehin nichts anderes herauskäme, als man schon vorher mit gesundem Menschenverstand wissen konnte.

Freilich bleibt die *Methode der exakten Beobachtung* die entscheidende Grundlage soziologischer Erkenntnis. Der echte positive Geist ist im Grunde vom Empirismus, der sich nur an Daten hält, ebenso weit entfernt wie vom Mystizismus. Zwischen diesen beiden gleich verhängnisvollen Verirrungen muss er stets einen Weg suchen. Die statistische Datensammlerei eines Quetelet (siehe nächstes Kapitel) lehnt Comte eindeutig ab. Der wahre Positivist besitzt die Fähigkeit, Fakten einander systematisch zuzuordnen, statt sie bloß anzuhäufen. Er wird aus den konstanten Relationen innerhalb der Erscheinungswelt sogar Zukünftiges prognostizieren können. Auf diese Schule der frühen kameralistischen Sozialforscher werden wir im Kapitel über die Entwicklung der empirischen Sozialforschung eingehen.

Im *enzyklopädischen Gesetz* ordnet Comte die Wissenschaften von der abstrakten Mathematik bis hin zur Krönung der Wissenschaften, der Soziologie. Sie steht an oberster Stelle, weil sie den umfangreichsten Methodenkatalog besitzt. Schematisch kann man das so darstellen:

Wissenschaft	Methoden
Abstrakte Mathematik	Logik
Konkrete Mathematik, Geometrie, Mechanik	+ Beobachtung
Physik	+ Experiment
Chemie	+ Klassifikation
Biologie	+ Vergleich
Soziologie	+ historische Methode

Auf jeder dieser Stufen kommt also ein weiterer Methodenbereich dazu. Die Soziologie besitzt von allen Wissenschaften das breiteste Methodenspektrum. So muss man sagen, dass Comte Soziologie als eine umfassende Wissenschaft angesehen hat, die wegen ihrer Vielfältigkeit auch die Krönung der Wissenschaften darstellt.

Übung: Überlegen Sie sich ein beliebiges Thema, das Sie wissenschaftlich behandeln wollen und versuchen Sie, die verschiedenen Methoden, die im enzyklopädischen Gesetz genannt werden, darauf anzuwenden.

Zur sozialen Statik und Dynamik
Comte beschäftigte sich nicht nur mit der allgemeinen Entwicklung gesellschaftswissenschaftlichen Denkens, sondern auch mit den Inhalten von Gesellschaft. Wie bereits anfangs erwähnt, berücksichtigte die Soziologie immer Aspekte des Wandels und der Stabilität, des Konflikts und des Konsens, und es wäre verkürzt, sie nur auf

eine dieser Linien festlegen zu wollen. So setzte sich auch Comte mit dieser Polarität auseinander.

Die Triebfedern der Gesellschaft, die ihre Gefüge in Bewegung und in Balance halten, sieht Comte einerseits in der „sozialen Statik" und andererseits in der „sozialen Dynamik" (vgl. zusammenfassend Kiss, S. 249ff.). Wie sich diese Prinzipien in der Gesellschaft konstituieren, ist abhängig von Rasse, Klima und dem eigentlichen politischen Handeln. Im historischen Vergleich verschiedener Gesellschaften wird man erkennen, wie sich die unterschiedlichen Bedingungen auf die Entwicklung der Gesellschaft auswirken.

Die *soziale Statik* ist das Prinzip der Ordnung der Gesellschaft. Sie besteht aus

a) den *sympathischen Instinkten*. Diese Instinkte wecken die sozialen Gefühle des/der Einzelnen.

b) der *Institution der Familie*. Sie vermittelt Soziabilität, das heißt Zuneigung, Dankbarkeit, Unterordnung durch Befehl und Gehorsam.

c) der *Arbeitsteilung*. Durch diese dritte, wesentliche Element der sozialen Statik werden die Handlungen der Individuen auf ein Ziel hin ausgerichtet.

c) Schließlich entwickelt sich in der Arbeitsteilung eine *soziale, sachlich bedingte Hierarchie*. Unterordnung in ihr basiert auf dem Vertrauen in sie.

Diesen statischen Elementen der Gesellschaft stellt Comte die dynamischen gegenüber.

In der *sozialen Dynamik* finden sich die Elemente, die sozialen Wandel hervorrufen.

a) Das *individuelle Streben nach Glück*, nach Verbesserung der materiellen Existenz und der Entfaltung individueller Fähigkeiten trägt zur Bewegung in der Gesellschaft bei.

b) Die *Kürze der Lebensdauer* – heute würde man wohl sagen: die Begrenztheit des Lebens – bewirkt, dass die neuen Elemente der jungen Generation den sozialen Organismus verändern.

c) Das *Anwachsen der Bevölkerung* bewirkt, dass der Einzelne seine Tätigkeiten intensivieren muss, um gegenüber verstärkter Konkurrenz zu bestehen.

e) Schließlich wird als wichtigstes Element die *geistige Entwicklung* gesehen, das zunehmende Hervortreten der Vernunft in den Stadien gesellschaftlicher Entwicklung gegenüber den Leidenschaften, die zu einem dynamischen Fortschreiten der Gesellschaft beiträgt.

Übung: Versuchen Sie an Hand eines beliebigen sozialen Phänomens oder einer gesellschaftlichen Gegebenheit Elemente der Statik und Dynamik zu entdecken. Zum Beispiel können Sie das an Hand der Entwicklung von Familie tun (die Comte in einem eigenen Punkt nennt) oder auch an Hand der Entwicklung der Stadt. Versuchen Sie es bei der Entwicklung neuer Medien, bei denen man wahrscheinlich nur an Dynamik denken wird. Zeigen sich auch darin statische Elemente?

Saint-Simon und Comte waren beeindruckt von dem neuen Geist der Wissenschaft. Dieses positivistische Gedankengut übte auf die Entwickler selbst, aber auch auf viele Menschen ihrer Zeit eine faszinierende Wirkung aus. Positivistisches Gedankengut wurde verherrlicht. Dieser Szientismus führte nicht nur zu einer Schulenbildung, sondern mündete in eine *säkulare Religion*. Dies geschah keineswegs ohne die Mithilfe der Wissenschaftler. Sie meinten, die neue Idee des Positivismus müsse den Menschen genau so durchdringen wie die katholische Religion. In vielen Fällen folgte als Konsequenz die Gründung quasi-religiöser szientistischer Sekten.

Diese Religionsgründungen Saint-Simons und Comtes waren nicht Ausdruck einer Geisteskrankheit, wie sie oft gesehen – falls sie nicht gänzlich verschwiegen – werden, sondern sie sind immanenter Ausdruck ihres Gedankenguts. Saint-Simons nannte seine Religion „Nouveau Christianisme", für Comte war es die „Humanitätsreligion".

Der Unterschied zu früheren Formen der Religiosität besteht in der zunehmenden geistigen Emanzipation der Menschen: Die „organische" und „spekulative" Epoche wird im Industrialismus durch die kritische Epoche abgelöst, die uns erst recht zur Einsicht in die soziale Notwendigkeit der Liebe und Brüderlichkeit unter den Menschen führt. Für Comte bestimmend war die (unerwiderte) Liebe zu Clothilde de Vaux, die er Mitte der vierziger Jahre traf. Als sie starb, konnte er ihren Verlust in seinem letzten Lebensjahrzehnt nicht mehr verwinden. Von Comte stammt der Ausspruch „Wir werden müde, zu handeln und auch zu denken, wir werden aber niemals müde zu lieben." (Zitat nach Aron 1965, S.101)

Soziologie als empirische Wissenschaft: Emile Durkheim (1858–1917)

Zunächst einige wichtige biographische Notizen. Durkheim erlebte als Kind (1870) den Einmarsch deutscher Truppen in seinen Heimatort. Dieses Erlebnis war für sein weiteres Leben bedeutend. Das Verhältnis zu Deutschland blieb ambivalent. Einfluss übte sicherlich auch der Sozialist Jaures aus, mit dem er auf der Ecole Normale Superieur Kontakt hatte. Durch ihn kam er mit sozialistischem Gedankengut in Berührung. Durkheim war zunächst Gymnasiallehrer und wurde nach einem Deutschlandaufenthalt Universitätsprofessor in Bordeaux. Er kam ab 1902 auf die Sorbonne. Neben seinem Wirken als Soziologe galt Durkheim vor allem als hervorragender Pädagoge.

Die Absicht Emil Durkheims ist es, eine *wissenschaftliche Theorie der Soziologie* zu erstellen. Dabei stellt er folgende drei Forderungen an die *Theorie*: sie solle *rational durchsichtig* sein, *empirisch nachweisbar* und – das mag überraschen – *moralisch verpflichtend*. Rational durchsichtig ist sie, wenn sie sich auf die *soziale Tatsache* konzentriert, empirisch beweisbar ist sie durch eine *bestimmte Methode* und moralisch verpflichtend ist sie, wenn sie auf die *Totalität* der Gesellschaft abzielt.

Die soziale Tatsache

Es scheint fast ein Grundbedürfnis des Menschen – zumindest in Europa – zu sein, sich selbst in den Mittelpunkt zu stellen und alle Freuden, aber eben auch alle Sorgen und Ängste auf die eigene Person zurückzuführen. Dies passt in die Weltanschauung Europas, die das Individuum in den Mittelpunkt stellt. Die populäre Psychologie unterstützt diesen Trend. Psychologisierende Theorien waren auch zur Zeit Durkheims durchaus populär. Sie leiten alles Geschehen vom Individuum ab, von seinem Verlangen, seinen Bedürfnissen, seinen Motiven. Das Individuum trägt Verantwortung für alle seine Handlungen, mehr noch, es ist sozusagen seines eigenen Glückes Schmied. Deswegen muss man an sich selbst arbeiten, wenn man besser leben will. Durkheim kritisiert diese verkürzende psychologische Erklärung. Er stellt dies in seiner Abhandlung über den Selbstmord besonders deutlich dar. Weil sich der Einzelne nicht in der Welt zurechtfinden kann, sucht er einen Ausweg und findet diesen im Selbstmord – so eine psychologisierende Meinung. Die soziologische Perspektive ist anders. Durkheim zeigt, dass es unterschiedliche Arten von Selbstmord gibt, die auf gesellschaftliche Traditionen zurückzuführen sind. So ist etwa ein egoistischer Selbstmord, der aus dem Eindruck entsteht, das eigene Leben nicht mehr bewältigen zu können, zu unterscheiden von einem altruistischen, der etwa durch Gruppennormen bewirkt wird. Wenn sich zum Beispiel ein Offizier, der die Ehre des Heeres verletzt hat, selbst hinrichtet, oder ein Kapitän mit seinem Schiff untergeht, dann ist das Selbstmord aus einer hohen Identifikation mit sozialen Normen. Dies ist etwas gänzlich anderes als der von Durkheim entdeckte anomische Selbstmord, die dritte Art, die Durkheim unterscheidet, der gerade durch das Fehlen von Orientierungsmustern verursacht wird.

Die Handlungen des Menschen werden auch von allgemeingültigen Regeln bestimmt, die unabhängig vom einzelnen Menschen sind. Viele wissen, wie sie sich als Studierende, als Lehrende verhalten sollen, wie sie sich als Vorgesetzter oder Untergebener, als Vater, Mutter, Tochter oder Sohn zu benehmen haben. Sie können ihre sozialen Rollen spielen, die unabhängig von den einzelnen Individuen bestehen. Denn hinter den sozialen Erscheinungen steht das Soziale, die *soziale Tatsache* (oder wie Durkheim sie nannte, das Fait accompli). Diese soziale Tatsache steuert das menschliche Verhalten und ist als Tatsache der Gesellschaft konstant. Sich damit zu beschäftigen, ist Aufgabe der Soziologie. Das Soziale ist ein soziologischer Tatbestand, der analysiert und nach dem gesucht wird. Durkheim definiert: „Ein soziologischer Tatbestand ist jede mehr oder minder festgelegte Art des Handelns, die die Fähigkeit besitzt, auf den Einzelnen einen äußeren Zwang auszuüben." (Durkheim 1895, S.114). Der Zwang wird also von etwas ausgeübt, das außerhalb des Einzelnen steht. Die Stelle, die Zwang ausübt, ist das Soziale. Das Soziale bestimmt das Leben einer ganzen Gesellschaft, nicht nur eines Individuums. Fälle, in denen der Einzelne auf sich selbst Zwang ausübt, sind für Durkheim aus der Betrachtung ausgeschlossen, diese sind für ihn ein Untersuchungsgegenstand für den Psychologen. Auch wenn ein Stärkerer einen Schwächeren zwingt, steht nicht das Soziale dahinter. Hier wirkt eindeutig der biologische Faktor. Das Soziale steht vielmehr über den Menschen, es steuert deren Handlungen, aber es ist nicht das Handeln selbst. Durkheim beschäftigt sich in diesem Sinne nicht mit dem Individuum. *Im Zentrum seiner soziologischen Theorie steht nicht der handelnde Mensch*, sondern der soziale Tatbestand oder – synonym verwendet – die *soziale Tatsache*. Durkheim hat keinen Begriff des sozialen Handelns. Das Soziale wird sichtbar in den Handlungen des Menschen, es kann daher aus der Beobachtung erschlossen werden. Wenn ich etwa beobachte, wie sich die Wirtschaftstreibenden verhalten, wie Käufer und Verkäufer handeln, dann kann ich daraus schließen, dass sie sich nach allgemeinen Regeln verhalten. Die sind in Paris, Berlin, Wien und Prag sehr ähnlich. Es gibt also – so würde Durkheim schließen – etwas Soziales hinter den Handlungen. Wieso es dieses Soziale gibt, kann aber aus den Handlungen nicht erklärt werden. Die regelmäßigen Verhaltensweisen des Käufers und Verkäufers sagen uns nicht, warum es diese Regelmäßigkeiten gibt. Dazu müssen wir auf eine andere Ebene zurückgreifen, etwa auf die Struktur der Arbeitsteilung in der Industriegesellschaft, wiederum eine soziale Tatsache. Soziales, so meint Durkheim, kann nicht aus Individuellem, *Soziales kann nur aus Sozialem* erklärt werden. Dieses Soziale ist eigenständig, nicht abhängig von den Individuen, obwohl es von ihnen realisiert wird. Aber es gibt die soziale Tatsache auch, wenn die konkreten Individuen, die sie momentan verwirklichen, nicht leben. Das Soziale ist als eigenständiges „Ding" zu behandeln. Als solches ist es vergleichbar mit Gegenständen der Natur, mit den Lebewesen, den Pflanzen, den chemischen Produkten, kurz mit allen Dingen, mit denen sich die Naturwissenschaften beschäftigen. Auch das Soziale kann mit naturwissenschaftlichen Methoden untersucht werden.

Soziale Tatsachen sind alle jene Dinge, die in der klassischen Soziologie als Grundbegriffe gelten. Die soziale Rolle zum Beispiel, als Bündel von Verhaltenserwartungen, die an einen Positionsinhaber gestellt werden, ist so eine soziale Tatsache. Es gibt die Rolle der Mutter, des Vaters, der Hausfrau, des Universitätsprofessors, der Studentin unabhängig von den handelnden Personen. Auch soziale Ungleichheit ist eine soziale Tatsache, die historisch unterschiedlich organisiert ist, in vorindustriellen Gesellschaften in Ständen, in der Industriegesellschaft in Klassen, in fortgeschrittenen Gesellschaften in sozialen Schichten, und manche meinen, in unserer postmodernen Gesellschaft (siehe letztes Kapitel) in Lebensstilen.

Durkheim lebte in der zweiten Hälfte des 19. Jahrhunderts, das, wie wir eingangs erwähnten, das Jahrhundert der Industriegesellschaft war, in dem auch die soziale Frage eine bedeutende Rolle spielte. Es ist daher nicht verwunderlich, dass Durkheim sich einem zentralen Strukturprinzip der Wirtschaft zuwendet und dieses als soziale Tatsache beschreibt: die Arbeitsteilung. Wir wollen hier an diesem Beispiel das Prinzip des Sozialen erläutern.

Beispiel für eine soziale Tatsache: Arbeitsteilung

Eines der wichtigen Werke Durkheims beschäftigt sich mit den Formen der Arbeitsteilung. Als soziale Tatsache kommt Arbeitsteilung gesellschaftsübergreifend vor und ist gleichsam ahistorisch für jede Gesellschaft zu jeder Zeit wirksam. Gesellschaftliches Leben ist immer arbeitsteilig organisiert, nur in historisch unterschiedlichen Ausformungen. Durkheim kam von der Ethnologie her und beschäftigte sich intensiv mit den damals sogenannten primitiven Gesellschaften. Obwohl er selbst keine Forschungen in diesen Gesellschaften anstellte, las er Berichte darüber und war durch Literatur informiert. Arbeitsteilung ist für Durkheim nach einem Prinzip organisiert, das er *„Solidarität"* nennt. Solidarität ist die soziale Tatsache, die die *Arbeitsteilung* in einer Gesellschaft steuert.

Arbeitsteilung besagt, dass verschiedene Menschen Verschiedenes tun, die gesellschaftliche Arbeit wird aufgeteilt. Würden wir auf dieser Ebene verharren, dann würden wir individuell beschreiben, was einzelne Menschen tun. Wir könnten zum Beispiel beobachten, dass es in primitiven Gesellschaften Leute gibt, die in besonderer Weise gekleidet sind und dem Beobachter zunächst unverständliche rituelle Handlungen ausführen. Man könnte sie als Priester oder als Medizinmänner bezeichnen. Dann sehen wir, dass Frauen Bestimmtes tun und Männer Anderes. Frauen holen Wasser, Männer gehen auf die Jagd.

Springen wir in das Frankreich des 19. Jahrhunderts und beobachten, wie der Bauer mit seinem Leiterwagen im Ort vorfährt und an einer zentralen Stelle seine Produkte abliefert. Andere tun es auch so. Offensichtlich lebt der Bauer davon, dass andere seine Produkte woandershin verkaufen. Es gibt etwas, das man den Handel nennt. Bauer und Händler leben vielleicht in unterschiedlichen Gebieten, der Händler in der Stadt, der Bauer am Land, und sie kennen einander persönlich gar nicht, weil ein Angestellter des Händlers die Waren im Ort übernimmt. Diese Aktivitäten, sowohl in primitiven Gesellschaften als auch in der Industriegesellschaft, hängen irgendwie zusammen. Sie sind nicht zufällige Arbeitsteilungen, die sich die konkret handelnden Personen ersonnen haben. Wir schließen aus unserer Beobachtung, dass hinter diesen arbeitsteiligen Handlungen ein Prinzip steckt, das die bestimmte Form der Arbeitsteilung regelt. „Prinzip" ist noch allgemein und sehr abstrakt formuliert. Es könnte auch ein göttliches Prinzip sein. Mit Durkheim sagen wir, dass hinter diesen Handlungen eine soziale Tatsache steht, die er Solidarität nennt. Überall dort, wo es Arbeitsteilung gibt, gibt es Solidarität. Sie ist ein universelles Prinzip.

Aber es gibt verschiedene Erscheinungsformen der Solidarität, nach denen wir Gesellschaften unterscheiden können. Offensichtlich ist das Prinzip der Arbeitsteilung in primitiven Gesellschaft ein anderes. Nichts – oder wenig – ist schriftlich festgelegt. Die Personen kennen einander, sie verrichten ihre Arbeiten wie selbstverständlich. Jeder steht in der Gesellschaft an seinem Ort, weiß, wo er steht, was von ihm erwartet wird, und er weiß auch, was er von den anderen erwarten kann. Die Handlungen sind gleichsam mechanisch aufeinander bezogen. Wie in einem Uhrwerk die Teile mechanisch ineinander greifen und immer dasselbe tun, so passen auch die Handlungen der Menschen in primitiven Gesellschaften zueinander. Durkheim nennt diese Form der Solidarität *„mechanische Solidarität"*. Anders in der Industriegesellschaft: Die agierenden Personen müssen einander nicht einmal persönlich kennen, damit die Gesellschaft funktioniert. Der Bauer kann über einen Händler, den er vielleicht einmal gesehen hat, als er den Handelsvertrag unterzeichnete, mit einem Käufer in Kontakt stehen, den er niemals gesehen hat und sehen wird. Diese Form der Arbeitsteilung ist weniger mechanisch, die Teile sind sozusagen nicht nebeneinander gesetzt, sie stehen zueinander, so wie Organe im Körper miteinander in Verbindung stehen. Sie übernehmen bestimmte Aufgaben, sie haben bestimmte Funktionen in einem Organismus und sind durch diesen mit der Gesamtheit verbunden. Durkheim nennt diese Form der Solidarität *„organische Solidarität"*. Bei der mechanischen Solidarität wird das Wissen über Verhaltensweisen mündlich und durch Beispiel übermittelt, die organische Solidarität ist durch Verträge gekennzeichnet. Sie tritt dann auf, wenn ein Bauer einem Händler ein Produkt verkauft, der es an einem entfernten Ort wieder weitergibt. Dieser Vorgang ist relativ komplex und bedarf eines Vertrages, der zum Beispiel regelt, wie viel, wann, zu welchem Preis abgenommen wird, und der natürlich auch geändert werden kann, wenn die Entfernungen wechseln, die Bedürfnisse der KonsumentInnen sich ändern oder die Ernte ausbleibt. Innerhalb der organischen Solidarität werden die Regeln also ausgehandelt und aufeinander abgestimmt.

Diese Unterscheidung erwies sich für die Gesellschaftsanalyse als fundamental und lebt auch in der modernen soziologischen Theorie, vor allem in ihrer Variante der Systemtheorie, fort. Dort spricht man von segmentären Gesellschaften. Das sind solche, bei denen die einzelnen Segmente aneinandergereiht sind, ineinander greifen und sich jeweils auf das nächste beziehen. Man spricht von *segmentär differenzierten* Gesellschaften.

Die zweite Art von Gesellschaft beruht für Durkheim auf Verträgen. Wir sprechen heute von *funktional differenzierten* Gesellschaften, wenn die Aufgaben der einzelnen Gesellschaftsmitglieder ausgehandelt wurden und schriftlich, zum Beispiel in Form von Gesetzen, niedergelegt sind.

Solidarität als ahistorische soziale Tatsache erhält in verschiedenen historischen Situationen die Ausprägung als mechanische und organische Solidarität.

Übung: Identifizieren Sie in heutigen sozialen Formen Elemente mechanischer und organischer Solidarität. Als Beispiel bietet sich immer wieder die Familie an. Wie kann der von manchen propagierte „Ehevertrag" in diesem Zusammenhang gesehen werden? Welche Art der Differenzierungen gibt es in einem Freundeskreis?

Die Methode Durkheims
Seine Vorgangsweise legt Durkheim vor allem in seinem Buch „Regeln der soziologischen Methode" dar.

Die soziale Tatsache wird, wie wir einleitend gesagt haben, als ein Phänomen betrachtet, das mit naturwissenschaftlichen Methoden untersucht werden kann. Und weiters haben wir festgestellt, dass Soziales nur aus Sozialem erklärt werden kann. Auf diesen Prinzipien muss Durkheim seine Methode aufbauen. Er muss also nach Gesetzen suchen, in denen Soziales immanent erklärt wird, und er muss empirische Belege dafür finden, dass hinter dem Handeln der Individuen soziale Tatsachen stehen. Es gibt noch ein drittes Problem für Durkheim, nämlich zu beweisen, dass ein soziales ein anderes Problem bewirkt. Wie wir in der Kritik sehen werden, wurde ihm vorgeworfen, dies nicht geleistet zu haben.

Durkheim geht zunächst davon aus, dass gesellschaftliches Leben von sozialen Tatsachen bestimmt ist. Dazu kommt er durch das Studium von Literatur (etwa über primitive Gesellschaften) sowie durch eigene Beobachtungen. Daraus wird zunächst postuliert, dass die gesellschaftlichen Erscheinungen auf einen sozialen Tatbestand beruhen. Es gilt in der Folge zu beweisen, dass dies so ist.

Die soziale Tatsache ist also etwas Abstraktes, ist Theorie. In diesem Sinne geht jede soziologische Arbeit zunächst von einem theoretischen Konstrukt aus und überprüft es. Es wird zuerst die soziale Tatsache genannt, die analysiert werden soll. Danach wird sie an der Wirklichkeit überprüft. Durkheim geht also von einem gesellschaftlichen Phänomen aus, zum Beispiel der Arbeitsteilung, die er durch eine soziale Tatsache, zum Beispiel der Solidarität, organisiert sieht, und überprüft diese nun empirisch.

Zentral ist für ihn dabei der *Vergleich*. Wie wir wissen, gibt es unterschiedliche Erscheinungsformen des Sozialen. Indem man verschiedene Fälle vergleicht, kommt die Variabilität äußerer Erscheinungsformen zu Tage. Man kann verschiedene Formen von Arbeitsteilung erkennen. Er nennt seine Methode die *„Methode der parallellaufenden Variationen"*. Die Eigenheit dieser Methode ist, dass man ähnliche Fälle miteinander vergleicht, also alles unter einem Oberbegriff betrachtet – zum Beispiel die Arbeitsteilung unter dem Aspekt der Solidarität, also eines Prinzips des Zusammenhalts. Durkheim beobachtet, was mit der Ernte in primitiven und fortgeschrittenen Gesellschaften geschieht, findet, dass beide spezifischen, wenn auch unterschiedlichen Formen der Solidarität entsprechen. Dadurch können unterschiedliche historische Prinzipien der sozialen Tatsache zum Vorschein kommen.

Für die Durkheim'sche Methode ist also entscheidend, dass schon mit einer Theorie an die Realität herangegangen und untersucht wird, in welchen Erscheinungen sie vorkommt und wie sich diese in unterschiedlichen gesellschaftlichen Bereichen darstellen.

Wir müssen aber nicht immer unterschiedliche Kulturen beobachten, wir können auch bei einem Kulturkreis verweilen und hier Variationen untersuchen. Ein gutes Beispiel für die klassische Vorgangsweise bei Durkheim bildet seine bereits erwähnte Studie zum Selbstmord.

Beispiel: Der Selbstmord

Zunächst stellt Durkheim fest, dass psychologisierende Theorien, die den Selbstmord auf individuelle Motivlagen zurückführen, ihn nicht erklären können. Sie greifen zu kurz. Eine bestimmte psychische Disposition, Labilität oder Verzagtheit reichen nicht aus zu erklären, warum sich Menschen selber das Leben nehmen. Selbstmord müsste sich in diesem Sinne gleichmäßig über die Bevölkerungsschichten verteilen und durch persönliche Beeinflussung gestoppt werden können. Durkheim sieht das, vermutet aber Zusammenhänge zwischen Gesellschaftsstruktur und Selbstmord. Er ist für ihn eine soziale Tatsache, die in allen Gesellschaften vorkommt und einer soziologischen Analyse bedarf.

Aus seinem Vorwissen und seinen Beobachtungen unterscheidet er im weiteren drei Arten von Selbstmord: *den egoistischen, den altruistischen und den anomischen Selbstmord.*

Egoistischer Selbstmord erfolgt aus *unzureichender Integration* in die Gesellschaft. Der egoistische Selbstmörder tut sich selbst leid. Er empfindet die Gesellschaft als das Böse, das ihn umgibt und von dem er ausgeschlossen ist. „Ich tue mir selbst nur Gutes, wenn ich mich selbst töte", ist ein typischer Gedanke des egoistischen Selbstmörders. Beispiele dafür könnten ein Mann sein, der sich aus Überlastung durch familiäre Verpflichtungen umbringt, oder eine Schuldnerin, die nicht weiß, wie sie ihre Schulden zurückzahlen soll.

Altruistischer Selbstmord entsteht aus *übermäßiger Integration,* dann, wenn man sich vollständig mit den Werten einer Gesellschaft identifiziert. Der Kapitän, der mit seinem Schiff untergeht, der Soldat, der sich tötet, weil er die Ehre eines anderen verletzt hat, die indische Witwe, die sich nach dem Tod ihres Gatten mit ihm begraben lässt, sind Beispiele dafür.

Der *anomische* Selbstmord als dritte Form hingegen entsteht dadurch, dass die *persönlichen Erwartungen nicht mit den sozialen vereinbar* sind und das Individuum nicht weiß, woran es sich orientieren soll. Anomisch ist ein Selbstmord dann, wenn sich das Normensystem aufgelöst hat, keine Regeln mehr zu finden sind, an denen man sich orientieren kann. Menschen, die egoistischen Selbstmord begehen, wissen, was von der Gesellschaft verlangt worden wäre. Die Schuldnerin weiß, dass sie Geld zurückzahlen muss, sie kann oder will es nur nicht; der Ehemann weiß, dass er die familiären Pflichten übernehmen sollte. Jene hingegen, die anomisch handeln, wissen das nicht, kennen ihren Platz in der Gesellschaft nicht, sind orientierungslos. Oft sind Selbstmorde von Jugendlichen dieser Art zuzuordnen.

Durkheim will nun zeigen, dass diese verschiedenen Arten von Selbstmorden erstens tatsächlich vorkommen und dass sie zweitens auf eine unterschiedliche soziale Struktur zurückzuführen sind. Selbstmord als soziale Tatsache ist durch andere soziale Tatsachen zu erklären.

Durkheim findet, dass zum Beispiel altruistische Selbstmorde in traditionalen Gemeinschaften vorkommen. So ist die Selbsttötung von Offizieren zumeist durch die traditionale Ordnung im Heer bedingt. Der Kapitän, der mit seinem Schiff untergeht, ist auch ein Beispiel für diese Art des Selbstmords. Wahrscheinlich haben manche sogar Schwierigkeiten, dies als Selbstmord zu bezeichnen, denn der Kapitän habe nur seine Pflicht getan. Durkheim meint, dass anomische Selbstmorde für die Industriegesellschaft Frankreichs typisch sind. Dies ist sozusagen der gesellschaftstypische Selbstmord. Die Frage ist nun weiters, woraus dieser Selbstmord erklärt werden kann. Durkheim verfolgt die Erscheinungsformen in unterschiedlichen sozialen Bereichen, er unterscheidet zwischen Stadt und Land, beobachtet die Selbstmordrate unter Katholiken und Protestanten. Er sieht durch die Anordnung seiner statistischen Unterlagen besonders deutlich, dass Katholiken seltener Selbstmord begehen als Protestanten. Daraus schließt er, dass Religion maßgeblich ist. Durch eine Abschwächung religiöser Traditionen bei den Protestanten (vor allem in Städten, denn dort leben mehr Protestanten als Katholiken) kommt es zu einer Häufung von Selbstmorden. Die *Form der Religion* ist nach Durkheim also das Soziale, aus dem die zweite soziale Tatsache, nämlich der Selbstmord, erklärt werden kann.

Die Theorie muss moralisch verpflichtend sein
Durkheim bleibt nicht bei dieser Analyse stehen. Er fragt weiter, welche Konsequenzen sich für das praktische Handeln daraus ergeben. Kann und soll man Selbstmorde verhindern?

Um diese Frage in seinem Verständnis zu beantworten, müssen wir auf eine wichtige Unterscheidung zurückgreifen, die Durkheim getroffen hat: die Unterscheidung von *„normal"* und *„pathologisch"*. Er versteht unter normal das, was üblicherweise in Gesellschaften vorkommt. Dieses „üblicherweise" ist nicht leicht zu bestimmen. Es bedeutet am ehesten einen langjährigen Durchschnitt in einer Gesellschaft ohne besondere Krisenzeiten. Es besagt aber auch, dass es eben in jeder Gesellschaft Selbstmorde gibt, ebenso wie es in jeder Gesellschaft Kriminalität gibt. So ist eine bestimmte Selbstmordrate, eine bestimmte Kriminalitätsrate durchaus normal. Abweichungen nach oben und unten allerdings sind pathologisch. Es kann in einer historischen Epoche zu überdurchschnittlich hoher Kriminalität kommen, das wäre zu bekämpfen. Es kann auch deutlich weniger geben im langjährigen Durchschnitt, auch das würde auf eine pathologische Form der Gesellschaft hinweisen. So kann man feststellen, dass in Kriegszeiten die Selbstmordrate sehr niedrig ist. Es wird aber wohl niemandem einfallen, Kriege herbeizusehnen, um die Selbstmordrate gering zu halten. Die Soziologie ist moralisch verpflichtet, Wege aufzuzeigen, wie der Normalzustand erhalten oder erreicht werden und dem Pathologischen entgegengetreten werden kann.

In seinem letzten Kapitel in der Studie zum Selbstmord versucht Durkheim verschiedene solcher Wege aufzuzeigen. Er spricht von der Erziehung in der Familie und Schule, sieht überall Möglichkeiten, aber auch Grenzen der Wirkung dieser Institutionen. Sie sind sozusagen historische Institutionen und kulturell in ihrem Einfluss auf Gesellschaft beschränkt. Er fragt nach allgemeinen Prinzipien und meint, dass eine Theorie nur dann moralisch verpflichtend sei, wenn sie gesellschaftliche *Totalität* mitberücksichtigt. Für Durkheim bedeutet das, dass es so etwas wie einen letzten Anhaltspunkt gibt, ein oberstes Kriterium, an dem sich alle gesellschaftlichen Erscheinungsformen orientieren. Als dieses oberste Kriterium nennt er die Religion, die zur Moral verpflichtet. Alles Soziale lässt sich auf die Struktur der *Religion* zurückführen, lässt sich daraus erklären, wie es dem Religiösen entspricht.

Das erläutert er in seinem wichtigen Werk „Die Formen des religiösen Lebens". Religion ist universell. In allen Gesellschaften findet sich eine Unterscheidung von Heiligem und Profanem, welche die Religion konstituiert. Gesellschaft wird durch Religion gesteuert. An ihr orientiert sich das Soziale, das wiederum zwanghaft auf die Handlungen des Individuums Einfluss nimmt.

Durkheim zeigt damit auch die Wichtigkeit einer Religionssoziologie, wobei er einen funktionalistischen Religionsbegriff vertritt. Für ihn ist Religion nicht primär inhaltlich definiert, als christliche, islamische usw., sondern nach den Aufgaben, die sie erfüllt. Und ihre zentrale Aufgabe in der Gesellschaft ist es, das Heilige vom Profanen zu unterscheiden. Nach der Jahrhundertwende wird die Religionssoziologie bei Max Weber eine Blüte erleben, wenn er zeigt, dass die unterschiedlichen Wirtschaftsformen eng mit der Konzeption der Religion in den jeweiligen Gesellschaften verbunden ist.

Schluss

Durkheim entwickelt in seiner Soziologie die Grundlage für die empirische Sozialforschung des zwanzigsten Jahrhunderts. Seine wesentliche Idee ist, dass soziale Phänomene als Dinge zu behandeln sind, die wie direkt beobachtbare Dinge analysiert werden können. Damit greift er über Comte hinaus, der in seiner positiven Wissenschaft nur das zulassen wollte, was direkt beobachtbar, greifbar und messbar ist. Soziale Tatsachen sind bei Durkheim nicht direkt beobachtbar, sie sind aber aus den Erscheinungen zu erschließen. Damit bildete er das Grundgerüst einer empirisch überprüfbaren, soziologischen Theorie. Die soziologischen Begriffe bezeichnen soziale Tatsachen, und nur wenn sie das tun, können sie soziologische Begriffe genannt werden. Von diesen ausgehend gilt es, sie in ihren realen Ausformungen zu beschreiben. Es gilt, die empirischen Gesetzmäßigkeiten durch Beobachtung der Gesellschaft herauszuarbeiten und schließlich auch Erklärungsmuster zu liefern, wobei die Erklärung immer nur auf der Ebene der soziologischen Theorie geschehen kann, indem man das Soziale aus dem Sozialen und nicht aus dem Individuellen erklärt.

Dieses Vorhaben konnte Durkheim nicht ganz umsetzen, wie ihm auch die Kritik vorwarf. Vor allem methodische Mängel werden aufgezeigt. So ordnet Durkheim die Daten nach seiner Theorie – und man findet immer Daten, die die eigene Theorie unterstützen. Demgemäß können seine Daten die Theorie auch nur illustrieren und ihre Ordnungsfähigkeit darlegen, aber sie nicht beweisen.

Durkheim hatte sicher methodologisch in der Verbindung von Theorie und Empirie Schwierigkeiten. Trotzdem bleibt seine Bedeutung für die moderne Soziologie unbestritten. Er gibt der Soziologie methodisch die wissenschaftliche Basis. Er bietet gleichzeitig eine Analyse der Industriegesellschaft, die weit über die Begrenzung auf Industriegesellschaften hinausreicht, und er weist auch auf die Totalität von Gesellschaft hin, auf die Tatsache, dass Menschen ohne Gesellschaft nicht existieren können. Dies aufzuzeigen ist eine der Aufgaben der Soziologie.

Exkurs: Zur Geschichte der empirischen Sozialforschung

Durkheim entwickelte ein Konzept einer methodischen Vorgangsweise, um die Daten mit der Theorie zu verknüpfen. Comte hatte noch gegen die Mathematisierung gewettert. Außerhalb der Universitäten arbeiteten eine Reihe von Autoren, die gesellschaftliche Prozesse vor allem in Zahlen abbilden wollten und deren wichtigstes Bestreben es war, viele Zahlen zu sammeln. Solche statistischen Untersuchungen galten vor allem als Erhebungen im politischen Bereich und waren zunächst auch wissenschaftlich nicht anerkannt.

Die Untersuchungen standen oft im Auftrag der Verwaltung, die Interesse an umfangreiche Datensammlungen hatte. *Soziale Probleme* standen dabei im Vordergrund. Die Armut der Bevölkerung, die Lebensweisen in den Städten, die Wohnsituation von Familien – das sind nur einige der Themen, die untersucht wurden. In Anlehnung an die Vorgehensweise der Naturwissenschaften unternahm man es, den sozialen Phänomenen dadurch auf den Grund zu kommen, dass man von Einzelfällen absah und die soziale Realität in Zahlen auszudrücken versuchte. In England wurde diese Schule als *politische Arithmetik*, in Deutschland als *Moralstatistik* bezeichnet. Besonders bekannt wurde der Belgier *Adolphe Quetelet* (1796–1874), der Statistiken und Wahrscheinlichkeitsrechnung in die Sozialforschung einführte. Er wollte Mathematik anwenden, um die Ordnung zu zeigen, die in dem scheinbar ungeordneten Sozialleben besteht. Er suchte bei allen möglichen Themen nach *statistischen Regelmäßigkeiten*, bei Verbrechen ebenso wie bei der Entwicklung des literarischen Talents, und fand zum Beispiel heraus, dass der Hang zum Verbrechen bei jungen Menschen im Alter von 20 bis 25 Jahren am höchsten ist und dann kontinuierlich abnimmt, während sich das literarische Talent bis zum Alter von 30 Jahren entwickelt und erst ab 50 wieder abfällt. Quetelet kann als Vorläufer der empirischen Sozialforschung verstanden werden. Er führte als erster statistische Methoden in die Beschreibung der sozialen Wirklichkeit ein und beschränkte sich nicht nur auf einfache Größen wie Alter oder Geschlecht, sondern versuchte auch die geistigen Fähigkeiten und moralischen Eigenschaften statistisch zu behandeln. Dabei erkannte er, dass diese Fähigkeiten nicht schlechthin, sondern nur mit Hilfe von Indikatoren zu messen sind. So führte er als einer der ersten die Verwendung von Indikatoren für einen theoretischen Begriff in die Soziologie ein. Er deutete Kriminalität als die Art der Verbrechen, die in einem bestimmten Lebensalter begangen wurden, und das literarische Talent maß er daran, in welchem Alter die französischen Dramatiker ihre bedeutendsten Bühnenwerke verfasst hatten. Er verglich die Sterblichkeit verschiedener Bevölkerungsgruppen miteinander und konnte feststellen, dass Ärzte schon jung sterben, Theologen erst im höheren Lebensalter, was er darauf zurückführte, dass bei Theologen die Lebensweise keinerlei Exzessen ausgesetzt ist. Er erstellte Statistiken über Wachstum, Körpergröße und Gewicht der Menschen und war überzeugt, dass solche Statistiken mit der Verfeinerung der Methoden allgemein gebräuchlich werden würden.

Heute leben diese Ideen in der umfangreichen Indikatorenforschung weiter.

Quetelet hat sich unbestrittener Weise um die amtliche Statistik verdient gemacht, auch wenn seine allzu großzügigen Interpretationen und seine oft oberflächliche Anwendung der Statistik kritisiert wurden.

In dieser Tradition standen zahlreiche Arbeiten, die sich mit sozialen Problemen der Zeit aus revolutionärem oder sozialreformerischen Interesse beschäftigten (vgl. Kern 1982). Dazu gehörten: der preußische Feldprediger *Johann Peter Süßmilch*, der sich vor allem mit Bevölkerungsentwicklung und -vermehrung beschäftigte; *Frederic LePlay*, der umfangreiche Monographien über Arbeiterhaushalte erstellte; *David Davies* und seine Landarbeiterstudien in England; *Friedrich Engels* und sein Werk zur Lage der arbeitenden Klasse; *Heiler Sund*, der sich in Norwegen mit Landstreichern und ZigeunerInnen beschäftigte, der Arzt *Vorchow*, der die polnische Bevölkerung in Oberschlesien untersuchte; aber vor allem *Charles Booth*, der schon um 1900 umfangreiche Sozialanalysen zur englischen Gesellschaft durchführte. Diese Statistiker verfolgten ganz unterschiedliche Interessen. Während etwa LePlay und Vorchow eher als konservativ eingestuft werden müssen, waren Engels oder Booth dem sozialistischen Gedankengut verpflichtet.

Übung: Beginnen Sie selbst einiges zu zählen und Zusammenhänge herzustellen. Beobachten Sie in einem Wartesaal oder in der Straßenbahn, welche Personen anwesend sind. Deckt sich Ihre statistische Analyse mit Ihrem ersten Eindruck? Haben Sie durch das Zählen etwas Neues erfahren? Versuchen Sie etwas zu spekulieren, was diese Ergebnisse bedeuten können. Wenn Sie in einem Wartesaal einer Klinik beobachtet haben: welche Personenkategorien sind anscheinend besonders unfallgefährdet? Aus welchen sozialen Gruppen kommen die StraßenbahnfahrerInnen? Können daraus Rückschlüsse auf die soziale Segregation in der Stadt gezogen werden?

Erst zu Beginn des 20. Jahrhunderts verband sich die Sozialforschung mit der Soziologie. In Deutschland trug dazu vor allem *Ferdinand Tönnies* mit seiner Einteilung der Soziologie bei. Er unterteilte in:

a) Reine Soziologie: Dazu gehört die Entwicklung und Analyse soziologischer Begrifflichkeit. Im Zentrum steht bei Tönnies seine berühmte Unterscheidung von Gemeinschaft und Gesellschaft. Als Gemeinschaft bezeichnete er das harmonische Zusammenleben, wie es sich in der traditionellen bürgerlichen Familie zeigt.

Gesellschaft ist hingegen gekennzeichnet durch ein gewisses Ausmaß an Orientierungslosigkeit, eher ein Zweckverband als ein Verband, der auf gemeinsamen Ideen beruht. Frühe Gesellschaften entsprachen für ihn dem Typus der Gemeinschaft, die moderne Industriegesellschaft eben dem Typus der Gesellschaft. Es scheint auffällig, dass diese lange vergessene Dichotomie heute wiederum bei der Analyse der postmodernen Gesellschaften (siehe letztes Kapitel) aufgenommen wird, etwa in dem Zusammenhang, dass man von neuen „Stämmen" spricht, worunter auch die Entwicklung regionaler Identitäten zu verstehen ist, die sich über das Prinzip der Gemeinschaft in einer vergesellschafteten Welt konstituieren.

b) Angewandte Soziologie: In diesem Bereich der angewandten Soziologie wird die Theorie auf verschiedene gesellschaftliche Felder angewandt: Stadt, Industriegesellschaft, Familie usw. Hier gehört die Vielzahl der modernen speziellen Soziologien dazu.

c) Empirische Sozialforschung: Schließlich sollte sich die Soziologie nach Meinung von Tönnies auch mit Datensammlung beschäftigen. Es kann nicht mehr nur um ein theoretisches Tun gehen, zur Wissenschaft gehört auch das empirische Forschen. Damit wurde der empirischen Sozialforschung ein Stellenwert in der Wissenschaft zuerkannt.

Im 20. Jahrhundert ging die Entwicklung von Studien, die vornehmlich empirisch orientiert waren, weiter. Sie kulminierte sicherlich in den Arbeiten von Florian und Znaniecki über polnische EinwandererInnen in den USA. In diesem zuerst fünf-, dann zweibändigen Werk werden zahllose Briefe aneinandergereiht, die zeigen, wie sich die soziale Lage und das Sozialverhalte der polnischen Einwanderer in den USA entwickelte. Es entstand eine eigene Richtung, die Soziographie. Dabei ging es ohne „große Theorie" darum, möglichst vielfältig und detailliert Daten zu einem Thema zu sammeln. Das berühmteste Beispiel in diesem Zusammenhang ist die Soziographie von Lazarsfeld, Zeisel und Jahoda über die *Arbeitslosen von Marienthal*, die bis heute Vorbild für Methodenvielfalt und kreativen Einsatz des Repertoires empirischer Sozialforschung geblieben ist. Die Daten wurden durch Interviews, Tagebücher für Zeitabläufe, Messung von Gehgeschwindigkeit, Entlehnverhalten in der Bibliothek, Vereinsteilnahmen, Beobachtungen in Wohnungen, Mitgabe von Jausenbroten für Kinder, Kleideraktionen und anderes mehr erhoben. Die Ergebnisse, die den Zusammenbruch der Zeitstruktur (vor allem bei Männern) und ansteigende Resignation zeigen, sind heute noch für Arbeitslosigkeit gültig.

Solche soziographischen Studien sind selten geworden. Die Anlagen eines *Social Survey*, einer sozialen Überblicksstudie, scheinen in einer modernen komplexen Gesellschaft zu kompliziert und in einer raschlebigen Wissenschaftsproduktion zu aufwendig zu sein. Kaum ein Forschungsteam in den Sozialwissenschaften kann sich die Zeit nehmen, über Monate ein einzelnes Dorf immer wieder zu besuchen und aufwändige Aktivitäten unterschiedlichster Art in diesem Dorf zu veranstalten. Überblicksstudien sind heutzutage eher im quantitativ-empirischen Teil angesiedelt.

Man könnte den Weg der Indikatorenforschung als neue Weiterentwicklung von Überblicksstudien sehen. Dieser Weg beginnt schon in den 70er Jahren und führt zu Beginn des 21. Jahrhunderts innerhalb der Europäischen Union zu einer neuen Blüte. Die Frage, die sich diesen Arbeiten stellt, ist, ob wir nicht mit wenigen Indikatoren Gesellschaftsentwicklung typisch darstellen können, vergleichbar etwa mit dem Warenkorb in den Wirtschaftswissenschaften. Solche Studien zu sozialen Indikatoren entstehen in Europa vor allem in Deutschland schon in den 80er Jahren (zum Beispiel Glatzer, Zapf 1984). Dabei wird die Absicht verfolgt, eine Sozialstatistik zu entwickeln, also durch wenige Indikatoren die gesellschaftliche Entwicklung darzustellen. Mittlerweile ist diese Indikatorenforschung sehr vielfältig geworden. Es gibt sogenannte Euro-Module, die in verschiedenen Ländern Europas laufen und die soziale Situation darstellen. Darüber hinaus gibt es eine Fülle von länderspezifischen Untersuchungen, die den Stand der Wohlfahrtsgesellschaft darstellen sollen, zum Beispiel das Wohlfahrtssurvey in Deutschland (Zapf u. a. 1996) oder eine Reihe von skandinavischen Studien. Bis heute fehlen in dieser Forschungsrichtung allerdings länderübergreifende und alle europäischen Länder mitberücksichtigende Indikatoren. Sie sind sehr oft auf Regionales und Lokales bezogen. Das ist aber im Wesentlichen eine Frage von Wissenschaftsorganisation und weniger eine Frage wissenschaftlicher Substanz. Die Indikatorenforschung in unterschiedlichsten Bereichen, auf den Ebenen der Wohlfahrt, der Familie, der Arbeitswelt, der Urbanisierung oder der Entwicklung der *new economy* kann wahrscheinlich als wichtigste Aufgabe moderner Sozialforschung angesehen werden.

Wir begeben uns nun in das zwanzigste Jahrhundert, in dem sich die Soziologie als Wissenschaft etablierte. Da ich annehme, dass die Geschichte des zwanzigsten Jahrhunderts weitgehend bekannt ist, möchte ich mich nur auf einige Hinweise beschränken, die das politisch-historische Umfeld der Entwicklung der Soziologie umreißen. Die beiden Weltkriege, vor allem der Zweite, unterbrachen in Europa, vor allem in Deutschland und Österreich viele Entwicklungen, die am Anfang des Jahrhunderts vorgegeben waren. Die Geisteswelt des Fin de siècle brachte innovative Ansätze in Philosophie, Wissenschaft und Literatur hervor, Experimente mit der Partizipation in Industriebetrieben, neue Wohnmöglichkeiten (zum Beispiel: Wiener Gemeindebauten). Der Wiener Kreis in der Philosophie, historische Ansätze in der Soziologie (zum Beispiel von Mannheim), die nun erneut diskutiert werden, wären geeignete Ausgangspunkte für eine vertiefte Entwicklung der europäischen Sozialwissenschaften gewesen. Die wirtschaftliche und politische Situation, das Aufkommen des Nationalsozialismus und der Zweite Weltkrieg zerstörten diese Basis. Die soziologische Theorie, die wir nun im Hauptteil des Buches besprechen werden, entwickelte sich um die Jahrhundertwende und setzte sich vor allem nach dem Zweiten Weltkrieg unter amerikanischen Einfluss in Europa fort. In den zwanziger und dreißiger Jahren entstand vor allem die Chicagoer Schule des Symbolischen Interaktionismus, die erst seit den siebziger Jahren auch in der deutschen Soziologie stärker rezipiert wird. Nur im Bereich der materialistischen Gesellschaftstheorie wollen wir noch einen Rückgriff ins 19. Jahrhundert machen, nämlich zu Karl Marx. Er ist so eng mit der Entwicklung der kritischen Theorie verbunden, enger als vielleicht Durkheim mit dem Strukturfunktionalismus, dass es gerechtfertigt erscheint, ihn dort mitzubehandeln.

Anmerkungen

1 Für literarisch Interessierte mag es lohnend sein, Daniel Defoes „Robinson Crusoe" (1719) als Schlüsselroman der Kolonialisierung zu lesen.

2 Man mag sich vielleicht wundern, warum hier immer wieder die Religion zitiert wird. Das hängt unter anderem damit zusammen, dass die Vorläufer der Soziologie noch stark im kirchlich-religiösen Kontext verhangen waren. Selbst wenn sie von theologischen Erklärungsmustern absehen, lösen sie sich keineswegs von Religion.

3 Vgl. Dazu das Dreistadiengesetz von Comte, das im nächsten Kapitel besprochen wird. Er unterscheidet theologisches, metaphysisches und positives Stadium

4 Eine nicht ganz unwichtige Parallelität. Frühe soziologische Berichte beinhalten oft Fotos und hatten die Form einer Sozialreportage. Sie wurden auch im anerkannten American Journal of Sociology vor 1900 publiziert.

3 Materialistische Gesellschaftstheorien und Gesellschaftskritik: Vom Marxismus zur Theorie reflexiver Modernisierung

Karl Michael Brunner

3.1 Karl Marx und der Materialismus

Ausgangsbedingungen

Karl Marx (1818–1883) gilt gemeinsam mit Friedrich Engels (1820–1895) als Begründer des historischen Materialismus. Die materialistischen Theorien von Marx und Engels (später von Lenin und Mao) können für sich beanspruchen, als Anleitung für die praktische Konstruktion ganzer Gesellschaften gedient zu haben, für Gesellschaften, die zeitweise den Status von Weltreichen innehatten (Sowjetunion) oder jetzt noch innehaben (China). Allerdings hat sich Marx schon zu Lebzeiten von den Adepten seiner Theorien distanziert, indem er bewusst betonte, kein Marxist zu sein („Je ne suis pas un Marxiste!"). Vermutlich hätte Marx auch die Inanspruchnahme seiner Lehre zur Rechtfertigung totalitärer Regime nicht gut geheißen, da das Ziel von Geschichte aus seiner Sicht eine Gesellschaft freier und gleicher Individuen sein sollte. Marx war einer der ersten Denker, der als Philosoph/Ökonom/Soziologe eine umfassende Analyse von Gesellschaftsformationen vornahm und dabei besonderes Augenmerk auf die Art und Weise legte, wie Gesellschaften ihre Lebensgrundlagen produzieren, wie sie ihren Austausch mit Natur regulieren und welche Formen sozialer Beziehungen dabei entwickelt werden. Das Marx'sche Denken hatte großen

Einfluss auf die Entwicklung der Soziologie, auch in der zeitgenössischen Soziologie ist Marx für unterschiedliche soziologische Theorieansätze ein wichtiger Bezugspunkt (etwa für Anthony Giddens oder Pierre Bourdieu).

Wie jedes Denken ist auch das Marx'sche vor dem Hintergrund seiner Entstehungsbedingungen zu sehen. Es entstand in Deutschland während der Zeiten von Restauration und Vormärz, wo jede Kritik an der Gesellschaft erbarmungslos verfolgt wurde. Auf der anderen Seite war dies die Zeit der Entstehung des industriellen Kapitalismus (des Fabriksystems) mit großen Fortschritten in Technik und industrieller Produktivität, aber auch eine Zeit des Anwachsens eines verelendeten Industrieproletariats, das extrem ausgebeutet wurde. Der „Manchester-Kapitalismus" war durch ungebremste Ausbeutungsverhältnisse gekennzeichnet, Gewinnmaximierung hatte absoluten Vorrang, die Arbeitsbedingungen waren schlecht (langer Arbeitstag, keine Rechte der Arbeiter, geringe Bezahlung). Während die liberal-bürgerlichen Theorien davon ausgingen, dass mit der Etablierung der bürgerlichen Gesellschaft der einzelne befreit wurde und seine individuelle Wirtschaftstätigkeit und Leistung die Basis einer gerechten Gesellschaft bildet, war für Marx klar, dass die zeitgenössischen sozialen und wirtschaftlichen Verhältnisse diesen Ansichten widersprachen. Wie konnte von einer Gesellschaft der Freien und Gleichen ausgegangen werden, wenn ein Großteil der Bevölkerung unter entmenschlichten Verhältnissen arbeiten und leben musste?

Marx knüpft an drei theoretischen Strömungen der damaligen Zeit an: 1. an den Frühsozialismus (St. Simon, Fourier, Proudhon), dessen Idee einer gerechten Gesellschaft und dessen Kritik am Liberalismus er übernahm; 2. an der Philosophie des Deutschen Idealismus, im besonderen an Hegel, von dem er das dialektische Prinzip übernahm, das er allerdings materialistisch wendete (Marx hat – wie er selbst sagt – Hegel vom Kopf auf die Füße gestellt); 3. an der Politischen Ökonomie (Smith, Ricardo), wobei hier vor allem die wertschöpfende Rolle der Arbeit im Zentrum stand.

Die materialistische Weltanschauung

Der Materialismus bezeichnet eine Weltanschauung, die davon ausgeht, dass der Geist (das Bewusstsein) nicht unabhängig von der

Materie gedacht werden kann. Während für den Idealisten Hegel die letzte Substanz der Wirklichkeit der Geist ist, stellt dies für Marx die Materie dar. Wenn Marx davon spricht, dass das Sein das Bewusstsein bestimmt, dann ist damit gemeint, dass eine grundsätzliche Wechselwirkung zwischen dem Bewusstsein und dem Materiellen besteht, wobei letzteres auch die jeweilige Form bezeichnet, in der Gesellschaften die materielle Produktion ihres Lebens organisieren. Für Marx bestimmen die sozioökonomischen Bedingungen einer Gesellschaft die Ideen, die Kultur, die Lebensanschauungen und Lebensweisen bestimmter gesellschaftlicher Klassen und Schichten. Je nach Stellung im gesellschaftlichen Produktionsprozess entwickeln die Menschen eine bestimmte Sicht der Welt, wobei für Marx die Stellung im Wirtschaftsprozess die zentrale Rolle spielt. Ein Mitglied der herrschenden Klasse (Besitzer der Produktionsmittel) wird demnach andere Vorstellungen von Gerechtigkeit, Leistung, Gleichheit usw. entwickeln als ein Mitglied der unterdrückten Klasse (der Arbeiter, der seine Arbeitskraft verkaufen muss, um leben zu können).

Übung: Versuchen Sie den Materialismus auf heutige Gesellschaften anzuwenden: Welche Deutungsmuster zum Beispiel im Hinblick auf Leistung werden in bestimmten Schichten oder Milieus vertreten und wie hängen diese mit der Stellung im ökonomischen System (Berufssystem) zusammen?

Was Marx unter *materiellen Lebens- und Produktionsbedingungen* versteht, wird am besten in einem bekannten Zitat aus dem Vorwort „Zur Kritik der politischen Ökonomie" zum Ausdruck gebracht (Marx spricht von diesem Zitat als dem Leitfaden seiner Studien): „In der gesellschaftlichen Produktion ihres Lebens gehen die Menschen bestimmte notwendige, von ihrem Willen unabhängige Verhältnisse sein, die Produktionsverhältnisse, die einer bestimmten Entwicklungsstufe ihrer materiellen Produktivkräfte entsprechen. Die Gesamtheit dieser Produktionsverhältnisse bildet die ökonomische Struktur der Gesellschaft, die reale Basis, worauf sich ein juristischer und politischer Überbau erhebt, und welcher bestimmte gesellschaftliche Bewusstseinsformen entsprechen. Die Produktionsweise des materiellen Lebens bedingt den sozialen, politischen und geistigen Lebensprozess überhaupt. Es ist nicht das Bewusstsein der Menschen, das ihr Sein, sondern umgekehrt ihr gesellschaftliches Sein, das ihr Bewusstsein bestimmt" (Marx/Engels Werke 1978, Bd. 13, S. 8f.).

Zwei Begriffspaare sind hier angeführt, die sich wie ein roter Faden durch das Werk von Marx ziehen: Die *ökonomische Basis einer Gesellschaft* ist bestimmt durch das *Verhältnis von Produktivkräften und Produktionsverhältnissen*. Das dynamische Wechselspiel zwischen beiden bestimmt nach Marx den Lauf der Geschichte. *Produktivkräfte* sind alle Mittel, die eine Gesellschaft zur Produktion einsetzt, wobei hier sowohl sachliche Mittel (natürliche Umweltbedingungen, Technik und Wissenschaft) als auch menschliche „Mittel" (Arbeitskräftepotenzial, Produktionswissen, Gesundheitszustand der Arbeiter usw.) gemeint sind. *Produktionsverhältnisse* meint die Art und Weise der sozialen Organisation des gesellschaftlichen Produktionsprozesses und der gesellschaftlichen Tauschbeziehungen, das heißt die Art der Kooperation, die Arbeitsteilung, die Verteilung der Produktionsmittel und Konsumgüter. Den Produktivkräften kommt dabei die treibende Rolle im Geschichtsprozess zu: Ständige wissenschaftlichtechnische Veränderungen führen nach Marx dazu, dass die herkömmlichen Produktionsverhältnisse mit den Produktivkräften nicht mehr Schritt halten können und dann eine qualitativ neue Stufe der Gesellschaft entsteht. Marx hat dieses Zusammenspiel von Produktivkräften und Produktionsverhältnissen am Übergang vom Feudalismus zum Kapitalismus analysiert (siehe weiter unten), auch den (notwendigen) Übergang vom Kapitalismus zum Sozialismus/Kommunismus sah er durch die Triebkraft der Produktivkräfte verursacht. Marx vertritt dabei ein stark technikorientiertes Fortschrittsmodell, wobei Fortschritt allerdings nicht linear zur Entwicklung der Technik gesehen wird, sondern aus den konfliktreichen Widersprüchen und Klassenkämpfen der jeweiligen Produktionsverhältnisse resultierend gedacht wird.

Das zweite Begriffspaar ist jenes von *Basis und Überbau*, wobei auch hier das „Materialistische" des Denkens von Marx deutlich wird. Basis umfasst die gesamte ökonomische Struktur einer Gesellschaft (das heißt das jeweilige Zusammenspiel von Produktivkräften und Produktionsverhältnissen), und diese Basis bestimmt den Charakter des jeweiligen Überbaus. Überbau meint die Gesamtheit der rechtlichen, politischen und kulturellen Institutionen, die die jeweilige ökonomische Struktur einer Gesellschaft aufrechterhalten und die Verteilung der gesellschaftlichen Produkte legitimieren. Politik, Kultur, Justiz, Wissenschaft – sie alle werden von Marx in ihrer „Dienerfunktion" zur Aufrechterhaltung einer bestimmten ökonomischen Struktur gesehen. Für Marx sind die herrschenden Ideen stets die Ideen der Herrschenden, was etwa bedeutet, dass die Kultur im Dienste der Herrschenden steht, die bestehende Ordnung als die einzig mögliche zu legitimieren trachtet und soziale Ungleichheit mit unterschiedlichsten Argumenten rechtfertigt.

Die Kritik am Liberalismus: Kapitalismus und Klassengesellschaft

Der Aufstieg des Bürgertums zur herrschenden Klasse war verbunden mit der Entwicklung eines entsprechenden liberalen Gedankenguts. Die Ideale der Französischen Revolution (Freiheit, Gleichheit, Gerechtigkeit) brachten den freien Staatsbürger (citoyën) hervor, die Ideale des Liberalismus den freien Wirtschaftsbürger (bourgeois), der seiner Wirtschaftstätigkeit aus freien Stücken nachgeht, wobei nach Adam Smith der Markt im Zusammenspiel von Angebot und Nachfrage die einzige „regulierende" Instanz bildet. Die Annahme war, dass die freie Wirtschaftstätigkeit, bei der einzelne Wirtschaftsbürger nur ihrem Nutzen folgen, „automatisch" eine gerechte Gesellschaft ergeben würde. Marx hat die bürgerlichen Schriften konsequent gegen den Strich gelesen und betont, dass die „Freiheit" der Wirtschaftsbürger nur eine scheinbare Freiheit, in Wirklichkeit nur die Freiheit einiger weniger sei. Die soziale Realität des 19. Jahrhunderts war nicht durch Gleichheit, Freiheit und Gerechtigkeit gekennzeichnet, sondern für einen Großteil der Bevölkerung durch Armut, Ausbeutung, Rechtlosigkeit. Den Grund für diese „Unfreiheit" und Unterdrückung vieler Gesellschaftsmitglieder sah Marx im *Eigentum an Produktionsmitteln* gegeben. Die Produktionsmittelbesitzer (Kapitalisten) brauchen zur Produktion Arbeitskräfte, die sie am Arbeitsmarkt kaufen. Der Großteil der Bevölkerung (die Nichtbesitzer von Produktionsmitteln) muss, um sich am Leben erhalten zu können, seine Arbeitskraft („sich") am

Markt verkaufen, und der Kapitalist kauft diese Arbeitskraft um einen bestimmten Preis. Der Kapitalist erwirbt damit das Recht, die Arbeitskraft zu nutzen. Da der Arbeiter aber mehr arbeitet, als zu seiner Reproduktion notwendig, kann sich der Eigentümer den *Mehrwert*, der in dieser Mehrarbeit erzeugt wird, aneignen. Ziel des Kapitalisten ist es daher, eine möglichst hohe Arbeitsproduktivität bei möglichst langen Arbeitszeiten zu erzielen, weil dann der Mehrwert wesentlich höher ist. Marx moralisiert dieses Ausbeutungsverhältnis aber nicht, weil er davon ausgeht, dass der Kapitalist aus seiner Sicht völlig rational handelt, da er mit anderen Kapitalisten am Markt in Konkurrenz steht und deshalb mit möglichst billigen Arbeitskräften einen möglichst hohen Gewinn erzielen muss, um nicht selbst den Kürzeren zu ziehen. Der einzelne könne nicht für Verhältnisse verantwortlich gemacht werden, deren Geschöpf er sozial bleibt, weshalb die Handelnden bei Marx nur als „Personifikation ökonomischer Kategorien" erscheinen, als „Träger von bestimmten Klassenverhältnissen und Interessen" (Marx). Die treibende Kraft im Kapitalismus ist (jenseits persönlicher Intentionen) die Erhöhung des Mehrprodukts, die Intensivierung der Kapitalverwertung und die Aneignung dieses Mehrprodukts nicht durch die Produzenten (die Arbeiter), sondern durch die Besitzer der Produktionsmittel.

Marx fasst das Verhältnis zwischen diesen beiden Gruppen in der kapitalistischen Gesellschaft als ein *Verhältnis zwischen Klassen* auf. Die Zugehörigkeit zu einer sozialen Klasse ist an den Besitz bzw. Nichtbesitz von Produktionsmitteln gebunden. Marx unterscheidet grob zwei Klassen: Die Klasse der Produktionsmittelbesitzer, die sich den erarbeiteten Mehrwert aneignet *(Bourgeoisie)* und die Klasse der Arbeitenden, die ihre Arbeitskraft verkaufen muss, um ihren Lebensunterhalt bestreiten zu können *(Proletariat)*. Klasse hat aber eine doppelte Bedeutung: Zum einen wird damit ein ökonomisches Verhältnis bezeichnet, zum anderen aber auch eine politisch soziale Beziehung zwischen den Klassen. Aus dem Eigentum an Produktionsmitteln ergeben sich spezifische Formen der *Herrschaft* der einen Klasse über die andere. Antagonistische Interessen zwischen den beiden sozialen Klassen ergeben sich sowohl aus der ökonomischen Situation als auch der damit verbundenen Herrschaftsbeziehung. Wenn Marx davon spricht, dass die Geschichte die Geschichte von Klassenkämpfen ist, dann hebt er den Interessenantagonismus von Kapital und Arbeit hervor und betont gleichzeitig den Kampfcharakter dieses Verhältnisses (zum Beispiel Arbeitskämpfe zur Verkürzung des Arbeitstages). Die Klassenkämpfe werden solange anhalten bis die einzige Klasse, die nichts zu verlieren hat, die Macht ergreifen wird. Dies wird nach Marx die Arbeiterklasse sein, da sie die erste Klasse ist, die nicht von der Verfügung über Produktionsmittel lebt, daher auch keine privaten Interessen verfolgt. Da das Profitstreben des Kapitals im Laufe der Zeit zu einer Konzentration des Kapitals führen wird, die dann eine Konzentration der Arbeitskräfte bedingt, wird ein Prozess der Interessenorganisation der Arbeiter die Folge sein. Die Arbeiter werden ein *Klassenbewusstsein* entwickeln, das auf internationaler Solidarität beruht und in einer Revolution die Klassengesellschaft und damit die kapitalistische Gesellschaft beseitigen. Allerdings wird die Basis für diese Überwindung gemäß der Dialektik von Produktivkräften und Produktionsverhältnissen schon unter kapitalistischen Bedingungen geschaffen: Die rasante Entwicklung der Produktivkräfte, die Verkürzung der Arbeitszeit und die Tatsache, dass alle gesellschaftlichen Arbeiten schon objektiv vergesellschaftet sind, das heißt durch Nicht-Besitzende ausgeführt werden, sind die Grundlagen dafür, dass die besitzenden Klassen ihre historische Existenzbedingung verlieren. Damit wird die Basis für den Übergang zum Sozialismus bzw. Kommunismus geschaffen. Erst im Sozialismus/Kommunismus kann die Ausbeutung der Arbeiter aufgehoben werden, wenn das erzielte Mehrprodukt gesellschaftlicher Kontrolle unterliegt und einer gerechten Verteilung unterzogen wird.

Allerdings war auch schon zu Marxens Zeiten deutlich, dass die Arbeiterklasse nicht immer ihrer zugeschriebenen historischen Mission gemäß dachte und handelte. Ähnlich wie sich das Bürgertum „falsche" Vorstellungen über die Realität des Kapitalismus macht (Privateigentum an Produktionsmitteln und private Wirtschaftstätigkeit führen zu einer gerechten Gesellschaft), macht sich auch die Arbeiterklasse „falsche" Vorstellungen darüber (durch mehr Leistung werde ich mehr konsumieren können, werde mir immer mehr Waren leisten können und dadurch einen höheren Lebensstandard und sozialen Aufstieg schaffen). Verzerrte Vorstellungen von Realität sind nach Marx Ausdruck von bestimmten Interessen und Lebensbedingungen, weshalb Marx vom *notwendig falschen Bewusstsein* über die soziale Realität sprach. Bezogen auf die kapitalistische Wirtschaftsweise und den ihr inhärenten Zwang zur Kapitalverwertung durch intensivierte Warenproduktion ist es zwar richtig, dass der „Reichtum" der Gesellschaft und ihrer Mitglieder (auch der Arbeiter) durch ein vermehrtes Warenangebot möglicherweise steigen kann, was aber damit verschleiert wird, sind die grundlegenden Herrschaftsverhältnisse, die dem zugrunde liegen. Private Konsummöglichkeiten mögen zwar das Leben angenehmer gestalten, ändern aber nichts an der privaten Verfügung über Produktionsmittel und der damit verbundenen Herrschaft. Marx spricht davon, dass im Wesen der Ware das Verhältnis von Kapital und Arbeit (das ein Herrschaftsverhältnis ist) verborgen sei. Dieser *„Warenfetischismus"* bewirkt, dass zwar vom Konsumenten die Ware als Gebrauchswert mit einem bestimmten Preis gesehen wird, aber nicht als Tauschwert, der primär für den Austausch am Markt und die Erzielung von Profit erzeugt wird und zwar unter Bedingungen, die der Unterordnung der einen Klasse (Arbeiterklasse) unter die andere Klasse (Kapitalistenklasse) entspricht. Wenn ich zum Beispiel eine Banane kaufe, so muss ich dafür einen bestimmten Preis zahlen und kann dann diese Frucht genießen. Was ich der Banane aber nicht ansehe, sind die Produktions- und Distributionsbedingungen, unter denen sie entstanden ist, zum Beispiel die materielle und gesundheitliche Ausbeutung von Landarbeitern, der ökologisch und gesundheitlich bedenkliche Einsatz von chemischen „Keulen", die Rolle der Nahrungsmittelkonzerne oder wer am meisten von ihr profitiert usw.

Übung: Nehmen Sie eine beliebige Ware, verfolgen Sie den „Lebensweg" dieser Ware von der „Geburt bis zum Tod" (Abfall) und versuchen Sie im Marx'schen Sinne das „Wesen" dieser Ware zu ergründen!

Wir müssen nach Marx also „hinter" die Ware blicken, um die jeweiligen Ausbeutungs- und Herrschaftsverhältnisse einer Gesellschaft erkennen zu können. Dabei kommt der Theorie entscheidende Bedeutung zu. Obwohl Marx primär Theoretiker war, der nur ab und zu politische Kampfschriften verfasste (zum Beispiel das gemeinsam mit Engels verfasste berühmte „Manifest der Kommunistischen Partei" von 1847/48), ist der Status der marxistischen Theorie ein zweifacher: Die Marx'sche Theorie ist einerseits (objektive) Analyse und Kritik der kapitalistischen Produktionsweise, verfolgt aber zugleich einen immens praktischen Anspruch. Sie soll diejenige Theorie sein, die die ausgebeuteten Arbeiter im Zuge der Bewusstwerdung ihrer Interessen als analytische Grundlage ihres Klassenkampfes erkennen und als „Anleitung" für die Umwälzung des Kapitalismus in Richtung Sozialismus/Kommunismus verwenden werden. Kennzeichen der Marx'schen Theorie ist also ihre Parteilichkeit für die Interessen der ausgebeuteten Arbeiter (Politisierung der Theorie) und der Versuch, Theorie und Praxis zu verbinden, eine Einheit von Theorie und Kritik herzustellen.

Gesellschaftsformationen

Marx unterscheidet verschiedene Gesellschaftsformationen primär nach ihrer Verfügung über das gesellschaftlich erwirtschaftete Mehrprodukt. *Archaische Gesellschaften* sind durch Kollektiveigentum an den Produktionsbedingungen gekennzeichnet, die Produkte werden nur innerhalb der Gemeinschaft getauscht und neben dem Besitzrecht auf Gebrauchsgegenstände gibt es eine eigentumslose Gleichheit und deshalb auch keine sozialen Gegensätze in der Gemeinschaft. In *Sklavenhaltergesellschaften* kommt es durch zunehmende Arbeitsteilung zum Privateigentum an Boden und Personen, Arbeitskräfte werden durch Kriegszüge beschafft, es bilden sich Gruppierungen wie Sippen und Familien, die gemeinschaftliche Kooperation der archaischen Gesellschaften wird durch eine Kleingruppenkooperation abgelöst. Herrschaft wird vor allem durch Einzelne (Könige) bzw. durch die Oberschicht der Sklavenhalter ausgeübt. Im *Feudalismus* kommt es zu weiterer Arbeitsspezialisierung, zu regelmäßigem Tausch in Städten und auf Märkten und intensiverer Bodenbearbeitung. Im Vergleich zu Sklavenhaltergesellschaften werden die Herrschaftsverhältnisse gemildert, weil den Bauern die Produktionsmittel bleiben, solange sie dem Lehensherrn seinen Teil abgeben. Durch die individuelle Bewirtschaftung des Bodens kommt es zu einer Vergrößerung des Mehrprodukts, allerdings erst die Erschließung neuer Verkehrswege, die Verbreitung der Geldwirtschaft verbunden mit einer Expansion der Märkte führt zu einer intensiveren Nutzung der Arbeitskräfte. Die korporative Rechtsordnung des Feudalismus verhinderte aber die völlige Freisetzung der Arbeitskräfte (Handwerkszünfte, Leibeigenschaft der Bauern), weshalb sich diese Produktionsweise als Hindernis für die weitere Entwicklung der Produktivkräfte erwies. Gemäß der Dialektik von Produktionsverhältnissen und Produktivkräften als treibender Kraft im Geschichtsprozess kam es deshalb zum Übergang in den Kapitalismus. Der *Kapitalismus* ist gekennzeichnet durch hohe Arbeitsteilung, maschinelle Produktion, die Freisetzung der Arbeitskräfte von feudalen Bindungen, die lokalen Märkte erweitern sich zum Weltmarkt. Das Bürgertum herrscht als ökonomisch stärkste Klasse, dessen Herrschaft durch die Ideologie des Liberalismus (das Gemeinwohl ergibt sich durch das freie Spiel der Kräfte auf dem Markt) legitimiert wird. Hauptmerkmal des Kapitalismus ist aber die Trennung der Produzenten (Arbeiter) von den Produktionsmitteln. Die Entwicklung von Tausch und Handel, die Ausdifferenzierung einer Geldwirtschaft erlauben eine Vervielfachung der Mehrwertproduktion und die kapitalistische Dynamik der Kapitalverwertung entsteht. Der Zwang zur Kapitalakkumulation und Profitsteigerung führt nun zum Entstehen der „sozialen Frage", da es zu Verelendung und Entfremdung auf Seiten der Arbeiter kommt. Die Beschleunigung des Kapitalverwertungsprozesses, Konzentrationsprozesse des Kapitals und die damit verbundenen Konzentrationsprozesse auf Seiten der Arbeiter führen dann zum revolutionären Umsturz des Kapitalismus und zum Übergang in den *Sozialismus* als erster Stufe und den *Kommunismus* als Endstufe des Geschichtsprozesses. Im Sozialismus wird das Eigentum an Produktionsmitteln aufgehoben und in kollektiv zu verwaltendes Eigentum übergeführt, der erzielte Gewinn kommt dem Kollektiv zugute. Der Kommunismus schließlich soll auf Basis automatisierter Produktion die Möglichkeit bieten, zu einer freien und gleichen Gesellschaft zu kommen, in der der Mensch als gesellschaftliches Wesen zur Entfaltung seines schöpferischen Potenzials kommt und seine sozialen Beziehungen auf der Grundlage von Freiheit gestalten kann.

Wie wir inzwischen allerdings wissen, hat sich der geschichtliche Prozess nicht in diese Richtung entwickelt, sondern auf der einen Seite zu einem mehr oder weniger sozialstaatlich befriedeten Kapitalismus geführt und auf der anderen Seite zu einem Sozialismus als brutalem Herrschaftssystem, das weder ökonomisch als planwirtschaftlich organisiertes mit dem kapitalistischen System mithalten konnte, noch politisch den Bürgern diejenige Freiheit und Gleichheit garantierte, die Marx im Sinn gehabt hat.

Die Marx'sche Theorie ist seit ihrer Entwicklung Gegenstand von Verehrung ebenso gewesen wie von Kritik. Die Dogmatisierung seiner Theorie zu einer „Staatstheorie" führte zu menschenverachtenden Regimen. Viele Kritiker haben diesen Aspekt hervorgehoben und damit einen Angriff auf das gesamte Theoriegebäude gestartet. Eine moderatere Kritik sieht die Grenzen, aber auch die Leistungen dieser Theorie: Marx kann als einer der „Urväter" der Soziologie bezeichnet werden, da er systematisch Gesellschaftsformationen danach untersuchte, wie sie ihre Lebensgrundlagen erarbeiten, welche Denkmuster sie entwickeln und welche Formen politischer Herrschaft entwickelt werden. Dabei hat er als einer der ersten Denker die grundlegende Bedeutung der Ökonomie hervorgehoben und der Soziologie als einer kritischen Wissenschaft den Boden geebnet. Gleichwohl haben sich viele seiner Annahmen als problematisch erwiesen: Seine Zwei-Klassen-Theorie erweist sich für die Analyse der Sozialstrukturen hochdifferenzierter Gesellschaften als zu einfach. Sein Arbeitsmodell ist stark handwerklich geprägt und kann deshalb die Ausdifferenzierung von Arbeit nur partiell erfassen. Sein Geschichtsmodell ist auf einen Idealzustand der Gesellschaft hin ausgerichtet und stellenweise durch einen technologischen Determinismus gekennzeichnet usw.

Viele Theoretiker, die auf dem Materialismus von Marx aufbauen wollten, waren deshalb zu Modifikationen der Theorieannahmen gezwungen, wiewohl sich das Grundkonzept von Marx als erstaunlich fruchtbar auch für die Soziologie des 20. Jahrhunderts erwiesen hat. Manche SoziologInnen gehen sogar davon aus, dass die Marx'sche Theorie auch ohne begriffliche Modifikationen eine adäquate Gesellschaftstheorie für unsere Zeit abgibt: Ein globalisierter Kapitalismus, hohe Arbeitslosigkeit, globale Umweltprobleme, steigende Armut bei gleichzeitigem Abbau des Sozialstaats, große Ungleichheit zwischen Nord und Süd usw. seien Phänomene, die die Relevanz Marx'schen Denkens auch für die heutige Zeit zeigen. Wir werden in der Folge allerdings diese (neo)marxistischen Ansätze nicht weiterverfolgen, sondern die Kritische Theorie genauer betrachten, die den Anspruch erhebt, aufbauend auf dem Materialismus von Marx zu einer kritischen Gesellschaftstheorie des 20. Jahrhunderts zu kommen.

3.2 Kritik und Erweiterung des materialistischen Denkens: Die Kritische Theorie

Die Entwicklung der Kritischen Theorie

Die Kritische Theorie entstand Anfang der 20er Jahre in Frankfurt mit der Gründung des *Instituts für Sozialforschung,* das der Universität Frankfurt angegliedert war. Ziel des Instituts war eine nicht dogmatische, allgemein verbindliche Interpretation der *Theorie von Karl Marx,* die den geänderten historischen Bedingungen angepasst sein sollte. Die grundlegende Orientierung des Instituts zielte ab auf eine „Theorie der gegenwärtigen Gesellschaft als ganzer", wobei konkrete gesellschaftliche Probleme mittels interdisziplinärer Sozialforschung untersucht werden sollten. Das theoretische Programm in den 30er Jahren wurde mit dem Begriff „interdisziplinärer Materialismus" bezeichnet. Ziel war eine materialistische Theorie der Gesellschaft, die an den Schwachpunkten der Marx'schen Theorie weiterarbeitet und zu einer Diagnose der aktuellen Gesellschaft kommt.

Gegenüber einer bestimmten Interpretation der Marx'schen Theorie, der *Widerspiegelungstheorie,* die behauptet, dass das Bewusstsein das Sein widerspiegelt, legt die Kritische Theorie großen Wert darauf, dass Erkenntnis ein aktives Element beinhaltet, Interpretation ist. Auch die Objekte menschlicher Wahrnehmung sind selbst Produkte menschlichen Handelns und keine vom Menschen unabhängige Realität.

Gegenüber dem einfachen *Basis-Überbau-Schema* (das heißt der Annahme, dass die materielle, ökonomische Basis einer Gesellschaft sämtliche kulturellen Erscheinungen unmittelbar prägt) versucht die Kritische Theorie, eine materialistische Theorie der Kultur zu entwickeln. Zwar sind die kulturellen Bewusstseinsformen von den ökonomischen Verhältnissen abhängig, aber nicht unmittelbar. Kulturelle Erscheinungsformen zeigen einen relativen Eigensinn, das heißt, sie sind teilweise von der ökonomischen Lage entkoppelt. Eine wichtige Rolle spielt hier (und in der ganzen Theorie) die (hegelsche) Kategorie der Vermittlung. Sämtliche Kulturphänomene sind durch die gesellschaftliche Gesamtheit (Totalität) vermittelt und keine bloßen Widerspiegelungen von Klasseninteressen. Es ist von einem ständigen Wechselspiel von Gesellschaft und Kultur, von einzelnen gesellschaftlichen Elementen und der gesamten Gesellschaft auszugehen.

In diesem Zusammenhang ist auch die Problematisierung des Marx'schen *Theorie-Praxis-Verhältnisses* zentral: War für Marx das Proletariat diejenige Klasse, welche seine Theorie in die Praxis umsetzen sollte, so stellt sich für die Kritische Theorie die Frage, warum das Proletariat seine ihm zugedachte Rolle nicht wahrgenommen hat und sich in die bürgerliche Gesellschaft integrieren ließ bzw. entgegen seinen Interessen auch dem Nationalsozialismus keinen großen Widerstand entgegengebracht hat. Bei der Klärung dieser Frage kam der Sozialpsychologie und Psychoanalyse eine bedeutende Rolle zu. Sie sollten verständlich machen, wie sich die ökonomischen Verhältnisse in das Bewusstsein übersetzen und warum zum Beispiel die Arbeiter andere Interessen entwickelten, als die marxistische Theorie es von ihnen erwartete.

Neben der (kritischen) Bezugnahme auf die Marx'sche Kritik der Politischen Ökonomie sind weitere Theoriepfeiler der Frankfurter Schule die Aufklärungsphilosophie (Kant, Hegel u. a.) und die Psychoanalyse Sigmund Freuds. Die Kritische Theorie ist Erbin der *Philosophie der Aufklärung*. Die Aufklärung hat das Ideal einer freien und gerechten Gesellschaft entwickelt, in der alle Bürger vor dem Gesetz gleich sind. Die Parolen der Französischen Revolution „Freiheit, Gleichheit, Gerechtigkeit" als politische Forderungen des aufsteigenden Bürgertums waren gegen die Verteilung von Geld und Macht aufgrund von Abstammung gerichtet, wie es im Feudalismus der Fall war. Im Gegensatz zur feudalen Herrschaft auf Basis von Geburt und Abstammung tritt nun das Prinzip der Teilnahme an Macht und Reichtum auf Basis von Leistung. Vernunft (Rationalität) und die Einrichtung einer „vernünftigen" Gesellschaft haben in der Aufklärungsphilosophie einen wichtigen Stellenwert. Der Mensch ist ein vernunftbegabtes Wesen, das zur Selbstbestimmung und Mündigkeit fähig ist, also fähig, „sich seines Verstandes ohne die Hilfe eines anderen zu bedienen" (Kant). Wenn nun alle Menschen von Geburt an gleich und vernunftbegabt sind, wenn sie als freie Wirtschaftssubjekte ihren Tätigkeiten nachgehen können, dann müsste die bürgerliche Gesellschaft eigentlich eine freie und gerechte Gesellschaft sein. Marx hat die Ansprüche der bürgerlichen Gesellschaft an ihren eigenen Maßstäben gemessen. Er hat gezeigt, dass die ökonomischen Verhältnisse, die kapitalistische Produktionsweise grundlegende Ungerechtigkeiten zur Folge haben, die dem Begriff der bürgerlichen Gesellschaft widersprechen. Die Realität spricht gegen die Ideen von Gleichheit und Gerechtigkeit. Die Kritische Theorie setzt diese Linie der Gesellschaftskritik fort. Auch sie verweist auf die Diskrepanz zwischen den hohen Wertvorstellungen des einstmals progressiven Bürgertums und der politisch sozialen Wirklichkeit. Diese Diskrepanz zwischen Ideal und Wirklichkeit (wobei hier nicht mehr die Wirklichkeit des Manchesterliberalismus gemeint ist, wie ihn noch Marx vor Augen hatte, sondern die Wirklichkeit eines Monopolkapitalismus, von Gewaltherrschaft – Faschismus und Stalinismus – und Weltwirtschaftskrise) spricht einem vernünftigen Gesellschaftssystem Hohn und fordert zu einer radikalen Veränderung der Verhältnisse auf. Kritische Wissenschaft muss mehr sein als die bloße Verdoppelung der Realität durch Gedanken. Kritik bedeutet „die Konfrontation des Gegenstandes mit seinem eigenen Begriff. Das Gegebene gibt sich nur dem Blick, der es unter dem Aspekt eines wahren Interesses sieht, unter dem einer freien Gesellschaft, eines gerechten Staates, der Entfaltung des Menschen. Wer die menschlichen Dinge nicht an dem misst, was sie selber bedeuten wollen, der sieht sie nicht bloß oberflächlich sondern falsch" (Institut für Sozialforschung 1956, S. 18).

Obwohl die Kritische Theorie in der Marx'schen Tradition steht, also die durch die ökonomischen Verhältnisse hervorgerufenen Ungleichheiten letztlich als entscheidend ansieht, geht sie in den Bezugspunkten ihrer Kritik weiter. Ihre Kritik richtet sich auch gegen die Herrschaftsfunktion des Denkens bzw. der Wissenschaft und der Kultur. Die Kritische Theorie konstatiert, dass die humanen Wertvorstellungen (Gerechtigkeit, Gleichheit, Emanzipation, Glück) zwar in der bürgerlichen Gesellschaft fortleben, aber sozial und politisch unwirksam bleiben. Auch die Wissenschaften haben sich nicht als die Hoffnungsträger erwiesen, für die sie gehalten wurden.

Sie haben ökonomische und politische Katastrophen nicht nur nicht verhindert, sondern sich teilweise zu Erfüllungsgehilfen einer unmoralischen Politik und Ökonomie gemacht.

Dritter Theoriepfeiler für die Kritische Theorie ist die *Psychoanalyse*, wie sie von Sigmund Freud im Wien der Jahrhundertwende entwickelt wurde. Gerade bei der Analyse von Bewusstseinslagen (zum Beispiel der Entstehung antisemitischer Einstellungen) erwies sich der einfache Materialismus von Marx als wenig zielführend. Die Bezugnahme auf die Theorie des Unbewussten bei Freud und sein Konzept des psychischen Apparats von Ich, Es und Über-Ich konnte die (nicht mechanistische) Vermittlung von ökonomischer Struktur und psychischer Struktur der Individuen deutlich machen und damit zu einer Theorie des Subjekts beitragen.

Folgende Theoretiker werden dem inneren Kreis der Kritischen Theorie zugerechnet: Als erster zu nennen ist *Max Horkheimer* (1895–1973; Philosoph), der 1931 Direktor des Instituts für Sozialforschung wird, über lange Zeit das Institut leitet und die Richtung der Kritischen Theorie gemeinsam mit *Theodor W. Adorno* (1903–1969; Philosoph, Soziologe) entscheidend prägte. Weitere Vertreter der Kritischen Theorie sind der Literaturwissenschaftler *Leo Löwenthal* (1900–1993), der Psychoanalytiker *Erich Fromm* (1900–1980), der Ökonom *Friedrich Pollock* (1894–1972) und schließlich der Philosoph *Herbert Marcuse* (1898–1979). Weitere Wissenschaftler haben mehr oder weniger eng mit dem Institut für Sozialforschung zusammengearbeitet. Als wichtigster lebender Kritischer Theoretiker gilt der Philosoph und Soziologe *Jürgen Habermas* (geb. 1929) (siehe Abschnitt 3).

Was waren nun die *historischen Bedingungen*, unter denen diese Theorie entstanden ist?

In der Sowjetunion wurde auf Grundlage der Marx'schen Theorie versucht, ein kommunistisches Gesellschaftssystem mit Planwirtschaft zu errichten. Die Kritischen Theoretiker haben anfänglich durchaus mit diesem Experiment sympathisiert; sehr schnell jedoch – spätestens unter dem Einfluss des Stalinismus – hat sich die anfänglich positive Einschätzung in das Gegenteil verkehrt. Kritische marxistische Theorie hieß nun nicht mehr nur Kritik der kapitalistischen Gesellschaft, sondern auch Kritik am Herrschaftssystem der Sowjetunion und an der Degenerierung der Marx'schen Theorie zum Legitimationsinstrument einer undemokratischen, autoritären Gesellschaft. Ein weiterer wichtiger Einflussfaktor war der Niedergang der Weimarer Republik und die Entstehung des Nationalsozialismus in Deutschland. Für die Kritischen Theoretiker als Marxisten wurde das Theorie-Praxis-Verhältnis der Marx'schen Theorie zum Problem: Der Marxismus beanspruchte eine kritische Theorie der bürgerlich kapitalistischen Gesellschaft zu sein und zugleich eine Handlungsanleitung für die Ausgebeuteten dieses Systems, für das Proletariat. Nach der Theorie sollte die Arbeiterklasse jene soziale Gruppierung sein, die das kapitalistische System überwinden würde. Warum aber das Proletariat seine ihm zugeschriebene historische Rolle nicht wahrnahm (was Marx mit dem „notwendig falschen Bewusstsein" begründete; siehe oben), wurde zu einer wichtigen Frage im Umkreis der Kritischen Theorie in den 30er Jahren. Auch in der empirischen Arbeit des Instituts für Sozialforschung wurde dieser Frage nachgegangen und das für die Frankfurter Theoretiker erschreckende Ergebnis war, dass die „Arbeiter und Angestellten am Vorabend des Dritten Reichs" (so der Titel einer empirischen Arbeit von Erich Fromm Ende der 20er Jahre) nicht nur wenig revolutionäres Bewusstsein zeigten, sondern im Gegenteil deutlich konservative und autoritäre Denkmuster an den Tag legten. Ein Befund, der den geringen Widerstand gegen das nationalsozialistische Regime vorwegnahm. Die Integrationskraft von Wirtschaft, Staat und Kultur, das Absorbieren von Kritik und die Schwierigkeit von Widerstand, diese Fragestellungen beschäftigen die Kritische Theorie bis heute. Zentrale Frage ist seit damals, warum Gewalt und Herrschaftssysteme existieren, warum Unterdrückung und Leid in der Welt sind und warum die Menschen dagegen nicht – oder nur schwach – protestieren, Kritik üben.

Die Mitglieder der Kritischen Theorie – die mit wenigen Ausnahmen jüdischer Herkunft waren – mussten Mitte der 30er Jahre nach Amerika emigrieren. Das Institut wurde in New York angesiedelt. Während in den frühen 30er Jahren die Hoffnung auf Widerstand und einen revolutionären Umbruch der Gesellschaft noch vorhanden war, verflüchtigt sich diese Hoffnung aufgrund der Erfahrungen mit dem Totalitarismus in West und Ost und aufgrund der enttäuschten Erwartungen an die Arbeiterklasse. Der

Ton der Kritischen Theorie wird pessimistischer. Nach dem Zweiten Weltkrieg kommen zunehmend auch die demokratischen Staaten in das Kreuzfeuer der Kritik. Während ihres Amerikaaufenthaltes wurden zum einen autoritäre Dispositionen in der amerikanischen Gesellschaft untersucht, zum anderen die Erscheinungsformen der amerikanischen Kultur. Während sich im einen Fall zeigte, dass die demokratischen Einstellungen in der amerikanischen Bevölkerung durchaus nicht so verbreitet waren wie gemeinhin angenommen, sondern autoritäre Denkmuster vorhanden waren, zeigte der andere Fall die gesellschaftliche Integrationskraft der amerikanischen Massenkultur. Die Kritische Theorie prägte dafür den Begriff „Kulturindustrie", der aber in der Folge nicht nur auf Amerika beschränkt, sondern auf alle industrialisierten Gesellschaften westlicher Prägung erweitert wurde. Grundthese ist, dass die Menschen zunehmend an die Gesellschaft angepasst werden und dass hierbei die Massenkultur eine besondere Rolle spielt: Sie bietet den Menschen Surrogate für ein besseres Leben an, das aber in Wirklichkeit nach Ansicht der Kritischen Theoretiker gar nicht existiert. Ähnlich den literarischen Werken von Orwell („1984") und Huxley („Brave New World"), auf die sich die Kritische Theorie auch beruft, legt sich der Schwerpunkt der Kritik auf die Integration der Menschen in ein (schlechtes, weil ungerechtes) Gesellschaftssystem, auf die Unterwerfung unter bürokratische Zwänge, auf die tendenzielle Ausschaltung von Widerstand und Kritik. Die übermächtigen Systeme von Wirtschaft, Staat und Kultur führen zur Ohnmächtigkeit des einzelnen, zur weitgehend vollständigen Anpassung an die schlechten Verhältnisse. Aufgabe von Kritik ist es demnach, auf diese Anpassung hinzuweisen und die gesellschaftlichen Verhältnisse im Hinblick auf die Weiterexistenz von Unterdrückung, Leid und Unmenschlichkeit zu kritisieren. Allerdings haben es die Kritischen Theoretiker immer vermieden, positive Utopien auszumalen, konkrete Bilder einer freien und gerechten Gesellschaft zu entwickeln. Sie waren der Auffassung, dass konkrete Ausbuchstabierungen einer möglichen Gesellschaft allzu leicht den Umschlag von Utopie in Totalitarismus zur Folge haben könnten. Dazu Horkheimer im Rückblick: „Man konnte sagen, was an der gegenwärtigen Gesellschaft das Schlechte ist, aber man konnte nicht sagen, was das Gute sein wird, sondern nur daran arbeiten, dass das Schlechte schließlich verschwinden würde (…). Wenn ich mich in der Welt von gestern und heute umsehe, muss ich daran denken, dass in jedem Augenblick Menschen an verschiedenen Stellen der Erde gequält werden und in grauenvollen Verhältnissen existieren müssen, in Angst und Not (…). Und es ist sicher eine Aufgabe der Kritischen Theorie, das auszusprechen" (Horkheimer 1981, S. 164ff.).

In Anlehnung an den ideologiekritischen Gestus von Marx heißt Gesellschaftskritik für die „Frankfurter Schule" zweierlei:
1. Die Auffassung, dass wir in der besten aller Welten leben, ist in allen Dimensionen mit der Existenz von Unterdrückung, Gewalt, Leid und Herrschaft zu konfrontieren.
2. Die Welt muss nicht so sein, wie sie ist. Die Kritik dieser Vorstellung ist gleichbedeutend mit der Kritik an ahistorischem Denken und an der scheinbaren Unveränderbarkeit der Welt.

Kritische Theorie und empirische Sozialforschung

Max Horkheimer hat 1937 in seiner Schrift „Traditionelle und kritische Theorie" wesentliche Unterschiede zwischen beiden Theorietypen herausgearbeitet und damit auch den Begriff „Kritische Theorie" entwickelt.

Die *traditionelle Theorie* orientiert sich am Ideal neuzeitlicher Naturwissenschaft, wobei ihr Ziel in der Formulierung allgemeiner, in sich stimmiger Gesetze zur Beschreibung der Welt, wie sie ist, besteht. Theorie meint dabei die systematische Verknüpfung von Sätzen in Form einer systematisch einheitlichen Deduktion, das heißt aus allgemeinen Sätzen bzw. Gesetzen werden die übrigen abgeleitet. Problematisch ist für Horkheimer nun, dass auch „die Wissenschaften von Mensch und Gesellschaft" (Horkheimer 1968, S. 139), also die Soziologie, diesem Ideal zu folgen versucht. Wenn sie die menschliche Gesellschaft gleichsam wie „tote Natur" behandelt und als objektiv zu erfassende Tatsache begreift, dann übersieht sie den historischen Charakter von Forschungsgegenstand und Forscher und die gesellschaftliche Bedingtheit von Wissenschaft.

Die *Kritische Theorie* geht davon aus, dass Subjekte wie Objekte wissenschaftlicher Handlungen gesellschaftlich bestimmt sind, das heißt Gegenstände, Methoden und Interessen wissenschaftlicher Arbeit können nur im Zusammenhang mit Gesellschaft und der jeweiligen Produktionsweise verstanden werden. Wissenschaft stellt keine abgehobene Sphäre in der Gesellschaft dar, sondern auch das Wissenschaftssystem hat einen Platz im System gesellschaftlicher Arbeitsteilung inne, wissenschaftliche Erkenntnisse sind nicht von ihrer technischen und gesellschaftlichen Anwendung zu trennen. Wissenschaft prägt die Welt, in der wir leben und wird von ihr geprägt. Dementsprechend wendet sich die Kritische Theorie auch gegen die positivistische Wissenschaft, die auf einer strengen Trennung zwischen wissenschaftlichem Objekt und betrachtendem Subjekt (Forscher) beharrt und strikt zwischen den zu erforschenden Tatsachen und den Wertvorstellungen der Forscher („wertfreie Wissenschaft") unterscheidet. Die Kritische Theorie lehnt eine unhistorische Tatsachenwissenschaft ab, da Tatsachen für sie doppelt gesellschaftlich präformiert sind, „durch den geschichtlichen Charakter des wahrgenommenen Gegenstands und den geschichtlichen Charakter des wahrnehmenden Organs" (ebd., S. 149). Wissenschaftliche Theoriebildung und Forschung muss also ihre eigene gesellschaftliche Bedingtheit in die Reflexion und die Forschungspraxis mit einbeziehen. Wertfreie Forschung ist in einer Gesellschaft nicht möglich, in der die Menschen selbst noch nicht autonom und selbstbestimmt leben, das heißt, jede Erhebung von „wertfreien" Tatsachen vergisst den gesellschaftlichen Charakter dieser Tatsachen, dass nämlich damit die Gesellschaft, wie sie ist, weiter zementiert wird. Im Unterschied zur traditionellen Theorie verfolgt die Kritische Theorie in ihrer wissenschaftlichen Arbeit bewusst das „Interesse an der Aufhebung des gesellschaftlichen Unrechts" (ebd., S. 190). Diese bewusste Wertsetzung lässt auch politische Neutralität, die mit traditioneller Theorie verbunden ist, unmöglich erscheinen. Die Kritische Theorie sieht ihre Arbeit mit politischen Interessen verbunden, nämlich gesellschaftliche Ungerechtigkeit zu kritisieren und „die Idee einer künftigen Gesellschaft als Gemeinschaft freier Menschen" (ebd., S. 166) zu verwirklichen. Diese Haltung bedeutet notwendigerweise Parteilichkeit für Vernunft und Gerechtigkeit und gegen Ausbeutung und Unterdrückung.

Nach Horkheimer sind Kennzeichen einer Kritischen Theorie:
- sie ist kritisch gegen eine ungerechte Gesellschaft gerichtet, mit dem Interesse an einer künftigen Gesellschaft freier Menschen;
- sie nimmt keine Trennung von Tatsachen und Wertvorstellungen vor; es gibt für sie keine „wertfreie Wissenschaft";
- sie begreift Theorie und Praxis als Einheit;
- sie verweist auf den geschichtlichen Charakter der Gegenstände der Wissenschaft und der Wissenschaft selbst.

Daraus ergeben sich auch Konsequenzen für die *Theorie und Praxis kritischer Sozialforschung*. Eine wichtige Konsequenz ist, dass die Forscher nicht vergessen dürfen, dass sie selbst Teil des gesellschaftlichen Ganzen sind, das untersucht wird. Daraus ergibt sich, dass die Wertvorstellungen des Forschers, die in seine Arbeit eingehen, offengelegt werden müssen. Erkenntnis und Interesse hängen zusammen. Traditionelle Theorie, die auf der strikten Trennung zwischen Tatsachen und Werten beharrt, bringt demgegenüber nur unkritisch zutage, was existiert. Gleichwohl wird in der Themen und Methodenwahl deutlich, dass auch hier Interessen, allerdings unreflektiert, einfließen. Die Kritische Theorie geht davon aus, dass *Theorie und Empirie* nur im Verbund zu einer Beschreibung und Erklärung der gesellschaftlichen Totalität kommen können. Sozialwissenschaftliche Forschung muss immer theorieabhängig sein, weil sie sonst in Gefahr gerät, nur isolierte Momente des gesellschaftlichen Zusammenhangs zu untersuchen und die Gesamtperspektive aus den Augen zu verlieren bzw. an der Oberfläche der Phänomene zu verharren. Leitidee war die Entwicklung einer realitätsgerechten, theoretisch anspruchsvollen Verfahrensweise, die sowohl die Oberfläche, als auch die Tiefenstruktur ihres Gegenstandes begreift. Empirische Sozialforschung darf sich nicht auf bloße Erfahrungstatsachen beschränken und den spekulativen Gedanken dabei ausschließen. Grundthese ist, dass die Universalität des gesellschaftlichen Zusammenhangs alle Gegenstände und jedes Bewusstsein von Gegenständen präformiert. Selbstreflexion muss daher integraler Bestandteil der empirischen Sozialforschung sein. Nicht die Beschränkung auf isolierte Datenproduktion ist anzustreben, sondern es ist die Frage nach dem gesellschaftlichen Sinn von Phänomenen, die Frage nach der gesellschaftlichen Gesamtstruktur zu stellen. Das empirisch Ermittelte (zum Beispiel bestimmte Meinungen der Bevölkerung) darf nicht schon für das Wesen der Gesellschaft gehalten werden: „Anstelle der Bedingungen, unter denen die Menschen leben, oder der objektiven Funktion, welche sie im gesellschaftlichen Prozess einnehmen, rücken vielfach deren subjektive Spiegelungen. Ohne kritische Reflexion darüber, dass die Verhaltensweisen und Bewusstseinsinhalte der Individuen unendlich vermittelt, gesellschaftlich produziert sind, fällt die empirische Sozialforschung ihren eigenen Ergebnissen zum Opfer" (Institut für Sozialforschung 1956, S. 109). Jede menschliche Praxis, also auch die Sozialforschung, ist gesellschaftlich determiniert. Deshalb muss sich das Denken und Forschungshandeln auf diese gesellschaftlichen Verhältnisse in ihrer Gesamtheit beziehen und ihre Objektivität zur Darstellung bringen. Die empirischen Studien des Instituts stellen Versuche dar, diesem kritischen Verständnis von Sozialforschung zu entsprechen. Besonders hervorzuheben sind die Studien zu „Autorität und Familie" (Institut für Sozialforschung 1936) und die Studien zum „Autoritären Charakter" (Adorno u.a. 1950), die Meilensteine empirischer Sozialforschung darstellen.

Diese Zielrichtung kritischer Sozialforschung hat sich im sogenannten „Positivismusstreit in der deutschen Soziologie" (Adorno u.a. 1969) über die „Logik der Sozialwissenschaften" einer Diskussion gestellt. Prominente Vertreter der Kritischen Theorie (Adorno, Habermas) stellten sich dabei einem argumentativen Wettstreit mit Vertretern des Positivismus (Popper, Albert), wobei diese Auseinandersetzung die wissenschaftstheoretischen Diskussionen in der Soziologie maßgeblich beeinflusste.

Kultur und Gesellschaft: Die Kulturindustrie

Die Kritische Theorie betrachtet Kultur nicht als abgehobenen Sonderbereich von Gesellschaft, sondern kritisiert die Gegenüberstellung von Kultur als einer höheren Sphäre menschlichen Strebens und der materiellen Existenz als einem niedrigeren Aspekt menschlicher Existenz. Kultur kann niemals Mängel der Gesellschaft ausgleichen, sie ist immer gesellschaftlich vermittelt und teilt daher auch die Mängel dieser Gesellschaft. Der der Kritischen Theorie nahestehende Philosoph Walter Benjamin hat diese Auffassung in einem bekannten Satz formuliert: „Es ist niemals ein Dokument der Kultur, ohne zugleich ein solches der Barbarei zu sein." Kultur als geistige Sphäre der Kontemplation und Entzückung jenseits der konkreten Lebens und Arbeitsbedingungen zu betrachten, ist für die Kritische Theorie nur ein Ablenken von den realen gesellschaftlichen Verhältnissen.

Ebenso wie bei der Gesellschaftsentwicklung unterscheidet die Kritische Theorie auch bei ihren Kulturanalysen eine *liberale* von einer *nachliberalen Phase der Kultur*. Die ökonomischen Veränderungen verändern auch die Sphäre des Überbaus. Die künstlerische Produktion der hochbürgerlichen Epoche ist durch die Trennung der geistigen Sphäre („Kultur") von der materiellen („Zivilisation") unterschieden. Die Kultur der hochbürgerlichen Epoche wird als affirmative bezeichnet, weil nur in ihrer Sphäre die Verwirklichung der bürgerlichen Ideen von Freiheit und Gerechtigkeit geduldet wurde, während in der Realität der bürgerlichen Gesellschaft diesen Idealen nicht entsprochen wurde. Die *bürgerliche Kunst* hatte eine ideologische Funktion, da sie eine ungerechte Gesellschaft verschleierte. Gleichzeitig hatte sie aber auch ein utopisches Moment, weil sie zumindest in Kunst die bürgerlichen Ideale hochhielt. Kunstwerke sind nicht nur Ausdruck individueller Schöpferkraft, sondern ebenso Ausdruck – wenn auch oft latent – objektiver gesellschaftlicher Tendenzen. Da die Kritische Theorie dem dialektischen Denken einen großen Stellenwert einräumt, also an jedem Gegenstand immer zugleich seine positiven und negativen Seiten sieht, wird dieses dialektische Denken auch auf die Analyse von Kunstwerken angewandt. Demnach ist die Kunst nicht nur Ausdruck gesellschaftlicher Tendenzen, sondern verweist auch auf ein Jenseits des Status Quo, bringt eine Sehnsucht nach einer anderen Gesellschaft zum Ausdruck. Dort wo Kunst zum Beispiel bestehende Verhältnisse kritisiert, wird ihr befreiendes Element sichtbar. Allerdings beinhaltet nicht jede Form von Kunst ein solches negatives Element.

Die nachliberale Phase ist dadurch gekennzeichnet, dass sich die Kultur spaltet in die *Massenkultur*, die industriell fabriziert wird („Kulturindustrie") und zur Anpassung und Konformität der Konsumenten führt, und eine esoterische, *avantgardistische Kultur*, die nur noch wenigen (gebildeten) Produzenten und Konsumenten zugänglich ist. In der Massenkultur werden aus der Sicht der Kritischen Theorie die utopischen Momente getilgt, die auf eine andere Gesellschaft verweisen. Kultur wird selbst zum Medium politischer

Herrschaft. Adorno sieht Massenkultur als Manipulation des Bewusstseins der Massen, als Zurichtung auf den Status Quo. Er verwendet in seinen Analysen von ästhetischen Produkten (Musik, Literatur) marxistische Begriffe und sieht die ästhetische Produktion und Rezeption in der nachliberalen Phase radikal den Bedürfnissen der Wirtschaft untergeordnet. Die Kultursphäre erscheint vollkommen durchkapitalisiert. Adorno wendet die Marx'sche Kategorie der Ware auf die Kulturgüter an. Nicht mehr immanente ästhetische Leistungen sind bei Produktion und Rezeption zum Beispiel von Musik relevant, sondern nur mehr die Frage der Vermarktung und des Absatzes. Wenn Kulturgüter zu Waren werden wie jede beliebige Ware, dann büßen sie ihre ästhetische Wertigkeit ein. Nur was sich verkauft, kann innerhalb der Marktlogik bestehen. Was mit gesellschaftskritischen Ambitionen auftritt, muss sich entweder dem Diktat der Kulturindustrie unterwerfen oder es wird nicht gehört, gesehen oder gesendet.

Zwei Punkte werden an der industriell produzierten Kultur besonders kritisiert:

1. Die Anpassung an die Gesellschaft: Massenkulturelle Produkte dienen dazu, die Menschen mit einer schlechten Realität zu versöhnen, indem diese Realität als unveränderbar und übermächtig dargestellt wird, indem irreale Fluchten aus dem Alltag angeboten werden und Glück als Zufall dargestellt wird: „Die Ersatzbefriedigung, die die Kulturindustrie den Menschen bereitet, indem sie das Wohlgefühl erweckt, die Welt sei in eben der Ordnung, die sie ihnen suggerieren will, betrügt sie um das Glück, das sie ihnen vorschwindelt. Der Gesamteffekt der Kulturindustrie ist der einer Anti-Aufklärung; in ihr wird (…) Aufklärung, nämlich die fortschreitende technische Naturbeherrschung, zum Massenbetrug, zum Mittel der Fesselung des Bewusstseins. Sie verhindert die Bildung autonomer, selbständiger, bewusst urteilender und sich entscheidender Individuen. Die aber wären die Voraussetzung einer demokratischen Gesellschaft, die nur in Mündigen sich erhalten und entfalten kann" (Adorno 1979, S. 69).

2. Die industrielle Produktion von Kultur: Zentrales Element der Kunstproduktion ist nicht mehr das einzelne, unverwechselbare Kunstwerk, sondern massenmäßige Produktion und millionen-

facher Absatz. Die Kritische Theorie ist der Ansicht, dass in Massenkultur nicht mehr die künstlerischen Inhalte und Präsentationsformen relevant sind, sondern ausschließlich die Kalkulation mit Absatz und Profit.

Für Adorno kann nur mehr die avantgardistische Kunst emanzipatorische, kritische Funktion beanspruchen, weil sie sich der kulturindustriellen Vermarktung widersetzt bzw. in ihren Inhalten und Formen radikal negativ sein kann. Diese Ansicht brachte Adorno den Vorwurf ein, ein elitäres Kulturkonzept zu vertreten.

Kritisch ist anzumerken, dass die Kritische Theorie von einer restlosen Manipulation des Bewusstseins der Menschen durch die Kulturindustrie ausgegangen ist. Nun hat sich aber gezeigt, dass die Menschen im Umgang mit kulturellen Gütern wesentlich phantasievoller sind und dass herrschende Ideologien nur sehr gebrochen ihren Weg zum Publikum finden. Die Menschen können keineswegs als Trichter angesehen werden, in den die Herrschenden via Kultur und Medien ihre Botschaften einfüllen, um sie damit an die herrschenden Verhältnisse anzupassen und zu „verdummen". Wiewohl Ökonomie und Kulturproduktion und -rezeption im Zusammenhang zu sehen sind, ist von keiner eindimensionalen Wirkungsbeziehung auszugehen, da das Zur-Ware-Werden von kulturellen Gütern durchaus widersprüchliche Konsequenzen haben kann. Das Auftreten gegenkultureller Strömungen etwa zeigt immer auch die Grenzen des Ware-Werdens der Kunst an und verweist darauf, dass Kritik und Widerstand auch unter kulturindustriellen Bedingungen möglich sind. Allerdings kann Gegenkultur sehr schnell zum kommerzialisierten Mainstream werden, wenn sich die Industrie solcher Bewegungen bemächtigt.

Übung: Zeigen Sie an Phänomenen wie der Punkmusik oder dem Hip Hop die Auswirkungen der Kulturindustrie, aber auch ihre Grenzen!

Tauschprinzip und Verdinglichung: Gesellschaft und Individuum im Spätkapitalismus

Kritische Theorie betrachtet *Gesellschaft* immer als eine Ganzheit, *als Totalität*. Alle Teile einer Gesellschaft sind voneinander abhängig und bilden in ihrer Gesamtheit die Totalität der Gesellschaft. Es gibt kein soziales Faktum, das nicht durch Gesellschaft bestimmt wäre. Auch der Zusammenhang von *Individuum und Gesellschaft* ist ein vermittelter und darf nicht in einer Richtung einseitig aufgelöst werden: Weder darf die Gesellschaft „individuumslos" gesehen werden, noch das Individuum „gesellschaftslos". Menschliches Leben ist notwendig ein Zusammenleben. Der Mensch existiert nicht unabhängig von anderen, sondern ist von anderen abhängig und dadurch bestimmt, „dass er am anderen notwendig teilhat und sich mitteilen kann. Er ist Mitmensch, ehe er auch Individuum ist; verhält sich zu anderen, ehe er sich ausdrücklich zu sich selbst verhält; er ist ein Moment der Verhältnisse, in denen er lebt, ehe er sich vielleicht einmal selbst bestimmen kann" (Adorno).

Wir kommen zwar als biologische Wesen auf die Welt (und bleiben es aufgrund des Körpers als Naturbasis bis zum Tode), sind aber sofort in gesellschaftliche Zusammenhänge verstrickt. Der Mensch wird in eine Welt hineingeboren, die bereits vor seiner Geburt bestanden hat und die das Produkt menschlichen Handelns ist. Er wächst in bestimmten sozialen Zusammenhängen, wie zum Beispiel einer Familie auf, bevor er noch einen Begriff von sich selbst als Individuum erwirbt. Was das Zitat zum Ausdruck bringt, ist der Vorrang der Gesellschaft vor dem Individuum. Erst allmählich bildet sich der Mensch im Prozess der Sozialisation, das heißt dem Prozess der Entstehung und Entwicklung der Persönlichkeit in wechselseitiger Abhängigkeit von der Umwelt, zu einem handlungsfähigen Subjekt, das auch mit gesellschaftlichen Erwartungen umzugehen lernt und ein Bewusstsein seiner selbst entwickelt. Dieser Prozess der Sozialisation ist immer zugleich ein Prozess der Individuierung und der Vergesellschaftung, das heißt, das Individuum bildet sich schrittweise zu einem relativ selbständigen heraus und wird gleichzeitig aber zunehmend in die gesellschaftlichen Zusammenhänge eingebunden. Sozialisation ist jener Prozess, in dem sich Individuum und Gesellschaft wechselseitig vermitteln.

Die Kritische Theorie zeigt, wie sich die Auffassung des Individuums als Ausdruck der bürgerlichen Gesellschaft herausbildet. Der Liberalismus war jene politische Weltanschauung, in der sich das Selbstverständnis der bürgerlichen Gesellschaften des 19. Jahrhunderts zum Ausdruck brachte. Wichtigste Merkmale des Liberalismus sind:

- die Trennung eines politisch organisierten Staates von einer ökonomisch, marktförmig organisierten Gesellschaft;
- eine Wirtschaftsgesellschaft, die auf den Prinzipien des Eigentums an Produktionsmitteln, auf freier Arbeit und Tausch beruht;
- eine Form der politischen Herrschaft, die auf der Teilung der Gewalten, auf einem Repräsentativsystem und auf der formalen Gleichheit aller Bürger vor dem Gesetz beruht;
- Bestimmung des autonomen Individuums als wichtigstem Baustein der Gesellschaft, dessen Wert unabhängig von Rasse, Geschlecht, Religion usw. einzig nach seiner Leistung bemessen wird.

Die idealistische Philosophie als Denkweise der bürgerlichen Gesellschaft hat das Individuum als autonomes Einzelnes betrachtet, das durch das „Ich denke, also bin ich" (Descartes) charakterisiert ist. Die Menschen erscheinen so als unabhängige Einzelwesen, deren Summe die Gesellschaft bildet. Diese bürgerliche Sichtweise des Subjekts wird aber vor dem Hintergrund der Marx'schen Analysen der kapitalistischen Gesellschaft als ideologisch entlarvt. Wenn von Zusammenhang gesprochen wird, dann verweist Adorno auf einen für die kapitalistische Gesellschaft zentralen Tatbestand: den Warentausch. Grundannahme ist, dass sich in einer kapitalistischen Gesellschaft keiner dem Zwang entziehen kann, sich dem Tauschwert zu unterwerfen: „Der totale Zusammenhang hat die Gestalt, dass alle dem Tauschgesetz sich unterwerfen müssen, wenn sie nicht zugrunde gehen wollen, gleichgültig, ob sie subjektiv von einem ‚Profitmotiv' geleitet werden oder nicht" (Adorno). Das gesellschaftliche Tauschverhältnis ist auch – wie bei Marx – der Grund, dass sich Vergesellschaftung innerhalb der Antagonismen und Konflikte abspielt, die für eine Klassengesellschaft charakteristisch sind.

Allerdings wird im 20. Jahrhundert der von Marx kritisierte Liberalismus zunehmend von einer *nachliberalen, totalitären, spätkapitalistischen* Gesellschaft abgelöst – befinden die Kritischen Theoretiker. Nur noch als Bewusstseinsform, in manchen kulturellen Leistungen und den politischen Institutionen der bürgerlichen Gesellschaften finden sich diese liberalistischen Merkmale partiell wieder, zum Beispiel in der Autonomie der Kunst oder der formalen Gesetzesherrschaft. Spätkapitalismus meint, dass der klassische Typus des Kapitalismus symbolisiert durch die idealtypische Figur des freien, konkurrierenden Unternehmers von Monopolstrukturen abgelöst wird bzw. dass der Staat zunehmend in die Funktionsweise der Wirtschaft eingreift. Der deutsche Faschismus erscheint aus dieser Sicht als totalitäre Anpassung des politischen Apparats an die monopolkapitalistische Struktur der Wirtschaft. Im Institut für Sozialforschung wurde diese Entwicklung allerdings widersprüchlich eingeschätzt: Zum einen wurde die Theorie des *„Monopolkapitalismus"* vertreten, die vom Faschismus als totalitärer politischer Form des Monopolkapitalismus ausging, das heißt die marxistische Annahme der Vorherrschaft der Ökonomie unter veränderten geschichtlichen Bedingungen weiterhin als gültig ansah. Die zweite Auffassung fand im Begriff des *„Staatskapitalismus"* ihren Ausdruck, der als Nachfolger des privatkapitalistischen Systems interpretiert wurde. Der Staat übernimmt zentrale Funktionen des Kapitalisten, der Markt wird durch ein Plansystem ersetzt, das durch eine mächtige Bürokratie gesteuert wird. Der innere Kreis der Kritischen Theorie hat sich der Theorie des Staatskapitalismus angeschlossen, wobei Faschismus und Stalinismus als totalitäre Formen dieses Staatskapitalismus interpretiert wurden.

Die Erfahrungen mit der amerikanischen Massenkultur haben die Kritische Theorie immer mehr zur Einschätzung bewogen, dass auch in demokratischen Staaten totalitäre Tendenzen sichtbar seien, die auf die Ausschaltung des autonomen Individuums und seines Bewusstseins zugunsten der Anpassung an die gegebenen gesellschaftlichen Verhältnisse gerichtet sind. Diese Interpretationslinie hat sich nach dem Zweiten Weltkrieg verstärkt und kennzeichnet das Bild der nachliberalen Gesellschaft im gesamten.

Zwei theoretische Bezüge sind für das Verständnis der Gesellschaftskonzeption der Kritischen Theorie in den 50er und 60er Jahren wesentlich: Einerseits die Marx'sche Theorie von Entfremdung und *Verdinglichung* und andererseits die Theorie der *Rationalisierung* von *Max Weber*. Verdinglichung meint, dass unter kapitalistischen Verhältnissen auch die sozialen Beziehungen warenförmig werden, die Menschen verdinglicht werden, indem der eine den anderen nur mehr als Mittel zum Zweck ansieht bzw. menschliche Beziehungen zunehmend den Charakter von Geldbeziehungen annehmen. So wie ich Milch kaufe, kann ich auch Menschen für Sex, Fensterputzen, seelische Hilfe, Bewachung usw. kaufen. Die Theorie der Rationalisierung (und Bürokratisierung) von Max Weber wurde an anderer Stelle bereits erläutert. Die Kombination beider Theorieelemente führte aber zu einem sehr geschlossenen Bild von Gesellschaft, einer total integrierten Gesellschaft, die mit dem Begriff der *„verwalteten Welt"* bezeichnet wurde. Max Webers Rationalisierung der Welt wird zusammen mit der Perspektive einer zunehmenden Durchkapitalisierung aller Lebensbereiche zu einem auf allumfassender, anonymer Herrschaft beruhenden Gesellschaftsbild. In der „verwalteten Welt" erscheinen die Individuen ihrer Autonomie beraubt und von Bürokratie, Wirtschaft und Wissenschaft unterdrückt zu werden.

Begleitet werden diese Vorstellungen von der Entwicklung einer *negativen Geschichtsphilosophie*.

In ihrem 1947 veröffentlichten Werk *„Dialektik der Aufklärung"* entwickeln Horkheimer und Adorno eine Geschichtsdeutung, die davon ausgeht, dass die Vernunft in der Geschichte zunehmend zu einem Herrschaftsinstrument wird. Die Autoren betrachten den menschlichen Auseinandersetzungsprozess mit der Natur und stellen fest, dass der Mensch seit der Frühzeit die Natur als Gegenstand der Unterdrückung und Ausbeutung gesehen hat. Galt die Natur in manchen Kulturen als etwas zu Bewahrendes und zu Hegendes, wie es vor allem im Mythos zum Ausdruck kommt, wird sie im Prozess der Aufklärung zum Objekt der Herrschaft, zum Objekt der Verfügung und Ausbeutung. Der Aufstieg der Naturwissenschaften zeigt diese Objektwerdung der Natur: Natur wird zerlegt, gemessen und dem menschlichen Nutzen unterworfen. Die Aufklärung, die die Freisetzung des Menschen von Herrschaft und Zwängen auf ihre Fahnen schrieb, ging Hand in Hand mit der Unterwerfung der Natur unter menschliche Zwecke. Nun ist der Mensch selbst aber auch Natur. Adorno und Horkheimer gehen davon aus, dass sich der Mensch im Zuge der *Naturbeherrschung* auch selbst unterwirft, indem der menschliche Körper einer Vielzahl an Disziplinierungsmaßnahmen unterworfen wird. Körper und Psyche des Menschen werden zu bloßen Instrumenten. So schlägt die Gewalt, die der

Mensch gegenüber der äußeren Natur ausübt, auch auf seine innere Natur zurück. Am Ende dieses Prozesses zeigt sich, dass die Vernunft (die im Zuge der Aufklärung als „die" kritische Instanz galt) untrennbar mit Herrschaft verbunden ist und dass der Mensch im Zuge der Naturbeherrschung letztlich sich selbst äußeren Mächten unterwirft.

Übung: Versuchen Sie die ökologischen Probleme moderner Gesellschaft im Sinne der „Dialektik der Aufklärung" zu interpretieren!

Die Ausbreitung von Wissenschaft und Technik im Prozess der Aufklärung wird von den Autoren nicht im Sinne des Fortschritts gesehen, sondern als zunehmender Verfall interpretiert. Die Überlegenheit des Geistes und der Vernunft über die Natur erweist sich zunehmend als zwiespältig: Die instrumentelle Leistungsfähigkeit nimmt zu, die Psyche der Menschen wird dadurch deformiert. Dies ermöglicht erst die ungeheuerlichen Herrschaftssysteme des 20. Jahrhunderts. Die Totalisierung politischer Herrschaft im Faschismus, die Verstümmelung von Individualität und die Disziplinierung und Uniformierung des Menschen durch Massenkultur und politische Propaganda sind dafür Anzeichen. Horkheimer und Adorno kommen also letztlich zu einer pessimistischen Geschichtsdiagnose: Der Prozess der Aufklärung, der mit dem Siegeszug von Wissenschaft und Technik begonnen hat, garantiert keinen Fortschritt, sondern kann sich im Gegenteil gegen den Menschen wenden und zu seiner Unterdrückung beitragen.

Die Kritische Theorie hat sich im Laufe der Zeit von einer kritischen Gesellschaftstheorie mit empirischen Analysen zu einer Gesellschafts- und Geschichtsauffassung entwickelt, in der ein allumfassender Verhängniszusammenhang jegliche Individualität auszulöschen vermag und Kritik und Gesellschaftsveränderung angesichts der Übermacht der Verhältnisse fast unmöglich erscheinen. Als es im Zuge der Studentenbewegung Ende der 60er Jahre zu einer Relektüre der Schriften der (damals noch lebenden) kritischen Theoretiker kam und die protestierenden Studenten diese Schriften gleichsam als Kampfinstrument für eine bessere Gesellschaft verwendeten und auf eine dementsprechende Leitfunktion ihrer theoretischen „Helden" warteten, da wurden sie von den kritischen Theoretikern enttäuscht. Diese distanzierten sich weitgehend vom studentischen Protest, da für sie keine revolutionäre Situation bestand und studentischer Aktionismus kein Wegbereiter einer befreiten Gesellschaft sein konnte. Außerdem beharrten sie auf einer Trennung von theoretischer Analyse und praktischer Veränderung und wollten ihre differenzierten, theoretischen Bemühungen nicht in Form von vereinfachten Kampfparolen im Straßenkampf missbraucht sehen.

Resümierend kann für die (ältere) Kritische Theorie gesagt werden, dass sie für viele Bereiche der Soziologie impulsgebend war. Ihr Programm einer theoriegeleiteten interdisziplinären Forschungsarbeit war Vorbild für viele ähnliche Projekte. Die Kritik am Positivismus und Empirismus und die Perspektiven einer kritischen Sozialforschung haben die qualitative Forschung in der Soziologie mitbeeinflusst. Der Versuch einer Verbindung von Psychoanalyse und Marxismus mündete in Konzepte einer Verbindung einer kritischen Theorie des Subjekts mit einer kritischen Theorie der Gesellschaft. Generell kann die Theoriestrategie, Gesellschaft von ihren kleinsten Teilen (Objekten) her zu analysieren, die gesellschaftliche Vermitteltheit konkreter Situationen und Gegenstände zu begreifen, als anschlussfähig bezeichnet werden. An dieser Theoriestrategie orientieren sich auch heute noch namhafte SoziologInnen, zum Beispiel Oevermann mit seiner „Objektiven Hermeneutik". Allerdings hat sich die Kritische Theorie in ihrer späteren Entwicklung sehr von konkreten soziologischen Fragestellungen wegbewegt hin zu einer negativen Philosophie und einem hermetischen Gesellschaftsbild.

3.3 Die rationale Fundierung von Gesellschaftskritik und die Rückführung der Kritisch-Materialistischen Theorie in die Soziologie: Jürgen Habermas

Der Sozialphilosoph und Soziologe Jürgen Habermas (geb. 1929), der als wichtigster Vertreter der „zweiten Generation" der Kritischen Theorie gilt, hat es sich zur Aufgabe gesetzt, die Aporien der Kritischen Theorie zu überwinden und sie wieder für die soziologische

Analyse anschlussfähig zu machen. Eine Schwäche der älteren Kritischen Theorie ist für Habermas, dass sie sich über die Begründung des Kritikbegriffs wenig Gedanken gemacht hat. Er versucht daher, der Kritischen Theorie eine begriffliche Grundlage zu geben, indem er einen kommunikativen Begriff von Vernunft entwickelt. Die menschliche Sprache und die ihr inhärente Verständigungsmöglichkeit ist für ihn die Basis von Vernunft. Den Geschichtspessimismus der älteren Kritischen Theorie will Habermas überwinden, indem er die Prinzipien demokratischer Willensbildung untersucht und dem moralischen Kern der Verfassungen westlicher Gesellschaften nachgeht. Die Geschichte wird von ihm nicht eindimensional im Sinne eines Verhängniszusammenhangs interpretiert, sondern als eine Einheit widersprüchlicher Tendenzen, die gleichwohl im Sinne einer Entwicklungslogik der Entwicklung von Gesellschaften (Evolution) rekonstruiert werden kann. Die ältere Kritische Theorie hat die historische Entwicklung als Prozess der technischen Rationalisierung in einer warenproduzierenden Gesellschaft erscheinen lassen, die immer mehr die Züge eines geschlossenen Herrschaftssystems annimmt („verwaltete Welt"). Habermas kritisiert diesen marxistischen Funktionalismus, der davon ausgeht, dass die ökonomischen Prinzipien des Kapitalismus unmittelbar auf die Menschen einwirken und der Mensch so als bloßer Reflex ökonomischer Zusammenhänge erscheint. Habermas knüpft an nichtpositivistische Wissenschaftsansätze an (Hermeneutik, Phänomenologie, Sprachtheorie) und erweitert die Kritische Theorie unter Bezugnahme auf die verstehende Soziologie und den Symbolischen Interaktionismus um die Dimension sozialer Interaktion. Er kritisiert den Marxismus und das Marxismuskonzept der älteren Kritischen Theorie, die den Faktor Arbeit im menschlichen Leben überbetont und die sprachlich vermittelte Interaktion dabei ausgeklammert hat. Das Fundament von Gesellschaften ist für Habermas neben der Arbeit die sprachliche Intersubjektivität sozialen Handelns. Er geht davon aus, dass die menschlichen Lebensformen immer schon durch das Medium sprachlicher Verständigung miteinander verbunden sind. Generell kann die Soziologie von Habermas als Versuch bezeichnet werden, eine kritische Gesellschaftstheorie unter Bezugnahme auf Kommunikation zu begründen. Der Titel seines Hauptwerkes „Theorie des kommunikativen Handelns" (1981) weist in diese Richtung.

Doppelter Begriff von Gesellschaft: System und Lebenswelt

Habermas geht von einem Gesellschaftsbegriff aus, der gleichsam zwei Seiten hat. Das Begriffspaar von System und Lebenswelt dient ihm als begrifflicher Wegweiser durch die Entwicklungsgeschichte menschlicher Gesellschaften. Gleichzeitig beansprucht Habermas mit seinem Ansatz auch ein grundlegendes Problem soziologischer Theoriebildung, nämlich die Verbindung einer Akteurs- und einer Systemperspektive einer Lösung zuzuführen, indem er handlungstheoretische Konzepte mit system/strukturtheoretischen Konzepten verbindet. Die Konsequenz ist ein *doppelter Begriff von Gesellschaft*, Habermas fasst Gesellschaft gleichzeitig als System und als Lebenswelt auf. Gesellschaft soll einerseits in der Tradition von Mead und Durkheim aus der Teilnehmerperspektive handelnder Subjekte als „Lebenswelt einer sozialen Gruppe" (Habermas 1981, Bd. II, S. 179) gefasst werden; andererseits aus der Beobachterperspektive von Unbeteiligten „als ein System von Handlungen", die einen funktionalen Stellenwert je nach ihrem Beitrag zur Erhaltung des Gesamtsystems haben. System und Lebenswelt sind durch zwei verschiedene Prinzipien gesellschaftlicher Integration gekennzeichnet: Systemintegration und Sozialintegration.

Unter Rekurs auf die verstehende Soziologie (Schütz/Luckmann) begreift Habermas *Lebenswelt* als den uns vertrauten Boden der täglichen Lebenspraxis und Welterfahrung. Durch den Sozialisationsprozess werden die Menschen in eine gemeinsame „Wir Welt" (die Lebenswelt hat intersubjektiven Charakter) hineingeboren, wir erwerben bestimmte kulturelle Wissensvorräte, durch die wir lernen, wie wir uns in einer Lebenswelt zurechtfinden. Dieses lebensweltliche Wissen ist uns normalerweise nicht bewusst, weil wir einfach gelernt haben, wie wir uns im Alltag zu verhalten haben, wie wir bestimmte Routinetätigkeiten vorzunehmen haben, und auch, dass die Alltagswelt auch morgen noch so sein wird wie heute. Erst wenn es in einer bestimmten Handlungssituation zu einer Problematisierung dieses Wissens kommt, werden die lebensweltlichen Selbstverständlichkeiten Gegenstand von Hinterfragung. Zum Beispiel kann dies der Fall sein, wenn jemand zum ersten Mal aus dem vertrauten Kontext der eigenen „Heimat" in ein fremdes Land reist, ohne die Sprache dieses Landes zu kennen und auch ohne von „vertrauten" Fremdenführern geleitet zu werden. In einer solchen Situation können viele Gewohnheiten problematisch werden und zu Handlungsproblemen führen, gleichzeitig wird aber auch die „Relativität" der eigenen Lebenswelt aufgezeigt, die eigenen unhinterfragten lebensweltlichen Selbstverständlichkeiten müssen für andere Lebenswelten nicht in gleicher Weise selbstverständlich sein. Sprache und Kultur sind für eine Lebenswelt konstitutiv, das heißt, jede Lebenswelt hält einen kulturell überlieferten und sprachlich organisierten Vorrat an Deutungsmustern für ihre Mitglieder bereit, den diese im Laufe des Sozialisations- und Erziehungsprozesses mitgeteilt bekommen. Für Habermas sind die Strukturen der Lebenswelt gleichbedeutend mit den Strukturen sprachlich erzeugter Intersubjektivität. Er setzt aber Lebenswelt nicht mit Kultur gleich, sondern führt Gesellschaft und Persönlichkeit als zusätzliche Elemente in den Lebensweltbegriff ein. Kommunikatives Handeln ist nicht nur ein kultureller Verständigungsprozess, sondern bedeutet auch die Teilnahme an Interaktionen und die Ausbildung von Identitäten.

Habermas kritisiert aber gleichzeitig die Annahme der verstehenden Soziologie, dass das sprachlich artikulierte Bewusstsein das materielle Sein der Lebenspraxis bestimmt. Habermas zeigt sich hier als Materialist, der auf die Bedeutung des Materiellen, nicht nur neben der Sprache für das menschliche Leben hinweist. Gesellschaftliches Leben ist nicht allein Sprache und Interaktion, gesellschaftliches Leben ist auch Arbeit und politische Herrschaft. Der Funktionalismus hat hier den Vorteil, dass er diese versteckt ablaufenden Handlungszusammenhänge einer Analyse zugänglich macht. Habermas hat bereits frühzeitig (1968) diese doppelte Perspektive auf Gesellschaft entwickelt, indem er Gesellschaftssysteme sowohl unter dem Aspekt von Arbeit als auch von Interaktion untersucht. Arbeit sieht Habermas als zweckrationales Handeln, Interaktion als kommunikatives Handeln an. Die frühe Unterscheidung von Arbeit und Interaktion geht in seinem Hauptwerk mit einigen Veränderungen in die Unterscheidung von System (systemisch integrierte Handlungsbereiche von Wirtschaft und Staat) und Lebenswelt (sozial integrierte Handlungsbereiche von Privatsphäre und Öffentlichkeit) über, die seither charakteristisch für die Habermas'sche Gesellschaftsauffassung ist. Wenn Habermas von *System* spricht, dann führt er als Modell zumeist den Marktmechanismus an, als einen sich hinter dem Rücken der Marktteilnehmer ergebenden systemischen Zusammenhang, der letztlich Gewalt über die Subjekte gewinnen kann. Im Unterschied zu Luhmann, der moderne Gesellschaften durch eine Vielzahl an sozialen Systemen gebildet sieht, haben für Habermas nur die Wirtschaft und der Staat Systemcharakter. Im Unterschied zu Marx und teilweise auch zur älteren Kritischen Theorie hat hier nicht nur die Ökonomie den Status einer bestimmenden Instanz, sondern in Anlehnung an Webers Bürokratieanalysen und der Weiterentwicklung des Kapitalismus zum sozialstaatlich befriedeten „Spätkapitalismus" auch die Staatsverwaltung, die dem Bürger als entfremdende „Staatsmaschine" gegenübertritt. Für Habermas sind Wirtschaft und Staat Handlungssysteme, die durch die Medien von Geld und Macht gekennzeichnet, durch die Vorherrschaft zweckrationalen Handelns bestimmt und formal organisiert sind. Beide Systeme funktionieren nach einer Eigendynamik jenseits des Willens beteiligter Subjekte, sind aber nicht aufeinander zu reduzieren. Habermas wehrt sich gegen die marxistische Vereinnahmung des Staates für die Ökonomie (der Staat als Erfüllungsgehilfe des Kapitals), er sieht den Sozialstaat in einer Konkurrenzdemokratie als teilweise eigene Interessen verfolgendes System.

Kommunikatives Handeln und die „rationale" Basis von Gesellschaftskritik

Ein Ziel von Habermas' Bemühungen ist es, die normativen Grundlagen der Kritischen Theorie auf eine „wissenschaftliche" Basis stellen. Gesellschaftskritik muss sich mit der Frage konfrontieren lassen, aufgrund welcher Maßstäbe sie bestimmte Entwicklungen kritisiert, zu denen in der gesellschaftlichen Öffentlichkeit möglicherweise durchaus kontroverse Ansichten vorherrschen können. Habermas sieht die Maßstäbe von Gesellschaftskritik in der Alltagspraxis der vergesellschafteten Individuen, in den Strukturen der menschlichen Sprache verankert. Emphatisch gesprochen sind in *Sprache* die Möglichkeiten von *Vernunft* grundgelegt.

Unter Bezugnahme auf sprachtheoretische Erkenntnisse (Universalpragmatik, Sprechakttheorie) zeigt Habermas, wie Menschen in ihrer kommunikativen Alltagspraxis (auch) verständigungsorientiert Gebrauch von Sprache machen. Wenn Menschen kommunizieren, so gehen sie nach Habermas von bestimmten Unterstellungen aus, denen kommunikative Vernunft innewohnt. Was tun wir, wenn wir kommunizieren? Mit jedem kommunikativen Akt werden bestimmte Geltungsansprüche formuliert. Wenn ein Sprecher einen Standardsprechakt ausübt, so nimmt er eine pragmatische Beziehung ein zu drei Welten: a) zu etwas in der objektiven Welt, das heißt die Gesamtheit dessen, worüber wahre Aussagen möglich sind; b) zu etwas in der sozialen Welt, das heißt die Gesamtheit legitim geregelter interpersonaler Beziehungen; c) zu etwas in der subjektiven Welt, das heißt die Gesamtheit der subjektiven Erlebnisse, die jemand vor anderen wahrhaftig äußern kann. Ein Beispiel: Ein Lehrer sagt zu einem Schüler in einer Prüfungssituation folgendes: „Ich habe den Eindruck, du hast nichts gelernt" und trägt eine negative Note in das Notenbuch ein. Damit beansprucht er Geltung dafür, dass die gemachte Aussage wahr ist. Der Schüler könnte zwar diesen Geltungsanspruch möglicherweise vor Gericht infrage stellen, er müsste dazu aber Argumente und Beweise vorbringen, dass der Lehrer etwa Fragen gestellt hat, die nicht den Lehrstoff umfassten, oder dass der Schüler sehr wohl genügend Wissen gezeigt habe. Damit würde der Schüler seinerseits Geltungsansprüche für die Wahrheit seiner Aussage beanspruchen. Der zweite Geltungsanspruch betrifft die soziale Dimension von Sprechakten, das heißt, der Lehrer beansprucht mit seiner Aussage Geltung in der Hinsicht, dass das Lehrer-Schüler-Verhältnis dadurch gekennzeichnet ist, dass der Lehrer legitimerweise vom Schüler in einer Prüfungssituation verlangen darf, dass der Schüler ein bestimmtes Wissen zeigt. Die Normen des Sozialzusammenhangs Schule können in jeder Schulsituation Geltung beanspruchen und umfassen alle in dieser Institution ablaufenden Interaktionen. Würde der Lehrer allerdings diesen Satz und die damit verbundene Handlung gegenüber dem Schulwart oder einem Elternteil zeigen, dann wäre klar, dass diese Handlung in Bezug auf den normativen Kontext Schule nicht richtig ist. Der dritte Geltungsanspruch bezieht sich auf die subjektive Wahrhaftigkeit, das heißt, ob die Aussage des Sprechers so gemeint ist, wie sie geäußert wurde. Wenn dies der Fall ist, dann dürfte der Schüler nicht den Eindruck bekommen, dass der Lehrer lügt, sondern dass er seine Aussage und seine Handlung so meint, wie er sie vorgebracht hat.

Jemand, der verständigungsorientiert handelt, setzt also mit seiner Aussage drei Geltungsansprüche:

1. dass die gemachte Aussage wahr ist (Wahrheit);
2. dass die intendierte Handlung mit Bezug auf einen geltenden normativen Kontext richtig ist (Richtigkeit);
3. dass manifeste Sprecherintentionen so gemeint sind, wie sie geäußert werden (Wahrhaftigkeit).

Habermas unterscheidet *vier Handlungsmodelle,* wobei die drei ersten sich auf die drei Geltungsansprüche von Sprechakten beziehen:

1. das teleologische bzw. strategische Handeln
   Dabei kann der Handelnde zwei Beziehungen zur objektiven Welt aufnehmen, indem er entweder existierende Sachverhalte erkennt oder erwünschte Sachverhalte zur Existenz bringt;
2. das normenregulierte Handeln
   Dabei nimmt der Handelnde auf die soziale Welt Bezug, das heißt, er richtet sich an existierenden Normen aus;
3. das dramaturgische Handeln
   Dabei nehmen Akteure auf die subjektive Welt Bezug, das heißt, sie orientieren sich an der Glaubwürdigkeit des Auftretens und der Selbstpräsentation von anderen.

Das vierte Handlungsmodell, das *kommunikative Handeln,* hat für Habermas zentralen Stellenwert, ihm widmet er sein Hauptwerk „Theorie des kommunikativen Handelns" (1981). Kommunikatives Handeln, das auf Verständigung ausgerichtet ist, zeichnet sich gegenüber den drei anderen Handlungsmodellen dadurch aus, dass die jeweiligen Beziehungen von Handelnden gegenüber Welten als reflexive Beziehungen gefasst werden. Dies bedeutet, dass sich die Akteure verständigungsorientiert über ihre Weltbezüge sprachlich aufeinander beziehen: „Der Begriff des kommunikativen Handelns nötigt dazu, die Aktoren auch als Sprecher und Hörer zu betrachten, sie sich auf etwas in der objektiven, sozialen oder subjektiven Welt beziehen und dabei gegenseitig Geltungsansprüche erheben, die akzeptiert und bestritten werden können (...) Verständigung funktioniert als handlungskoordinierender Mechanismus in der Weise, dass sich die Interaktionsteilnehmer über die beanspruchte Gültigkeit ihrer Aussagen einigen, das heißt Geltungsansprüche, die sie reziprok erheben, intersubjektiv anerkennen" (Habermas 1986, S. 588).

Habermas geht davon aus, dass wir beim Gebrauch unserer Umgangssprache immer schon partiell „vernünftig" sind, da wir in unserer kommunikativen Alltagspraxis von ihr *auch* einen verständigungsorientierten Gebrauch machen. Dies ist zum Beispiel nicht der Fall, wenn ein Offizier einem einfachen Soldaten befiehlt: „Nehmen Sie Haltung an!" Der Soldat versteht zwar, was der Offizier meint, und wird vermutlich normgemäß handeln. Allerdings wird der Soldat, wenn er keine gröberen Konsequenzen riskieren will, den Geltungsanspruch der Aussage des Offiziers nicht bestreiten. Kommunikatives Handeln liegt nicht vor, wenn etwa hierarchische Beziehungen (Vorgesetzter-Untergebener) die Möglichkeit zur Bestreitung von Geltungsansprüchen schwer möglich machen oder wenn bestimmte Geltungsansprüche mit gewaltsamen Mitteln zur Durchsetzung gebracht werden. Dann ist dem Gegenüber keine Möglichkeit zum kommunikativen Bestreiten dieser Geltungsansprüche gegeben. Anders ist die Situation, wenn etwa der Vater wie jeden Sonntag den Familienmitgliedern vorschlägt, gemeinsam ins Grüne zu fahren, der Sohn aber unbedingt die Sportübertragung im Fernsehen sehen möchte. Wenn der Vater sein Ansinnen nicht mit Gewalt oder mit Bezug auf Gewohnheiten durchsetzt, sondern den Begründungsversuchen des Sohnes für seine Aussage zuhört, dann kann es dem Sohn möglicherweise gelingen, den Geltungsanspruch der väterlichen Aussage zu bestreiten, und es kann zu einer „vernünftigen" Einigung kommen, das heißt, der Sohn bleibt zuhause und der Rest der Familie fährt ins Grüne.

Habermas geht von einer normalen Kommunikationssituation aus: Was passiert, wenn wir einen Satz an jemanden adressieren und damit eine Situation möglicher Verständigung herstellen? Was sind die konstitutiven Momente von Kommunikation? Umgangssprachliche Kommunikation ist durch eine „Doppelstruktur" gekennzeichnet: Wenn Sprecher und Hörer eine Verständigung erreichen wollen, müssen sie gleichzeitig auf der Ebene der Intersubjektivität (Beziehungsaspekt) und auf der Ebene der Sachverhalte, über die sie sich verständigen möchten (Inhaltsebene) kommunizieren. Habermas unterscheidet zwei Formen der Kommunikation: *kommunikatives Handeln* und *Diskurs*. McCarthy schreibt: „Während in der gewöhnlichen Interaktion die in jedem Sprechakt unvermeidlich (wenn auch nur implizit) erhobenen Geltungsansprüche mehr oder weniger naiv akzeptiert werden, wird ihre Geltung im Diskurs als hypothetisch und als explizit thematisiert betrachtet" (McCarthy 1989, S. 331).

Der Diskurs erfordert eine Virtualisierung der Handlungszwänge und Geltungsansprüche. Er ist eine kontrafaktische Form der Kommunikation, in der sich die Teilnehmer nur vom „zwanglosen Zwang zum besseren Argument" leiten lassen. Die Absicht des Diskurses ist es, zu einem gemeinsamen Einverständnis über die Geltung oder Nichtgeltung problematisierter Ansprüche zu kommen. Das Einverständnis muss einen vernünftigen Konsens darstellen, das heißt für alle vernünftigen Subjekte als potenzielle Teilnehmer eines Diskurses gültig sein. Diese Diskurse beruhen auf Idealisierungen, die aber implizit in jedem Sprechakt vorgenommen werden. Habermas vertritt eine *Konsensustheorie der Wahrheit*, das heißt Bedingung für Wahrheit ist die potenzielle Zustimmung aller anderen. Es geht um die Untersuchung der (pragmatischen) Bedingungen der Möglichkeit, einen vernünftigen Konsensus durch Argumentation zu erzielen.

Habermas sagt, dass wir in jedem Diskurs genötigt sind, eine „ideale Sprechsituation" zu unterstellen. Zwei Idealisierungen werden dabei vorgenommen: Zum einen gehen wir davon aus, dass Missverständnisse durch einen Wechsel von der Ebene des kommunikativen Handelns auf jene des Diskurses gelöst werden können; zum anderen unterstellen wir die Möglichkeit einer „idealen Sprechsituation", das heißt eine Verständigungssituation, in der jede systematische Verzerrung ausgeschlossen ist. Auf der Unterstellung einer idealen Sprechsituation beruht auch die in Sprache verankerte Möglichkeit von Vernunft. Habermas geht davon aus, dass seine Konzepte von Verständigung und kommunikativem Handeln keine idealistisch utopischen Entwürfe sind, sondern sich auf etwas beziehen, was in der Alltagspraxis dauernd geschieht. Ein amerikanischer Philosoph hat das kritische Bemühen von Habermas in folgenden Satz gekleidet: „Das Ziel der kritischen Theorie – eine von überflüssiger Herrschaft aller Art befreite Lebensform – wohnt dem Begriff der Wahrheit inne und es wird in jedem kommunikativen Akt antizipiert" (McCarthy 1989, S. 310). Der Begriff der „idealen Sprechsituation" bzw. der „herrschaftsfreien Kommunikation" hat viele Missverständnisse hervorgerufen, kann aber als Maßstab für die kritische Beurteilung von Gesellschaften genommen werden, indem er zeigt, wie weit sie von dieser „idealen Sprechsituation" entfernt sind und sich soziale Beziehungen beispielsweise auf Grundlage von Machtausübung und Unterdrückung gestalten.

Übung: Vergleichen Sie verschiedenste Kommunikationssituationen in unserer Gesellschaft und prüfen Sie, wieweit diese Situationen dem Kriterium der „Herrschaftsfreiheit" entsprechen!

Gesellschaftskritik spätkapitalistischer Gesellschaften

Wenn Habermas in der Tradition von Marx und der älteren Kritischen Theorie steht, dann stellt sich die Frage, wie eine Anknüpfung an diese materialistischen Konzepten bei ihm aussieht. Habermas knüpft an die Marx'sche Unterscheidung von Produktivkräften und Produktionsverhältnissen an, wobei diese bei ihm in eine Unterscheidung von Arbeit und Interaktion bzw. System und Lebenswelt übergeht. Die Gesellschaftsentwicklung (Sozialevolution) ist aus seiner Sicht dadurch gekennzeichnet, dass sich System und Lebenswelt schrittweise ausdifferenzieren. Während in Stammesgesellschaften beide Bereiche noch miteinander verbunden sind (zum Beispiel findet die Produktion von Gütern oder die Erziehung in familiären Zusammenhängen statt), sind moderne Gesellschaften durch die Entkoppelung von systemischen Bereichen aus lebensweltlichen gekennzeichnet. Wirtschaft und Staat haben sich als eigenständige Systeme herausgebildet, die über bestimmte Steuerungsmedien funktionieren (die Wirtschaft beruht auf dem Geldmedium, der Staat auf dem Machtmedium) und sich aus den normativen Kontexten der Lebenswelt gelöst haben. Dabei kommt es zu einer Umstellung der Handlungskoordinierung von Sprache auf Steuerungsmedien, zu einer Abkoppelung der Interaktion von lebensweltlichen Kontexten, die auf sprachlichen Konsensbildungsprozessen beruhen.

Wie die ältere Kritische Theorie knüpft auch Habermas an Marx und Weber an, um die Krisenprozesse unter spätkapitalistischen Bedingungen zu analysieren. Er möchte die „Pathologien" moderner Gesellschaften einer Analyse zugänglich machen, wobei für ihn nicht die Entkoppelung von System und Lebenswelt pathologisch ist, sondern das Übergreifen systemischer Imperative auf die Lebenswelt. Kritische These ist, dass in modernen Gesellschaften die Konkurrenz zwischen Formen der System- und Sozialintegration sichtbarer als bisher hervortritt: „Am Ende verdrängen systemische Mechanismen Formen der sozialen Integration auch in jenen Bereichen, wo die konsensabhängige Handlungskoordinierung nicht substituiert werden kann: also dort, wo die symbolische Reproduktion der Lebenswelt auf dem Spiel steht. Dann nimmt die Mediatisierung der Lebenswelt die Gestalt einer *Kolonialisierung* an" (Habermas 1981, Bd. II, S. 293).

Die Lebenswelt, die auf kommunikatives Handeln angewiesen ist, kann krisenhaft werden, wenn systemische Prinzipien auf sie übergreifen. Habermas fragt sich, wie sich Entfremdung und Verdinglichung unter Bedingungen des Spätkapitalismus darstellen. Dabei sieht er moderne Gesellschaften durch zwei kritische Prozesse in ihren lebensweltlichen Strukturen bedroht („Kolonialisierung der Lebenswelt"): 1. durch *Monetarisierung*, das heißt, das ökonomische System mit seinem Geldmechanismus unterwirft die Lebenswelt monetären Imperativen; soziale Beziehungen werden dann von Verständigung auf Geld umgestellt; 2. durch *Bürokratisierung*, das heißt, das administrative System bürokratisiert die Lebenswelt, die Menschen werden zu Klienten des Sozialstaats gemacht und dadurch ihrer Freiheit beraubt. Habermas spricht von Verdinglichung, geht aber über das Klassenmodell von Marx hinaus, indem er diese Verdinglichungsprozesse als klassenunabhängig ansieht, das heißt, jedes Gesellschaftsmitglied ist potenziell von diesen Prozessen betroffen. Das heißt aber auch, dass die Arbeiterklasse kein bevorzugtes Subjekt der Geschichte mehr ist. „Revolutionäre" Akteure sind heute eher soziale Bewegungen, und soziale Konflikte brechen an der Grenze zwischen System und Lebenswelt aus. Beispielhaft führt Habermas soziale Bewegungen an, die in selbstverwalteten Betrieben gegen die gewinnabhängige Instrumentalisierung der Berufsarbeit einwirken oder „zivilgesellschaftliche" Bewegungen, die die Bedeutung von Eigenarbeit hervorheben. Beispielsweise geht es aus dieser Perspektive dann nicht darum, Hausarbeit oder Altenhilfe zu „verökonomisieren", sondern als nichtbezahlte Eigenarbeit in die partnerschaftliche Kompetenz der Menschen zurückzuführen. Kritisch sieht Habermas auch die zunehmende Verrechtlichung vieler kommunikativ strukturierter Lebensbereiche (Familie, Schule), weil aus seiner Sicht hier bürokratische Eingriffe und gerichtliche Kontrollen auf Kosten der kommunikativen Aushandlung und Selbstorganisationsfähigkeit von Menschen gehen. Habermas wendet sich gegen eine Entdifferenzierung von Ökonomie und Staat, zum Beispiel gegen die marxistische Idee einer gesellschaftlichen Kontrolle der Produktionsmittel, weil dies (wie auch die Geschichte der Sowjetunion gezeigt hat) die Komplexität und Leistungsfähigkeit des Wirtschaftssystems zerstören würde. Radikale Demokratisierung heißt aus seiner Sicht, dass es zu einem neuen Gleichgewicht zwischen den Ressourcen der gesellschaftlichen Integration kommt, die für ihn Kommunikation, Geld und Macht sind. Gesellschaftskritik bedeutet dann, Verdinglichungsprozesse zu kritisieren und die Lebenswelt vor Kolonialisierungstendenzen zu schützen. Kurz gesagt: Es geht um ein Mehr an gesellschaftlicher Kommunikation und um ein Beschränken von Macht und Geld auf diejenigen Systeme, die dafür vorgesehen sind.

Übung: Diskutieren Sie die These von Habermas, dass immer mehr Bereiche unseres Lebens „monetarisiert" werden, das heißt dem Medium des Geldes unterworfen werden.

Habermas hat die Kritische Theorie wieder der Soziologie näher gebracht, indem er die marxistische Tradition der Überbetonung von Arbeit (Ökonomismus) durch die Dimension von Kommunikation relativiert hat. Gleichzeitig hat er das Subjekt nicht nur als unterdrücktes Werkzeug des Kapitals bzw. des Staates gesehen, sondern durch die Anbindung an die verstehende Soziologie und die Sprachtheorie die Intersubjektivität menschlichen Handelns eingebracht und durch den Begriff des kommunikativen Handelns den normativen Maßstab von Gesellschaftskritik entwickelt: Der Freiheitsgrad von Gesellschaften kann danach unterschieden werden, wie gewaltfrei Kommunikation stattfinden kann und wie gleichberechtigt Gesellschaftsmitglieder an der gesellschaftlichen Kommunikation teilnehmen können. Wie jeder große Theorieentwurf ist auch Habermas' Konzept Gegenstand vielfältigster Kritik gewesen. Besonders seine „Zwei Welten Theorie" (System und Lebenswelt) wurde heftigst kritisiert, ebenso seine Annahme, dass Sprache das

Telos von Verständigung bereits innewohne. In den letzten Jahren hat sich Habermas allerdings weniger auf soziologische Fragen als auf philosophische konzentriert, wobei er sich mit der Diskursethik und Fragen der politischen Philosophie (Demokratie) beschäftigt.

3.4 Kritische Gesellschaftstheorie am Ausgang des 20. Jahrhunderts: Ulrich Beck und Anthony Giddens

Abschließend seien noch zwei Soziologen angeführt, die in der eben skizzierten Denktradition kritischer Gesellschaftstheorie stehen und eine kritische Theorie der modernen Gesellschaft am Ausgang des 20. Jahrhunderts konzipiert haben. Die Rede ist vom deutschen Soziologen *Ulrich Beck* (geb. 1944) und von *Anthony Giddens* (geb. 1938), einem Briten. Beide setzen sich mit einem alten, aber ungelösten Problem der Soziologie, nämlich dem Verhältnis von Handlung und Struktur/System, auseinander und wollen zu einer Überwindung einer einseitigen Betrachtungsweise von Gesellschaft bzw. von dualistischen „Zwei Welten Theorien" beitragen. Beide verstehen sich als „kritische" Soziologen, die Gesellschaftsanalyse und -kritik nicht voneinander getrennt betrachten und damit auch die Verbesserung gesellschaftlicher Lebensbedingungen vorantreiben möchten. In letzter Zeit sind haben sich Becks und Giddens' Theorieentwürfe im Konzept „reflexiver Modernisierung" zunehmend angeglichen.

Prominentestes Werk von *Ulrich Beck* ist *„Die Risikogesellschaft"*. In diesem Werk versucht Beck die These zu begründen, dass die klassische Industrie- in eine Risikogesellschaft übergegangen ist. Wesentliches Kennzeichen der Risikogesellschaft ist, dass die Risiken und Nebenfolgen des industriellen Fortschritts zunehmend die gesellschaftlichen Auseinandersetzungen bestimmen. Beck hat sein Buch knapp vor dem Atomunfall in Tschernobyl fertiggestellt und diesen Unfall gleichsam als Bestätigung seiner Theorie gesehen. Die Gesellschaft hat im Zuge der wissenschaftlich-technischen und industriellen Entwicklung Risiken erzeugt (zum Beispiel atomare, chemische, ökologische, genetische), die letztendlich wesentliche Grundannahmen der Industriegesellschaft zerstören. Angesichts von großen Gefahren und Unfällen versagen in der Risikogesellschaft die Grundbegriffe des Risikomanagements: Im Unterschied zu externalisierbaren vorindustriellen Risiken wie der Pest und zu individuell zurechenbaren industriellen Risiken wie Arbeitslosigkeit sind die Risiken in der Risikogesellschaft zwar entscheidungsabhängig entstanden („Wir setzen auf Atomindustrie"), aber die Konsequenzen betreffen letztlich alle Gesellschaftsmitglieder gleich. Solche Risiken sind zeitlich, sozial und räumlich nicht mehr eingrenzbar und lassen sich auch nicht mehr entsprechend kompensieren, was sich etwa an der Verweigerung eines privatwirtschaftlichen Versicherungsschutzes zeigt. Beck spricht von „organisierter Unverantwortlichkeit": Bei einem Ereignis wie dem Auftreten des „Rinderwahnsinns" (BSE-Skandal) als Konsequenz einer hochindustrialisierten Landwirtschaft ist der „Täter" nicht feststellbar. Die Gemeinschaft muss die immensen Kosten übernehmen, und wir alle, den Fleischkonsum vorausgesetzt, sind potenzielle Opfer. Den globalisierenden Charakter dieser Risiken macht Beck mit folgendem drastischen Ausspruch bewusst: „Not ist hierarchisch, Smog ist demokratisch" (Beck 1986, S. 48). In diesem Zitat kommt eine zentrale These von Beck zum Vorschein: Die Logik der Reichtumsproduktion werde von der Logik der Risikoproduktion überlagert und teilweise abgelöst. Während es im industriegesellschaftlichen Modell (inklusive seiner Kritik) um die gesellschaftliche Verteilung von Reichtum ging, geht es im risikogesellschaftlichen Modell zunehmend um die Konflikte, die durch die Folgeprobleme der technisch ökonomischen Entwicklung hervorgerufen werden. Beck spricht von „Risikokonflikten". Risikolagen sind keine Klassenlagen, aber es entstehen gleichwohl neue soziale Ungleichheiten innerhalb der Risikobetroffenheit, zum Beispiel wird es „die Ärmsten der Welt am schlimmsten treffen" (Beck 1991, S. 128).

Wenn Beck den Begriff *„Risikogesellschaft"* verwendet, so möchte er einen System- und Epochenwandel in drei Bezugsbereichen bezeichnen:

1. Die Industriegesellschaft baut auf den Ressourcen von Natur und Kultur auf, löst diese aber im Rahmen ihrer Durchsetzung zunehmend auf.

2. Die Industriegesellschaft erzeugt Gefährdungen und Probleme, die die Grundlagen bisheriger Sicherheitsvorstellungen auflösen

und damit die Grundannahmen bisheriger Gesellschaftsordnung erschüttern.

3. In der industriegesellschaftlichen Kultur werden die kollektiven und gruppenspezifischen Sinnquellen, wie zum Beispiel das Klassenbewusstsein oder der Fortschrittsglaube, aufgelöst, was zur Folge hat, dass die Definitionsleistungen den Individuen selbst auferlegt werden. Dies wird mit dem Begriff der „Individualisierung" beschrieben.

Industriegesellschaft und Risikogesellschaft beginnen sich als Epoche dort zu unterscheiden, „wo die gesellschaftlichen Normensysteme versprochener Sicherheit angesichts der durch Entscheidungen ausgelösten Gefahren versagen" (Beck 1993, S. 40). Mit der Risikogesellschaft gerät die lineare Steigerung von Rationalität (Technisierung, Bürokratisierung, Ökonomisierung, Verrechtlichung usw.) an eine Grenze. Es stellt sich zunehmend die Frage, wie die Gesellschaft mit dieser Ungewissheit und Unkontrollierbarkeit als Ergebnis fortgeschrittener Rationalisierung umgeht. Die Folgen der gesellschaftlich produzierten Risiken wie Kernenergie, Gentechnik, ökologische Zerstörungen sind die eine Seite hergestellter Ungewissheit. Die andere Seite ist der Prozess zunehmender *Individualisierung*. Die Auflösung sozialer Klassen und traditioneller Familienformen und das Eindringen der Ökonomie in alle Lebensbereiche bewirken, dass der einzelne zur lebensweltlichen Reproduktionseinheit des Sozialen wird, das heißt, in allen Dimensionen der Biographie kommt es zu Wahlmöglichkeiten, aber auch zu Wahlzwängen. Individualisierung im Hinblick auf Biographie meint etwa, „dass die Biographie der Menschen aus vorgegebenen Fixierungen herausgelöst, offen, entscheidungsabhängig und als Aufgabe in das Handeln des einzelnen gelegt wird. Die Anteile der prinzipiellen entscheidungsverschlossenen Lebensmöglichkeiten nehmen ab, und die Anteile der entscheidungsoffenen, selbst herzustellenden Biographie nehmen zu" (Beck 1986, S. 216). Biographie wird zur „Bastelbiographie". Allerdings darf dies nicht mit freien Wahlmöglichkeiten verwechselt werden, da diese Freisetzungen der Individuen aus sozialen Bindungen in enger Beziehung zu Entwicklungen des Arbeitsmarkts stehen, das heißt, die Individuen werden verstärkt auf sich selbst und ihr individuelles Arbeitsmarktschicksal verwiesen. Der Fluchtpunkt dieser Entwicklung, der gleichzeitig den neuen Anforderungen der Ökonomie nach Flexibilität, Mobilität und Individualismus entspricht, ist für Beck die „vollmobile Single-Gesellschaft" (Beck 1986, S. 199).

Grundsätzlich steht Beck in der Tradition vieler soziologischer Theorien (Marx, Weber, Durkheim, Habermas), die dem gesellschaftlichen Fortschritt seine Folgekosten gegenüberstellen und Kritik an diesen Entwicklungen üben. Allerdings ist Beck vielen Theorien gegenüber sehr kritisch eingestellt, da sie seiner Meinung nach alle mehr oder weniger die These vertreten, der Industrialismus laufe gleichsam eigengesetzlich ab. Die „Systeme" der Ökonomie, der Politik oder der Wissenschaft scheinen durch eine verselbstständigte Systemdynamik über die Köpfe der Menschen hinweg zu funktionieren. Demgegenüber spricht Beck von einer neuen Phase der Modernisierung, der *„reflexiven Modernisierung"*, in der es durch die gesellschaftlich produzierten Risiken zu einer Krise der Verantwortlichkeiten kommt, die scheinbar selbstreferenziellen Systeme (Beck ist vehementer Kritiker der Systemtheorie) handlungsanfällig und subjektabhängig werden. Obwohl Beck im Unterschied zu Giddens keinen expliziten Anspruch einer Verbindung von handlungs- und strukturtheoretischen Ansätzen stellt, kann Becks Theorie als ein Versuch gesehen werden, systemische Veränderungen (zum Beispiel Entwicklungen des Arbeitsmarkts) und Veränderungen auf Subjektebene (zum Beispiel Individualisierung) miteinander in Verbindung zu bringen. In der Phase reflexiver Modernisierung ändert sich demnach das Bild von Struktur und Akteur: An die Stelle des Bildes von Strukturen reproduzierenden Akteuren der einfachen Moderne tritt das Bild von Strukturen *verändernden* Akteuren: „Strukturen werden selbst zum Gegenstand sozialer Aushandlungs- und Veränderungsprozesse" (Beck 1993, 90f.). Soziale Bewegungen etwa treten als Kritiker des Industrialismus auf und tragen dazu bei, dass sich die eingespielten Strukturen der Kritik stellen müssen und dadurch Veränderung möglich wird. Den Theoretikern der Moderne hält Beck entgegen, dass die moderne Gesellschaft gemessen an den eigenen Ansprüchen noch nirgends realisiert ist. Die Industriegesellschaft bezeichnet Beck als „halbmoderne Gesellschaft", als eine Kombination aus Halbmoderne und Gegenmoderne. Die Durchsetzung der Ideen der Moderne und der entsprechenden institutionellen Verkörperungen (parlamentarische Demokratie, allgemeines

Wahlrecht, Rechtsstaat, universalistische Prinzipien der Menschenrechte) waren immer begleitet von Tendenzen der Gegenmodernisierung (wie etwa die Unterdrückung der Frau, Nationalismus und Rassismus, Militarisierung, Fundamentalismen verschiedenster Art). Das 21. Jahrhundert wird laut Beck durch das Gegeneinander von reflexiver Modernisierung und Gegenmodernisierung gekennzeichnet sein. Aufgabe von Gesellschaftskritik sei es, am Entstehen einer „anderen" Moderne mitzuwirken.

Anthony Giddens, der sich in den letzten Jahren auch stark an Ulrich Beck orientiert, kann als bekanntester lebender britischer Soziologe bezeichnet werden. Giddens' Hauptwerk ist *„Die Konstitution der Gesellschaft"*, in dem er eine Verbindung von handlungstheoretischen und strukturtheoretischen Ansätzen anstrebt. Giddens kritisiert den Funktionalismus, weil in dieser „objektivistischen" Theorietradition der Handelnde mehr als passives Objekt undurchsichtiger Strukturen erscheint und das Wirken sozialer Faktoren jenseits des Bewusstseins und Handelns der Individuen im Zentrum steht. Demgegenüber hebt Giddens die Bedeutung der „subjektivistischen", interpretativen Theorietradition hervor, die an vernunftbegabten, zweckgerichtet und intentional handelnden Subjekten ansetzt. Allerdings hat diese Tradition mit dem Problem zu kämpfen, wie Gesellschaften als Gefüge überindividueller Institutionen zu fassen sind, welche Rolle zum Beispiel strukturellen Zwängen zukommt. Giddens versucht deshalb, den Dualismus von Subjektivismus und Objektivismus, von interpretativer Soziologie und strukturtheoretischer Soziologie mit seinem Konzept der *„Dualität von Struktur"* zu überwinden: „Mein Konzept der ‚Dualität von Struktur' gründet weder im sozialen Objekt – und damit meine ich die Gesellschaft mitsamt ihren überindividuellen Strukturen und Institutionen – noch im intentional handelnden Subjekt. Mir geht es darum geltend zu machen, dass weder das handelnde Subjekt noch das soziale Objekt kategorialen Vorrang haben, dass vielmehr beide in rekursiven sozialen Handlungen oder Praktiken konstituiert und das heißt: produziert und reproduziert werden" (Giddens 1988, S. 288f.). Giddens interessiert sich für den rekursiven Charakter des gesellschaftlichen Lebens, das heißt, wie im alltäglichen sozialen Handeln die Strukturmomente dieses Handelns mittels der Dualität von Struktur aus den Ressourcen, die sie konstituieren, fortwährend neu geschaffen werden: „In und durch Handlungen reproduzieren die Handelnden die Bedingungen, die ihr Handeln ermöglichen" (Giddens 1992, S. 52). Zwar sind nach Giddens alle Handelnden mit einem praktischen Bewusstsein ausgestattet, das heißt, sie wissen, wie sie in bestimmten sozialen Kontexten zu handeln und welchen Regeln sie zu folgen haben. Allerdings ist für die Soziologie von großem Interesse, welche unbeabsichtigten Folgen Handlungen nach sich ziehen und wie gesellschaftliche Praktiken über Raum und Zeit geregelt werden. Es geht Giddens also ähnlich wie Habermas um eine Verknüpfung der Dimensionen von Sozial- und Systemintegration. Sozialintegration meint die Reziprozität zwischen Akteuren und Kollektiven in Kontexten von Ko-Präsenz, auf der Ebene von Face to face-Interaktionen. Systemintegration dagegen meint die Reziprozität zwischen Akteuren und Kollektiven über größere Raum-Zeit-Spannen hinweg. Hier geht es um Verbindungen zu jenen, die physisch in Raum und Zeit abwesend sind. Die Reproduktion der Gesellschaft über Raum und Zeit hinweg gründet in der Dualität von Struktur. Struktur ist den Individuen nicht äußerlich, sondern wird in sozialen Praktiken verwirklicht. Struktur ist auch nicht mit sozialem Zwang gleichzusetzen, da sie Handeln nicht nur einschränkt, sondern auch ermöglicht. Struktur ist auch nicht unabhängig vom Wissen, das soziale Akteure von ihrem Alltagsleben haben. Allerdings ist die menschliche Bewusstheit beschränkt, das heißt, es gibt nichteingestandene Bedingungen und unbeabsichtigte Folgen menschlichen Handelns. In Giddens' eigenen Worten meint „Dualität von Struktur", „dass sich die Strukturelemente sozialer Systeme und das Handeln der Subjekte nicht mehr äußerlich gegenüberstehen, sondern dass Struktur als chronisch in das Handeln selbst eingebettet erscheint. Die Begriffe ‚Struktur' und ‚Handeln' bezeichnen so die allein *analytisch* unterschiedenen Momente der Wirklichkeit strukturierter sozialer Handlungssysteme. Strukturen selbst existieren gar nicht als eigenständige Phänomene räumlicher und zeitlicher Natur, sondern immer nur in der Form von Handlungen oder Praktiken menschlicher Individuen. Struktur wird immer nur wirklich in den konkreten Vollzügen der handlungspraktischen *Strukturierung* sozialer Systeme, weshalb ich auch meinen Ansatz ‚Theorie der Strukturierung' genannt habe" (Giddens 1988, S. 290).

In den letzten Jahren hat sich Giddens mit den Charakteristika moderner Gesellschaften beschäftigt und versucht, eine kritische Theorie dieser Gesellschaften zu entwickeln und Möglichkeiten einer radikalen Transformation abzuschätzen. In *„Konsequenzen der Moderne"* entwickelt Giddens eine Institutionenanalyse der Moderne, die für ihn – im Unterschied zu vielen soziologischen Klassikern – auf der Ebene der Institutionen vieldimensional ist und nicht auf eine Dimension (etwa den Kapitalismus) reduziert werden kann. Auch der klassische Gesellschaftsbegriff, wie ihn zum Beispiel der Funktionalismus als Problem der Integration von abgegrenzten sozialen Systemen (meist Nationalstaaten) umfasst, wird von Giddens einer Kritik unterzogen. Für ihn ist zentral, wie soziale Systeme Raum und Zeit binden: Das Problem der Ordnung wird als Problem der raumzeitlichen Abstandsvergrößerung gesehen und mit der Frage verbunden, wie Anwesenheit und Abwesenheit in einen Zusammenhang gebracht werden. Giddens kann als wichtiger soziologischer Theoretiker der Globalisierung gesehen werden. Ein weiterer wichtiger Punkt bei Giddens ist die Betonung der Reflexivität der Moderne, das heißt, das Verhältnis von (sozialwissenschaftlichem) Wissen und Gesellschaft. Giddens spricht von einer „doppelten Hermeneutik" im Verhältnis von Soziologie und ihrem Gegenstand: Die Soziologie bezieht sich einerseits auf die Begriffe der handelnden Menschen als ihrem Gegenstand, andererseits finden die wissenschaftlichen Begriffe der Soziologie wieder Eingang in das Alltagsleben der Menschen. Dabei verändert sich sowohl dieses Wissen als auch das soziale Leben.

Giddens unterscheidet *vier institutionelle Dimensionen der Moderne* und lehnt jede Reduktion auf eine dieser Dimensionen ab:
1. den *Kapitalismus* als System von ökonomischer Produktion und Tausch, das auf dem Verkauf von Waren (Arbeitskraft, Güter, Dienstleistungen) beruht;
2. den *Industrialismus*, dessen Hauptmerkmal die Anwendung von Quellen unbelebter Energie zusammen mit der Maschinentechnologie im Umgang des Menschen mit der Natur ist, wobei diese zunehmend zu einer vom Menschen „geschaffenen Umwelt" wird;

3. die *Apparate der Überwachung*, die administrative Macht, die sowohl der Kontrolle von Information als auch der gesellschaftlichen Kontrolle dienen kann;

4. die *militärische Macht*, wo es um die Kontrolle über die Mittel zur Gewaltanwendung geht, und zwar um eine Kontrolle, die unter dem Vorzeichen einer Industrialisierung des Kriegs vor sich geht.

Zwischen den vier institutionellen Dimensionen bestehen vielfältigste Beziehungen. Giddens geht von einer Ausbreitung der modernen Institutionen über die ganze Welt aus. Ihrem innersten Wesen nach ist die Moderne auf *Globalisierung* angelegt. Der Begriff Globalisierung bezieht sich auf den Dehnungsvorgang zwischen örtlichen und entfernten sozialen Formen und Ereignissen bis hin zur Vernetzung über die Erdoberfläche. Globalisierung meint die „Intensivierung weltweiter sozialer Beziehungen, durch die entfernte Orte in solcher Weise miteinander verbunden werden, dass Ereignisse am einen Ort durch Vorgänge geprägt werden, die sich an einem viele Kilometer entfernten Ort abspielen, und umgekehrt" (Giddens 1995, S. 85). Generelle Theoriestrategie bei Giddens ist die Zurückweisung eindimensional linearer Betrachtungsweisen, weshalb er auch beim Phänomen der Globalisierung von einem dialektischen Prozess ausgeht, denn es kann im Zuge einer lateralen Ausdehnung sozialer Beziehungen gleichzeitig dazu kommen, dass der Druck zugunsten lokaler Autonomie und regionaler kultureller Identität stärker wird.

Giddens versteht sich als kritischer Theoretiker und will Modelle eines *„utopischen Realismus"* entwickeln. Er kritisiert Marx wegen seines teleologischen Geschichtsverständnisses, bejaht aber dessen Überzeugung, dass erwünschter sozialer Wandel Erfolg nur dann haben kann, wenn an den Möglichkeiten angeknüpft wird, die den Institutionen innewohnen. Ein reiner Utopismus wird deshalb abgelehnt. Eine kritische Theorie am Ausgang des 20. Jahrhunderts muss für Giddens Modelle der guten Gesellschaft entwerfen, die nicht nur auf den Nationalstaat bezogen sind, sondern globale, weltgesellschaftliche Dimensionen beinhalten. Auch dürfen diese Modelle nicht auf eine der vier institutionellen Dimensionen der Moderne beschränkt bleiben. Weiters muss sie eine Verbindung herstellen zwischen emanzipatorischer Politik, die auf die Aufhebung von Ungleichheit gerichtet ist, und einer Lebenspolitik, die eine Politik der Selbstverwirklichung ist und Möglichkeiten eines erfüllenden und befriedigenden Lebens für alle fördern soll. Giddens bringt die vier institutionellen Dimensionen der Moderne mit *vier typischen sozialen Bewegungen* in Verbindung, die Motoren sozialer Transformationen sind bzw. sein können. Die Dimensionen des Kapitalismus und Industrialismus werden mit der Arbeiterbewegung in Verbindung gebracht. Die Dimension der Überwachung wird von demokratischen Bewegungen thematisiert, die Redefreiheit und Rechte auf politische Beteiligung erkämpfen. Die Dimension der Kontrolle über die Mittel zur Gewaltanwendung wird mit der Friedensbewegung und die Dimension des Industrialismus vor allem mit ökologischen Bewegungen in Verbindung gebracht. Die Frauenbewegung ist für Giddens keiner der vier Dimensionen zuzuordnen, sondern liegt quer zu diesen vier Dimensionen. Allerdings ist Giddens insofern „Realist", als er den Gegenbewegungen allein keine transformatorische Wirkung zu einer sichereren und humaneren Welt zuschreibt. Ohne Anknüpfung an die Macht (Konzerne, Regierungen, internationale Organisationen, aber auch die öffentliche Meinung) werden Reformbestrebungen wenig Chance auf Realisierung haben: „In einer Situation immer schnellerer Globalisierung fordert das Streben nach Maximierung der Chancen und Minimierung folgenreicher Risiken zweifellos einen koordinierten Einsatz der Macht. Das gilt für Lebenspolitik ebenso wie für die emanzipatorische Politik" (1995, S. 200).

Die jetzige Gesellschaft wird von Giddens als *hoch- bzw. spätmoderne* bezeichnet, aber er sieht bereits *Umrisse einer postmodernen Ordnung* im Entstehen begriffen. Da die Zukunft aber nicht linear verläuft, skizziert Giddens mögliche Chancen zu einer postmodernen Ordnung ebenso wie Risiken, deren Eintreten ebenso möglich ist. Jenseits des Kapitalismus sieht Giddens die Konturen eines „Nachknappheitssystems" und den Aufbau einer vergesellschafteten Wirtschaftsorganisation als mögliche positive gesellschaftliche Entwicklung bzw. den Zusammenbruch wirtschaftlicher Wachstumsmechanismen als eine mögliche krisenhafte Entwicklung. Jenseits des Industrialismus erscheint die Humanisierung von Technik und der Aufbau eines Systems planetarischer Obhut als Chance bzw. Katastrophen, im ökologischen Bereich als Risiko. Jenseits der Überwachungssysteme sieht Giddens eine vielschichtige demokratische Beteiligung als Chance und die Zunahme an totalitärer Macht als möglichen negativen Entwicklungspfad. Jenseits militärischer Macht schließlich besteht die Chance einer Entwicklung in Richtung Entmilitarisierung, während die Gefahr in einem atomaren Konflikt bzw. einem allgemeinen Krieg liegen könnte.

Im Unterschied zu Habermas möchte Giddens aber die *Maßstäbe von Kritik* nicht weiter philosophisch begründen. Für ihn gibt es keine sichere moralische Basis dafür, existierende Gesellschaften zu kritisieren, ebenso wie es unsicher ist, wer die Akteure des sozialen Wandels sein werden bzw. wie diese Transformationsprozesse zu einer besseren und gerechteren Gesellschaft ablaufen werden: „Praktisch gehe ich allerdings davon aus, dass es Dinge oder Verhältnisse gibt, wo es auf der Hand liegt, dass sie schädlich sind und dass es auf der anderen Seite auch solche gibt, die wünschenswert oder erstrebenswert scheinen, ohne dass man das rational eigens begründen könnte" (Giddens 1988, S. 293).

4   Strukturfunktionalismus

4.1   Strukturfunktionalismus nach Talcott Parsons

Das Gesellschaftsmodell des Strukturfunktionalismus war in der Zeit nach dem Zweiten Weltkrieg lange das beherrschende Paradigma in der Soziologie. Die wesentlichen Grundbegriffe wie „soziale Rolle" und „Normen" stammen aus diesem Ansatz.

Der Strukturfunktionalismus ist eng mit dem Namen *Talcott Parsons* (1902–1979) verbunden. Parsons studierte in England, der BRD und war in Harvard tätig. Er starb auf einer Reise in der BRD. Er war vorwiegend vom amerikanischen Funktionalismus beeinflusst, der das Augenmerk vor allem auf die Institutionen in der Gesellschaft lenkte. Der Mensch wird anthropologisch als ein Mängelwesen beschrieben, er besitzt keine Instinkte oder kann sich zumindest nicht aufgrund von Instinkten in der Gesellschaft zurechtfinden. Um diesen Mangel auszugleichen, so etwa der Anthropologe *Malinowski (1962)*, gibt es Institutionen. Ihre Aufgabe ist es, die Bedürfnisbefriedigung der Menschen zu bewerkstelligen und ein Muster an Regeln, Vorschriften, Werthaltungen und Normen vorzugeben, an dem man sich orientieren kann.

Institutionen dürfen nicht mit Organisationen verwechselt werden, wenn sie sich auch zumeist in solchen manifestieren (vgl. Berger u. Berger 1974). Die Ehe zum Beispiel ist eine Institution. Sie regelt die Reproduktion von Gesellschaft, sie gibt die Muster vor, wie Partner zusammenleben sollen. Die Familie hingegen ist die Organisation. Sie teilt verschiedene Rollen zu – Mutter-, Vater-, Kinderrolle – und verleiht diesen Rollen Inhalt. Vielleicht noch deutlicher wird der Unterschied, wenn wir als Beispiel eine Institution heranziehen, die fundamental für die Verständigung zwischen den Menschen ist: die Sprache. Sie besitzt alle Merkmale von Institutionen: Ohne sie können wir uns nicht verständigen, sie gibt eindeutige Regeln vor, an die man sich halten muss. Verletzt man sie, dann wird man unverständlich. Sie ist äußerst stabil. Änderungen finden nur über eine lange Dauer statt. Aber sie ist keineswegs starr. Es gibt einen Wandel im Sprachgebrauch. Diese anthropologisch-funktionalistische Institutionenlehre ist eine der Wurzeln des Strukturfunktionalismus.

Ein weiterer Ansatzpunkt liegt im Evolutionismus *Herbert Spencers* (1820–1908). Spencer entwickelt die Vorstellung, die Gesellschaft sei ein Organismus, der nach innerem Gleichgewicht strebte. Die Organe seien voneinander abhängig, und wenn ein Organ beschädigt sei, übernimmt ein anderes diese Aufgabe. Für Spencer unterliegt Gesellschaft den gleichen Gesetzen wie die Natur. Auch bei ihr geht es um Auslese. Ohne noch die „Entstehung der Arten" von Darwin zu kennen, formuliert er das Gesetz vom „Überleben der Tüchtigsten". Er wird damit zum Vertreter einer Richtung, die man später als „Sozialdarwinismus" bezeichnete. Das Streben nach Gleichgewicht im gesellschaftlichen System stellt sich, so Spencer, für den einzelnen als Kampf ums Dasein dar, den nur die Tüchtigsten gewinnen. Gesellschaft wird durch das allgemeine Prinzip der Kraft geleitet. Wie alles hat auch sie eine Ursache, es macht aber für Spencer keinen Sinn, nach dieser Ursache zu suchen, dies übersteigt die Möglichkeiten des menschlichen Geistes. Die Kraft bewirkt die Evolution der Gesellschaft. Diese Entwicklung geht in Richtung einer stärkeren Integration bei fortschreitender Differenzierung. Moderne komplexe Gesellschaften stellen ihr Gleichgewicht dadurch her, dass neue Aufgaben (Funktionen) für Organe ausdifferenziert werden – ein Gedanke, dessen Grundstruktur sich über den Strukturfunktionalismus hinaus bis hinein in die Systemtheorie erhält. Das Endprodukt der Gesellschaftsentwicklung, die eschatologische Wende im funktionalistischen Denken Spencers, besteht in einem dauerhaften Zustand von Harmonie zwischen den verschiedenen Interessen in der Gesellschaft, in einem Ausgleich zwischen privaten und öffentlichen, individuellen und kollektiven

Wünschen. Dazu kam es durch immer größere Anpassungsleistungen, durch immer stärker werdende Integration.

Natürlich sieht auch Spencer in der Gesellschaft seiner Zeit, dass es soziale Ungleichheit, ein ausdifferenziertes System von sozialen Klassen gibt. Dies ist für ihn aber nur „natürlich". Er lehnt auch jede Sozialgesetzgebung ab, weil diese den Entwicklungsprozess störe.

Strukturfunktionalisten und Systemtheoretiker haben – wenn auch nicht in der extrem sozialdarwinistischen Weise – die Idee des Gleichgewichts im Gesellschaftssystem übernommen.

Übung: Überlegen Sie zum Beispiel an Hand der Erziehung, wie verschiedene Aufgaben ausdifferenziert wurden (Wertvermittlung, Wissensvermittlung, Verhalten ...) und wie sich darin die Tendenz zur Erhaltung des Gleichgewichts in der Gesellschaft zeigen könnte.

Wesentlich für Parsons war die Aufarbeitung europäischer Klassiker des soziologischen Denkens, insbesondere der Versuch, die Ansätze Durkheims und Max Webers in einer globalen Gesellschaftstheorie zu verbinden. Während sich von Durkheim vor allem das funktionalistische Denken, die Vorstellung der Aufgliederung und der unterschiedlichen Arten von Differenzierung (siehe Kap.5) herleitet, so übernimmt Parsons von Max Weber die Grundvorstellung, dass menschliche Gesellschaft auf Handeln beruht. In diesem Sinne geht der Strukturfunktionalismus Parsons' ebenso vom sozialen Handeln aus. Er bleibt aber nicht dabei stehen, sondern entwickelt daraus ein komplexes Gesellschaftsmodell.

Sein Werk kann in drei Bereiche unterteilt werden:
a) Theorie des sozialen Handelns
b) Theorie sozialer Systeme
c) Theorie der Kommunikationsmedien

Zur Theorie des sozialen Handelns

In seinen Büchern „The Structure of Social Action" (1937) und (gemeinsam mit Shils, 1951) „Toward a Theory of Social Action" entwickelt Parsons die Grundlagen seines Ansatzes des Strukturfunktionalismus. Parsons geht von der Vorstellung einer Handlungsdya-

de (Alter-Ego) aus. Beide Beteiligten stimmen ihre Aktionen aufeinander ab: Alter berücksichtigt die von ihm vorgestellten Erwartungen von Ego und umgekehrt. Handeln funktioniert, weil es sich
am jeweils anderen Interaktionspartner orientiert. Ego schreibt seinen Handlungen Sinn zu, Alter deutet ihn und reagiert darauf. In
diesem Bereich bleibt Parsons auf der Ebene des Weber'schen
Handlungsbegriffs. In der Folge geht er darüber hinaus. Handeln ist
nicht nur von den Subjekten abhängig, sondern auch von der Situation, in der sie sich befinden. Dieser Situationsbegriff wird im Anschluss an Durkheim und seine Vorstellung von „sozialen Tatsachen" formuliert. Die Handelnden sind in ihrem Handeln zwar einerseits geleitet von ihren eigenen Motiven, aber andererseits auch
davon, wie sie Situationen beurteilen, welche emotionale Bedeutung die Situation für sie hat und ob hier Grenzen und Schranken
für ihr Handeln bestehen. Die Handelnden versuchen also sich
nicht nur über ihre eigenen Motive klar zu werden, sondern auch
möglichst genau und objektiv die Situation zu analysieren, zu klären, welche emotionale Bedeutung diese Situation hat und wie sie
zu bewerten ist. Diese Bewertung sagt den Handelnden, was sie in
einer Situation tun dürfen und was nicht. Dabei haben die Handelnden verschiedene Möglichkeiten zu entscheiden. Sie handeln
nach bestimmten Mustern, die Parsons als _„pattern variables"_ vor-
stellt:
Bei Handlungen werden Entscheidungen zwischen folgenden Alter-
nativen getroffen:
1. Selbstinteresse – Kollektivinteresse
2. Universalismus – Partikularismus
3. Spezifität – Diffusität
4. Affektivität – affektive Neutralität
5. Zuweisung – Leistungsorientierung

Die ersten beiden Paare stellen die kognitive Ebene dar, die zweiten
beiden die emotionale. Die fünfte Verhaltensalternative wird im
parsonsschen Werk nicht immer herangezogen. Die Handlungsalternativen sollen umfassend soziales Handeln beschreiben. Obwohl
sie zentral in der frühen Theorie Parsons sind, haben sie sich nicht
in der weiteren Entwicklung der Theorie etabliert, weshalb wir nur
kurz auf sie eingehen.

Die erste Handlungsalternative bezieht sich auf utilitaristisches Gedankengut. Wir können entscheiden, ob wir in einer Handlung vor allem den eigenen Vorteil sehen und erreichen wollen oder den einer sozialen Gruppe oder Gemeinschaft.

Die zweite Unterscheidung betrifft folgende Analyse der Situation: Betrachten wir eine Handlung als besonderen oder als allgemeinen Fall? Wird zum Beispiel eine konkrete Interaktion mit einem Arzt, einem Familienangehörigen, einem Berufskollegen nach der besonderen Person, die in der Situation gegenübersteht beurteilt, oder orientieren sich die Handelnden mehr nach der Zugehörigkeit der Personen zu allgemeinen Kategorien: als Mediziner, Angehöriger des Verwandtschaftsnetzwerks und so weiter? Als Universalismus können wir zum Beispiel das Verhalten gegenüber Alten, Frauen oder Kindern bezeichnen. Als Partikularismus das gegenüber den eigenen Großeltern, der eigenen Frau, den eigenen Kindern.

Die dritte Alternative verweist darauf, dass es einerseits sehr spezifische definierte Sozialbeziehungen gibt, deren Funktion eindeutig ist, andererseits solche, die wesentlich weniger spezifiziert sind. So ist zum Beispiel das Verhältnis Arzt-Patient ein spezifisches: Der Arzt ist an der Heilung des Patienten interessiert, nicht an ihm persönlich. Freundschaftsbeziehungen sind demgegenüber diffus, da alles mögliche innerhalb dieser Beziehung thematisiert werden kann, es ist nicht so klar vorgegeben, was dazugehört.

Die vierte Dimension verweist nun eindeutig auf die emotionale Ebene. Es gibt Beziehungen, in denen Gefühle konstitutiv sind, zum Beispiel Liebesbeziehungen, und andere, in denen sie eigentlich nichts verloren haben, wie die Beziehung des Verkäufers zum Kunden, die rein geschäftlich sein sollte.

Die fünfte Dimension fügt Parsons erst später hinzu. Sie soll helfen zu unterscheiden, ob man auf Grund von vorgegebenen Normen, Regeln, Anweisungen handelt (Zuweisung) oder ob ein gehöriger Anteil an Eigeninitiative, unternehmerischem Handeln (Leistungsorientierung) in der Beziehung steckt.

Diese Handlungsalternativen sollten erlauben, alle gesellschaftlichen Beziehungen in diesen Polaritäten zu klassifizieren. Sie überschneiden sich natürlich empirisch. So kann auch ein Verkäufer (affektiv neutral, spezifisch) durchaus sympathisch (affektuell, diffus) erscheinen usw.

Übung: Versuchen Sie verschiedene Handlungen oder Situationen mit Hilfe dieser Kategorien zu beschreiben, zum Beispiel: Partnerbeziehung, Beziehung zu Kollegen, Geschäftsbeziehungen, Freundesbeziehungen, Beziehungen im Sportverein. Wie gut gelingt das?

Parsons bleibt nicht bei einer Theorie des Handelns stehen. Er versucht ein komplexes, für alle Zeiten gültiges Modell von Gesellschaft aufzustellen, er entwickelt die Vorstellung, dass sich soziale Handlungen zu einem System zusammenschließen lassen. Dies führt uns zu seiner Systemtheorie.

Systeme

Aus den Handlungen der einzelnen entsteht Gesellschaft. *Gesellschaft wird vorgestellt als umfassendes Handlungssystem,* wobei dieses System in Subsysteme zerfällt, die bestimmte Strukturelemente besitzen und bestimmte Funktionen erfüllen (= Struktur-funktionalismus).

Die folgende Übersicht gibt seine Vorstellung von Gesellschaft wieder:

Übersicht: Gesellschaft als Handlungssystem

Subsysteme	**Strukturelemente**	**Funktionen (AGIL-Schema)**
Kultursystem	Werte	Strukturerhaltung (latency)
Sozialsystem	Soziale Rolle,	Normen Integration (integration)
Persönlichkeitssystem	Motive	Zielerreichung (goal attainment)
Organismus	Körperbefindlichkeit	Anpassung (adaption)

Wir wollen die einzelnen Systeme und ihre Aufgaben betrachten. Zunächst ist festzuhalten, dass Parsons die Vorstellung entwickelt, dass die gesamte Gesellschaft ein Handlungssystem ist und dass in jeder Handlung nach den Komponenten einzelner Subsysteme gefragt werden kann. Allerdings sei es nicht Aufgabe des Wissenschaftlers, sich umfassend mit allen diesen Systemen auseinander zu setzen. Parsons schlägt in einem Aufsatz aus den fünfziger Jahren vor, dass sich die Anthropologen eher mit dem Kultursystem auseinandersetzen sollten, die Soziologen mit dem Sozialsystem. Ein weitreichender Vorschlag, der unter anderem dafür verantwortlich zeichnete, dass die „Kultursoziologie" lange Zeit aus der Soziologie ausgeblendet war. Mit dem Persönlichkeitssystem beschäftigen sich vor allem die Psychologen, mit dem Organismus die Biologen.

Inhaltlich wichtiger als die wissenschaftliche Arbeitsteilung ist aber die Ordnung von Elementen und Aufgaben, die Parsons diesen Systemen zuschreibt.

Als oberstes – durchaus im hierarchischen Sinne verstandenes – System nennt er das Kultursystem. Dieses ist vor allem durch Werte bestimmt. Bei Parsons herrscht noch die Meinung vor, Gesellschaft werde durch einen Wertekonsens bestimmt bzw. solle bestimmt werden. Dieser Wertkonsens gibt die Orientierungen vor, an die sich die Handelnden halten. Institutionen gehören laut Parsons zum Kultursystem. Diese Wertmuster bestimmen etwa auch die soziale Ungleichheit in der Gesellschaft. Herrscht Geld als Wert vor, dann werden die Unternehmer an der Spitze der Hierarchie stehen, herrscht religiöse Orientierung vor, dann sind die Priester die Ranghöchsten in der Gesellschaft. Institutionen sind, wie wir angeschnitten haben, sehr langandauernd, sehr stabil. Sie sind die Erhalter des Kultursystems. Dementsprechend ordnet auch Parsons dem Kultursystem die Funktion der Latenz, der Erhaltung des gesamtgesellschaftlichen Systems zu.

Gibt es Brüche im Kultursystem, zerfällt also der Wertkonsens, dann zerfällt in der Konsequenz auch das gesamtgesellschaftliche Handlungssystem.

Die Soziologie konzentriert sich im Wesentlichen auf das *Sozialsystem*. Dieses System besteht aus *sozialen Normen* und *sozialen Rollen* als seinen Strukturelementen. Rollen und Normen schaffen Verbindlichkeiten, sie garantieren Erwartbarkeiten. Wenn sich ein Handelnder, eine Handelnde an einer Norm (Verhaltensregel) orientiert, dann ist sein, ihr Verhalten für die anderen nachvollziehbar und berechenbar. Es schafft Vertrauen. Wenn eine Handelnde ihre soziale Rolle als Studentin spielt, so wissen die anderen, was damit verbunden ist: zum Beispiel dass sie zu Lehrveranstaltungen an der Universität geht, Prüfungen ablegt usw. Auch andere könnten ihre Rolle als Studentin einnehmen. Das Vorhandensein einer sozialen Rolle schafft Vorhersagbarkeit des Verhaltens und das bewirkt, dass Handelnde miteinander auskommen. Sie sind lebensnotwendig für das Gesellschaftssystem, da sie unabhängig von persönlichen, individuellen und situationellen Gegebenheiten eine gewisse Kontinuität im Verhalten garantieren. Wir müssen nicht über seine persönliche Biographie Bescheid wissen, wenn wir mit einem neuen Geschäftspartner zusammentreffen, der Professor muss sich nicht bei jeder Lehrveranstaltung vorher mit den einzelnen Teilnehmern intensiv auseinander setzten, um seine Lehrveranstaltung halten zu können, und die Studierenden wissen, was sie vom Vortragenden erwarten können, etwa, dass er ihre Aufgaben beurteilt und Zeugnisse ausstellt. Rolle und Norm als Strukturelemente erfüllen die Funktion (Aufgabe) der Integration. Sie sind aufeinander abgestimmt, ausdifferenziert in verschiedene Teilsysteme (Rollen im Erziehungsbereich, im Arbeitsbereich usw.) und geben so eine umfassende Beschreibung dessen, was in einer Gesellschaft getan werden kann. Ohne ein solches umfassendes Netz von Rollen und Normen müssten wir uns ständig fragen: Wie soll ich mich nun verhalten? Wie mühsam das ist, kann man sich vergegenwärtigen, wenn man sich klar macht, wie unsicher man in ungewohnten Situationen ist.

Für das Persönlichkeitssystem bilden die Motive die konstitutiven Elemente. Sie legen individuell fest, aus welchen Gründen man sich wie verhält, sie verweisen auf das Ziel, das der oder die Handelnde erreichen will. Dementsprechend ist Zielerreichung die wesentliche Funktion dieses Systems. Hier liegt sicherlich eine rationale, durchaus auch an den Weber'schen Handlungsalternativen (siehe Kap. 6.1.1) orientierte Vorstellung zugrunde.

Schließlich beinhaltet das organismische System die Organe, den Körper bzw. die Körperteile und ihre Befindlichkeit als Elemente. Mit einem gelähmten Arm sind bestimmte Dinge möglich, andere nicht. Bei Krankheit, auch nur bei einer Verkühlung, ist das gesamte Handlungssystem beeinträchtigt. Die Aufgabe dieses Systems ist es, sich an die Umwelt anzupassen, zum Beispiel auf Krankheit oder Witterungseinflüsse zu reagieren. Der Körper tendiert dazu, ein möglichst „gesundes" Befinden herzustellen. Hier kommt die Vorstellung des Gleichgewichts, wie wir sie bei Spencer gefunden haben, am deutlichsten zum Ausdruck.

Die Auffassung der Gesellschaft als Handlungssystem hat Ordnungsfunktion. Sie erlaubt uns, verschiedene Ereignisse in der Wirklichkeit Systemen zuzuordnen und ihre Aufgaben zu bestimmen.

Der Parsons-Schüler Robert Merton entwickelte diese Theorie weiter und verfeinerte in vielen Werken den Strukturfunktionalismus. Er traf die Unterscheidung zwischen manifesten und latenten Funktionen. Manifeste Funktionen sind die offensichtlichen Aufgaben und Ziele, die Systeme haben. Daneben sieht Merton aber auch „heimliche", verdeckte Aufgaben – Aufgaben, die sozusagen zwischen den Zeilen stehen. Diese bezeichnete Merton als latente Funktionen. Die Unterscheidung zwischen manifest und latent wird vor allem bei der Inhaltsanalyse bedeutsam. Kann man nur den manifesten Inhalt einer Kommunikation messen – also sozusagen, das, was gesagt wurde – oder ist auch der latente Inhalt – das, was eigentlich gemeint wurde – der Analyse zugänglich? Im Wesentlichen unterscheiden sich danach quantitative Sozialforscher, die nur den manifesten, und qualitative, die auch den latenten Inhalt analysieren wollen.

Übung: Versuchen Sie irgendeine Situation – die, in der Sie gerade dieses Buch lesen, oder das gestrige Zusammensein mit Freunden – nach diesen Handlungssubsystemen zu analysieren. Nehmen sie sich dafür zumindest eine halbe Stunde Zeit. Sie werden merken, wie vielfältig „Gesellschaft" auf diese Situation einwirkt, ohne dass sich die Beteiligten das lange überlegt haben. Was würde geschehen, wenn einige der Elemente nicht vorhanden gewesen wären oder in modifizierter Form? Gibt es unbedingt notwendige Elemente, andere weniger notwendige? Wie weit haben die beteiligten Personen (Sie selbst) die Elemente verändert. Das alles zu analysieren ist Aufgabe der Soziologie.

Theorie der Kommunikationsmedien

Die letzte Stufe in der Theorie von Parsons ist die Entwicklung einer Theorie von Steuerungsmedien für Interaktionen. Sie ist nicht mehr sehr elaboriert weiterentwickelt worden. Habermas glaubt, dass es neben dem trivialen Grund des plötzlichen Todes von Parsons auch daran liegen könnte, dass sie zu allgemein ist und eine universelle Theorie von Steuerungsmedien nicht erstellt werden kann. Sie ist aber ein zentraler Punkt, den Luhmann in seiner Systemtheorie aufnimmt und weiterverfolgt (siehe weiter unten).

Parsons versuchte Prinzipien des Wirtschaftssystems in seine Gesellschaftstheorie zu integrieren. Die Wirtschaftstheorie kann sehr gut die Phänomene des Austauschs – etwa zwischen Arbeitskraft und Konsumgütern – beschreiben. Im Wesentlichen drehen sich diese Kommunikationen um das Geld. Strukturell ist Geld das Steuerungsmedium der Wirtschaft. Hier gibt es klar definierte Strukturen, die durch Geld beherrscht sind: Rentabilität, Nutzen, Gebrauchswert. Parsons fragte sich, ob dies auch auf andere Teilsysteme übertragbar wäre, zum Beispiel auf die Politik, der er sich im nächsten Schritt zuwandte. Für sie definierte er als Steuerungsmedium Macht, von dem er annahm, dass es strukturelle Analogien mit Geld aufweist. Es ist allerdings hier schon wesentlich schwieriger, klare strukturelle Gegebenheiten zu beschreiben. So könnte man sagen, dass das, was Nutzen im Wirtschaftssystem ist, Effektivität im politischen System darstellt. Dies ist aber viel schwieriger zu messen.

Noch schwieriger wird es bei den weiteren Steuerungsmedien. Im System der sozialen Integration nennt Parsons „Einfluss" als Steuerungsmedium, im System der Werterhaltung das Medium Wertbindung. Strukturelle Äquivalente zur Kategorie des Nutzens wären sodann Loyalität und Integrität, wiederum sehr allgemeine und wenig klare Begriffe.

Habermas zeigt auf, dass vor allem im Bereich von Einfluss und Wertbindung soziale Institutionen fehlen, die sehr wohl im Bereich Politik (zum Beispiel Regierung, Parlament) oder Wirtschaft (Unternehmen) vorhanden sind. Sie sind also viel weniger abgesichert und dadurch auch weniger expansiv. Man kann sich sozusagen weniger auf sie verlassen. Habermas ordnet diese in seiner Theorie des kommunikativen Handelns der Lebenswelt zu, die beiden ersten dem „System" (Habermas 1981, Bd. 2 Kap. III).

Mit der Theorie der Kommunikationsmedien hat Parsons einen wichtigen Schritt zur Entwicklung einer allgemeinen Systemtheorie unternommen, wie sie später bei Luhmann weiterentwickelt wird.

Neben dieser Weiterentwicklung zur Systemtheorie, in die der Strukturfunktionalismus einzumünden schien, hat sich in den achtziger Jahren um Jeffrey Alexander ein Ansatz entwickelt, der direkter auf den Strukturfunktionalismus von Parsons Bezug nimmt und als Neofunktionalismus bezeichnet wird.

4.2 Neofunktionalismus

Jeffrey Alexander versucht vor allem gegenüber der Systemtheorie und den deutschen Weiterentwicklungen, etwa durch Habermas, den Funktionalismus wieder zu beleben. In einem vierbändigen Werk (Alexander 1982/83) Anfang der achtziger Jahre arbeitet er die soziologische Tradition auf und entwickelt das Gesellschaftsmodell des Neofunktionalismus.

Zentral sind für ihn wie für Parsons die Begriffe des Handelns und des Systems. Er ordnet diese Begriffe um zwei Analyseebenen, die sich in der damaligen Diskussion in der Soziologie gegenüberstanden: Makro- und Mikroebene. Auf der Makroebene werden gesamtgesellschaftliche Prozesse und Strukturen analysiert, die Mikroebene beschäftigt sich vor allem mit sozialen Interaktionen. Alexander hält, wie die meisten Autoren in der Folge (z. B. Collins 1981), diese Trennung für unglücklich. Zumindest will er keine scharfe Grenze zwischen den beiden Bereichen ziehen, sie hat – wenn überhaupt – rein heuristischen Wert und hilft in der theoretischen Analyse Phänomene zuzuordnen und Unterscheidungen zu treffen. In der Wirklichkeit greifen Makro- und Mikroebene ständig ineinander. Die Makroebene hat Einfluss auf die Mikroebene und umgekehrt, menschliche Interaktionen erzeugen Strukturen, die wiederum bestimmte Handlungen begünstigen. Um begrifflich zu trennen, ordnet Alexander die Systemebene der Makroanalyse, das soziale Handeln der Mikroebene zu. Ihren Zusammenhang stellt er so dar: Soziales Handeln produziert das System, das wiederum soziales Handeln als Resultat hat.

Soziales Handeln besteht im Wesentlichen aus zwei Ebenen, die im Handeln gleichzeitig wirksam werden: aus der Ebene der Interpretation und jener der Strategisierung. Interpretation besteht wiederum aus zwei Prozessen: dem der Typisierung und dem der Erfindung. Diese Unterscheidung ist wichtig, da sie einerseits besagt, dass wir nach vorgefertigten Mustern handeln (Typisierung), andererseits aber auch eingesteht, dass Gestaltungsmöglichkeiten gegeben sind (Erfindung). Wir verstehen Handlungen, weil wir sie als typisch begreifen, als kennzeichnend für ein bestimmtes Phänomen, das wir schon kennen. Wir ordnen jede neue Erfahrung dem bereits vorhandenen Erfahrungsschatz zu. Typik erlaubt uns, verkürzt und präzise das Charakteristische an einem Phänomen zu begreifen, ohne auf situationelle Besonderheiten einzugehen. Darunter können eine ganze Menge von Ereignissen im Alltag verstanden werden. Zum Beispiel sind Typisierungen zahlreiche sprachliche Verkürzungen: Zünde den Herd an, sende den Brief ab usw. Niemand versteht darunter, dass der Herd zum Brennen anfangen soll, sondern, dass man eine Herdplatte einschalten oder einen Gasbrenner aufdrehen und anzünden soll. Unter „sende den Brief ab" wird eine Fülle von Handlungen verstanden: Zukleben des Kuverts, Frankieren usw. Natürlich ist auch gemeint, dass der Brief zu einem Adressaten befördert werden soll, der ihn liest. Diese Typisierung ist unabhängig von der Farbe des Kuverts, der Stimmung des Briefträgers oder der Form des Briefkastens. Typisierungen können aber auch gesellschaftlich sein, indem zum Beispiel Personen typisiert werden können, etwa als Angehörige einer bestimmten sozialen Schicht oder einer Subkultur. Wir typisieren auch Gesellschaften, etwa als demokratische, totalitäre, offene oder geschlossene. Ohne Typisierungen kommt soziales Handeln nicht aus. Sie werden von klein an in der Sozialisation vermittelt und sind daher relativ stabil. Im Sozialisationsprozess lernt man vor allem, wie man Typisierungen einsetzt. Diese Typisierungen werden auch ins spätere Leben mitgenommen und können Berufe charakterisieren: Man ist Arzt, wie Jeffrey Alexander schreibt, wenn man die Welt ärztlich typisiert, Soziologe, wenn man sie soziologisch typisiert, Frau oder Mann, wenn man sie geschlechtsspezifisch typisiert usw. Typisierungen werden aber auch durch Interaktionen erzeugt, dadurch, dass zwei oder mehrere Menschen miteinander reden und handeln. In

Interaktionsprozessen entstehen bestimmte Typisierungen, die dann für die an dem Prozess Beteiligten charakteristisch werden. Der Gruppenjargon ist etwa eine im Interaktionsprozess entstandene Typisierung. Typisierungen sind also auch Teile des Interaktionsprozesses.

Wenn wir typisieren, dann ordnen wir nicht nur etwas einer Kategorie zu, sondern es kommt immer auch ein innovatives Element ins Spiel. Die Realität ist nämlich widerspenstig, sie verweigert sich oft der klaren Zuordnung. Das zeigen folgende Beispiele. Die Kleidung, aufgrund derer ich einen Menschen einem bestimmten sozialen Milieu zuordnen wollte, stimmt fast, nur das Halstuch passt irgendwie nicht. Nicht alle Frauen verhalten sich weiblich, nicht alle Männer immer männlich. Man kann sich in einem fremden Land unsicher sein, wie das mit den Postkästen ist. Darf ich einen Brief in jeden Postkasten werfen, oder nur in solche mit bestimmter Aufschrift? Typisierungen werden also immer leicht modifiziert, es wird Neues dazu erfunden. Dies ist die zweite Ebene des sozialen Handelns, das neben der Interpretation auch die „Erfindung" beinhaltet. Obwohl in den meisten Fällen die Interpretation ausreicht, ist unser Wissen von der Welt nicht starr, sondern kann – meist eher geringfügigen – Modifikationen unterliegen. Wir erfinden etwas hinzu.

Neben diesem Prozess der Interpretation und des Verstehens und Zuordnens ist es aber auch notwendig einen zweiten Prozess im Handeln zu unterscheiden, nämlich den der Strategisierung. Handeln heißt nämlich auch, seine Interessen und Motivationen durchzusetzen und Welt absichtlich zu formen. Im Prozess der Strategisierung gibt es die Kosten-Nutzen-Kalkulation. Wir wägen die Mittel ab, die zur Erreichung eines Zieles nötig sind.

Beide Aspekte, Interpretation und Strategisierung, sind im Handeln verbunden und treten immer gleichzeitig auf. Sie verschmelzen im konkreten Handeln und sind nicht als zwei unterschiedliche Aspekte zu erkennen.

Dieses soziale Handeln (als Resultat des Systems) produziert das System. Das System ist also wie bei Parsons ein Handlungssystem und gliedert sich für Alexander in drei Subsysteme: Kultur, Gesellschaft und Persönlichkeit. Auch diese drei Systeme sind gleichzeitig vorhanden und wirken nicht in einer Abfolge. Im Kultursystem sind die Symbole, der den Objekten innewohnende Sinn, angeordnet. Sie dienen dazu, Realität zu konstruieren und zu bewerten. Damit sind für Alexander statische und dynamische Elemente beinhaltet. In der Konstruktion von Realität werden Objekte – das können auch Menschen sein – klassifiziert. Ein Klassifikationsystem ist statisch. Sie werden aber auch bewertet und mit jeder Bewertung rekonstruiert. Dies ist der dynamische Aspekt des Kultursystems, der mit dem Erfinden im Handlungssystem verbunden ist.

Es ist meiner Meinung nach eines der wesentlichsten Charakteristika des Funktionalismus, dass es hier auch um Bewertungen geht. Bewertung ist etwas Subjektives, wenn sie auch mit anderen geteilt werden kann. Sie ist also personengebunden. Andererseits verweist dieser Aspekt ebenfalls darauf, dass es Werte geben *muss.* Werte sind Bestandteil der gesellschaftlichen Wirklichkeit, die ohne sie nicht funktionieren kann. Manchmal hat man den Eindruck, dass in der Systemtheorie versucht wird Werte und Bewertung möglichst auszuschalten, das heißt, Phänomene ohne den Rückgriff auf Werte, sondern ausschließlich aus Prozessen und Strukturen zu erklären. Werte werden weniger unter dem Aspekt einer persönlichen Einschätzung als unter dem Aspekt einer moralischen Kommunikation gesehen. Im Neofunktionalismus spielen sie als dynamisches Element im Kultursystem eine wesentliche Rolle.

Diese Subjektbezogenheit im Neofunktionalismus wird noch stärker, wenn wir uns auf das Persönlichkeitssystem konzentrieren. Diesem ordnet Alexander Emotionen zu. Wenn wir uns wieder vergegenwärtigen, was wir anfänglich gesagt haben, nämlich dass alle Systeme gleichzeitig wirken, so sind in jeder Situation und in jeder Handlung auch Emotionen vorhanden. Ohne Emotionen funktioniert Gesellschaft nicht. Bei einer neofunktionalistischen Analyse von Handlungen sind also immer auch die Emotionen zu berücksichtigen.

Schließlich entspricht Gesellschaft dem Sozialsystem bei Parsons. Gesellschaft besteht aus Gegenständen, materiellen Objekten und natürlich vor allem aus Menschen. Das Zusammenleben der Menschen wird im Subsystem Gesellschaft durch soziale Rollen und Normen geregelt. Gesellschaft zeichnet sich durch Arbeitsteilung und der damit verbundenen sozialen Ungleichheit aus.

Zusammenfassung

Alexander entwirft ein komplexes Modell der Gesellschaft, das im Wesentlichen an dem Strukturfunktionalismus angelehnt ist, aber auch Mikrotheorien wie die phänomenologische Soziologie rekonstruiert.

Mikro- und Makroebene sind seiner Meinung nach nicht empirisch trennbar, sie sind keine eigenständigen Gegenstandsbereiche, sondern fallen im Handeln zusammen. In der theoretischen Diskussion ist es nützlich, sie zu unterscheiden. Der Mikroebene wird das soziale Handeln zugeordnet, das, bestehend aus gleichzeitigem Verstehen und Kosten-Nutzen-Überlegungen, System produziert. System wiederum besteht aus Subsystemen (Kultur, Gesellschaft, Persönlichkeit), die gesellschaftliche Klassifikationen beinhalten, aber ebenso Bewertungen für diese und Emotionen der Gesellschaftsmitglieder. Das Konglomerat dieser Bewertungen, Strukturen, Klassifikationen und Emotionen ist wiederum soziales Handeln, das unter diesen systemischen Rahmenbedingungen stattfindet, aber diese auch modifiziert und neu erzeugt. System und Handeln fallen in der tatsächlich ausgeführten Interaktion zusammen. Was geschieht, ist kontingentes Handeln. Der Begriff Kontingenz weist darauf hin, dass konkretes Handeln immer ein mögliches, aber kein naturnotwendiges ist. Bedenkt man die Fülle der Elemente und Prozesse, die ins Handeln einfließen, kann man sich zwei Dinge vorstellen: einerseits, dass es nicht unendliche Möglichkeiten für das Handeln gibt, denn diese werden zum Beispiel durch systemische Elemente (etwa Klassifikationen, Emotionen) gefiltert, andererseits, dass es mehrere Möglichkeiten gibt, das heißt, dass das jeweilige Handeln ein mögliches unter verschiedenen möglichen ist. Durch das Zusammenwirken von System und Handeln entsteht kontingentes Handeln.

4.3 Beispiel: Jeffrey Alexanders Beschreibung der Civil Society

Ein Thema in der neueren Diskussion der politischen Soziologie ist das Konzept der Civil Society, der Zivilgesellschaft. Diese Diskussion kann in Zusammenhang mit angeblicher Politikverdrossenheit, dem Rückzug der Menschen in die Privatsphäre und der geringer werdenden Teilnahme am öffentlichen Leben gesetzt werden. Außerdem eignet sich dieses Konzept dazu, den Unterschied zwischen westlichen demokratischen Gesellschaften und autoritären Staaten zu thematisieren. Civil Society wird in einer offenen demokratischen Gesellschaft umgesetzt, in der die Bürger am öffentlichen Leben teilnehmen.

Alexander kritisiert zunächst eine rein formale Definition von Demokratie, die im Wesentlichen auf die Art und Weise der Verteilung von Macht eingeht. Im Zentrum dieser formalen Abgrenzung steht die Frage, wie Eliten konkurrenzieren und sich rekrutieren. Die formale Definition vernachlässigt aber die Frage, welche Gefühle, welche Wahrnehmung und moralische Bewertung die Bürger dieser Demokratie entgegenbringen. Macht ist nämlich nicht nur Struktur, sondern beinhaltet auch einen symbolischen Code. Alexander bringt neben der Ebene des Gesellschaftssystems (formale Strukturen) die kulturelle Ebene (symbolischer Code, Bewertung) und die Persönlichkeitsebene (Gefühl) in die Analyse ein. (Alexander 1993).

Allgemein charakterisiert er Civil Society durch das Prinzip des Universalismus (vgl. Parsons' Handlungsorientierungen weiter oben). Civil Societies seien Bürgergesellschaften und insofern universell, als sie die Zugehörigkeit durch ein abstraktes Kriterium wie das „Bürgersein" definieren. Feudale Gesellschaften waren demgegenüber partikular, weil die Zugehörigkeit zu gesellschaftlichen Gruppen auf Grund von (Bluts-)Verwandtschaft definiert wurde.

In dieser Zugehörigkeit sieht Alexander ein weiteres universelles Kriterium, nämlich das des Gemeinsinns oder des Gemeinschaftsgefühls. Die Mitglieder dieser Gesellschaft fühlen sich ihr zugehörig, zum Beispiel unserer „westlichen, demokratischen" Gesellschaft. Daneben äußert sich aber auch in Zivilgesellschaften die Zugehörigkeit zu kleinen Gemeinschaften in partikularistischer Weise. Allerdings ist dies eher ein Gegenpol zur universalistischen Civil Society.

Für Alexander geht es in seiner Analyse nun darum, den Code der Civil Society zu beschreiben, also Merkmale zu finden, die Unterscheidung ermöglichen. Gemäß seiner Theorie findet er diese Merkmale in drei Bereichen: in den persönlichen Motiven (Emotionen), in den sozialen Beziehungen und in den kulturellen Institutionen, die bestimmte Eigenschaften aufweisen müssen. Zur Trennschärfe verwendet Alexander eine binäre Logik, die erlaubt zugehörig, von nicht zugehörig oder demokratisch von gegendemokratisch zu unterscheiden. Diese Liste kann folgendermaßen dargestellt werden:

Persönlichkeit (Emotionen)	Gesellschaft (Beziehungen)	Kultur (Institutionen)
Aktivität – Passivität	offen – geheim	regelgeleitet – willkürlich
Autonomie – Abhängigkeit	vertrauend – misstrauisch	Gesetz – Macht
Rationalität – Irrationalität	kritisch – unterwürfig	Gleichheit – Hierarchie
Vernünftigkeit – Hysterie	ehrenhaft – selbstinteressiert	Einschluss – Ausschluss
Gelassenheit – Aufgeregtheit	gewissenhaft – gewissenlos	unpersönlich – personenbezogen
Selbstkontrolle – Leidenschaftlichkeit	ehrlich – betrügerisch	vertraglich – (zugeschriebene) Loyalität
realistisch – unrealistisch	unbekümmert – kalkulierend	soziale Gruppen – Parteigruppen
normal – verrückt	abwägend – verschwörend	Amt, Aufgabe – Persönlichkeit
	Freund – Feind	

Diese Tabelle kann so gelesen werden: Die Civil Society braucht einen aktiven, autonomen, rationalen, gelassenen … Menschen, offene, auf Vertrauen beruhende, abwägende … Sozialbeziehungen, mit Institutionen, die auf Gesetz beruhen, einschließend und unpersönlich agieren usw.

Natürlich gibt es demnach keine „reinen" Zivilgesellschaften. Insbesondere bedingt ein Code immer auch seinen Gegensatz. Für Jeffrey Alexander ist dies im Diskurs der Freiheit allgemein zusammengefasst, der in einer Zivilgesellschaft herrschen soll, der aber gleichzeitig einen Diskurs der Unterdrückung notwendig macht. Das heißt: Einerseits muss in einer Zivilgesellschaft Freiheit der Meinung, der Entscheidungen, auch des Handelns herrschen, andererseits müssen aber zum Beispiel extreme, terroristische Gruppen, die die Zivilgesellschaft bedrohen, unterdrückt werden. Um Jeffrey Alexander hier abschließend zu zitieren: „the discourse of repression is inherent in the discourse of liberty." (Alexander 1993, S. 300).

5 Systemtheorie sensu Luhmann

Wolfgang Dür

5.1 Zur Eigenart der Systemtheorie

Systemtheorie ist ein vergleichsweise junges Produkt des Wissenschaftssystems der modernen Gesellschaft. Sie tauchte erstmals in den 30er Jahren des 20. Jahrhunderts in der Biologie auf und entwickelte sich rasch zu einem der komplexesten, faszinierendsten und mittlerweile wohl auch erfolgreichsten Theoriegebäude der Gegenwart.

Im Zuge dieser Entwicklung hat die Systemtheorie Grenzen und Beschränkungen einzelner Wissenschaftsdisziplinen überschritten und hinter sich gelassen, insbesondere die klassische Differenz zwischen Natur- und Sozialwissenschaften. Sie hat sich dabei von verschiedenen Disziplinen inspirieren lassen, vor allem von der Biologie, der Neurophysiologie und der Kybernetik, und ist zu einem interdisziplinären Paradigma avanciert, welches in allen Disziplinen zur Reformulierung von Wissensbeständen und Theorien herangezogen wird. Man spricht in diesem Sinn von einer Allgemeinen Systemtheorie (General System Theory), die, um der Unterschiedlichkeit der von ihr beschriebenen Phänomene gerecht zu werden, auf einem entsprechend hohen Abstraktionsniveau angesiedelt sein muss. Insbesondere Luhmanns Adaptation der Systemtheorie für die Soziologie greift neben den genannten noch eine Reihe weiterer Theorien und Erkenntnisse verschiedener Disziplinen auf, darunter Organisationstheorie, Attributionstheorie, Konflikttheorie, Kommunikationstheorie, Differenzentheorie, Evolutionstheorie und vor allem die Kognitionstheorie des radikalen Konstruktivismus („second order cybernetics", vgl. Foerster 1985).

Systemtheorie ist in diesem Sinne ein wissenschaftliches Großunternehmen, und Niklas Luhmann legt Wert auf die Feststellung, dass es sich dabei um eine „Supertheorie" handelt, und zwar, wie er schreibt, um „eine besonders eindrucksvolle" (Luhmann 1984, S. 19). Mit diesem Terminus wird Systemtheorie zunächst gegen Theorieangebote abgegrenzt, die ihrem eigenen Anspruch nach nur bestimmte, zumeist äußerst eingeschränkte Ausschnitte der Welt beschreiben und erklären wollen. Dazu zählen etwa die von Robert K. Merton als „Theorien mittlerer Reichweite" apostrophierten Konstrukte der modernen Soziologie und Sozialpsychologie. Demgegenüber ist die Referenz der Systemtheorie, also das, worauf sie sich bezieht, die Welt als solche und insgesamt. Anders gesagt: Systemtheorie erhebt einen uneingeschränkten Universalitätsanspruch.

Damit ist gemeint, dass sich jeder Sachverhalt der Welt – alles, was in der Welt vorkommt – von den Schematismen der Theorie erfassen lassen muss. Es ist damit jedoch nicht gemeint, dass dieses Erfassen der Welt das einzig mögliche in der Welt sei. Vom Universalitäts- ist daher ein Totalitätsanspruch zu unterscheiden, den eine Theorie erheben würde, die alternative Beschreibungen der Welt und alternative Erklärungsangebote ausschließen müsste, weil ein absoluter Wahrheitsanspruch zu ihren Konstitutionsbedingungen gehörte. Für die Systemtheorie sind konkurrierende Supertheorien hingegen durchaus denkbar, sie müssen jedoch, um als Konkurrenz ernst genommen zu werden, denselben Standards und Ansprüchen an Universalität genügen wie sie selbst, und das heißt insbesondere eines: Da die Theorie selber ein Teil der Welt ist, die sie zu erklären versucht, muss sie sich selbst mit erklären können – oder sie erreicht die Intention der Welthaltigkeit nicht.

Eine Supertheorie ist daher nicht einfach auf etwas außerhalb ihrer selbst bezogen, auf einen Gegenstand, der ihr als Objekt gegenübersteht, sondern sie gehört ihrem Gegenstandsbereich selber an und muss sich daher, logisch gesehen, auf sich selbst anwenden lassen. Eine Theorie beispielsweise, die soziale Tatbestände aus der Differenz zwischen Frauen und Männern erklärt, müsste, wollte sie dieser Anforderung an eine Supertheorie entsprechen, sich selbst als Produkt dieser Differenz beschreiben können, ohne dadurch in Unentscheidbarkeiten á la Gödel zu geraten (vgl. Hofstadter 1985; Luhmann 1988; für die Schwierigkeiten der Täter/Opfer-Zurechnungen innerhalb der feministischen Theorie vgl. Thürmer-Rohr 1989; für eine feministische Auseinandersetzung mit Systemtheorie vgl. zum Beispiel Pasero 1994).

Eine solche Selbstanwendung ist aber nur möglich, wenn die logischen Operatoren der Theorie Zirkularität – in Form von Paradoxien und Tautologien – nicht nur nicht ausschließen, sondern diese geradezu als Motor der Theorieentfaltung akzeptieren und nutzen. Genau das tut die moderne Systemtheorie und bricht damit natürlich mit der gesamten Denk- und Wissenschaftstradition des Abendlandes.

Ein solcher Bruch hat sich jedoch in verschiedenen Bereichen der modernen Wissenschaft in der zweiten Hälfte des 20. Jahrhunderts gewissermaßen abgezeichnet. Konstitutiv für diesen Bruch ist die Entdeckung des Beobachters, also die wissenschaftliche Erkenntnis, dass auch die wissenschaftliche Erkenntnis beobachterrelativ ist, wodurch eine (fast apriorische) Perspektivität zu akzeptieren ist, die weder phänomenologisch noch intersubjektiv noch wertneutral vermittelt werden kann (vgl. Baecker 1993). Wie es sich für ein solches Theorem gehört, so könnte man sagen, wurde es von verschiedenen Beobachtern in deren jeweiligen wissenschaftlichen und/oder philosophischen Kontexten mehr oder weniger gleichzeitig entdeckt, aufgegriffen und bearbeitet.

Spätestens seit Heisenberg ist die Rolle des Beobachters in der Physik ein Thema, da gezeigt werden kann, dass der Beobachter beziehungsweise experimentelle Anordnungen die Wirklichkeit, die sie beobachten, verändern (vgl. Heisenberg 1986). In den Geistes- und Human/Sozialwissenschaften taucht die Problematisierung des Beobachters in Motiven des Poststrukturalismus nach 1968 und insbesondere in der Kritik der Subjektphilosophie auf (zum Beispiel Deleuze/Guattari 1974, Derrida 1976, Foucault 1988). Auf ähnliche Weise ist das transzendentale Subjekt durch sozialwissenschaftliche und philosophische Neuorientierungen in der Tradition der Sprachphilosophie und der Linguistik verloren gegangen (Gadamer 1965, Habermas 1982, vor allem Kapitel II). Auch die unter dem Etikett des „New Age" zusammenlaufenden Diskussionen und Bewegungen der achtziger Jahre bearbeiten auf ihre Weise den Topos des Beobachters, indem sie die Bedingungen und Formen der gesellschaftlichen Wissensproduktion unter dem Gesichtspunkt der Einheit von Geist und Natur beziehungsweise unter dem Gesichtspunkt der Ganzheitlichkeit behandeln (zum Beispiel Bateson 1984, Capra 1986). Mutatis mutandis gilt Ähnliches für die Debatte und die Theorie der Postmoderne beziehungsweise des Postmodernismus, die allerdings nicht die Einheit, sondern die uneinholbare Vielheit und Differenziertheit der Welt betont, indem sie das Ende der „großen Erzählungen" proklamiert und an deren Stelle eine Vielzahl partikularer Perspektiven treten sieht (zum Beispiel Lyotard 1986). Gerade an diesen Theorien wird deutlich, wie sehr die Entdeckung des Beobachters im 20. Jahrhundert das „alteuropäische" (Luhmann) Weltbild verändert: Für die moderne Gesellschaft ist die Welt nicht mehr ein Ganzes, das sich aus Teilen zusammensetzt und das aus diesen Teilen erklärt – auf sie „dekomponiert" – werden kann. Und auch die Figur, wonach das Ganze mehr sei als die Summe seiner Teile im Sinne eines metaphysischen Surplus, befriedigt nicht mehr, da in dieser Vorstellung keine Anweisung enthalten ist, wie man das Ganze auf der unserer Wahrnehmung einzig zugänglichen Ebene der Teile finden, beschreiben und erklären kann (vgl. Luhmann 1984, S. 20). An die Stelle des Teil/Ganzes-Paradigma treten daher zunehmend Vorstellungen, die die Welt als Geflecht aus Relationen interpretieren. Von besonderer Bedeutung in diesem Zusammenhang sind die Arbeiten des in Wien geborenen Kybernetikers Heinz von Foerster, dessen radikaler Konstruktivismus in Luhmanns Konzeption der Systemtheorie Eingang gefunden hat (vgl. Foerster 1985).

Systemtheorie ist demzufolge nicht einfach eine theoretische Beschreibung oder ein Modell einer an sich ganz anders gearteten (nämlich nicht „theoretischen", sondern „konkreten") Wirklichkeit, sondern ein Konstrukt, das ähnliche oder die gleichen Merkmale aufweist wie andere Konstrukte, die den Gegenstandsbereich der Systemtheorie darstellen, anders gesagt: wie die Systeme, die sie beschreibt. Präzise müsste man sagen: die Beschreibungen, die die Systemtheorie von Systemen in ihrer Umwelt, also auch von der Gesellschaft, erzeugt, weisen die gleichen Merkmale auf wie die Beschreibungen, die die Systemtheorie von sich selbst erzeugt.

Auf die Herausforderungen, eine Theorie zu konzipieren, die in diesem Sinne auf der Höhe ihrer Zeit ist, reagiert Luhmann mit einer extrem anspruchsvollen Theoriearchitektur, wie er es nennt, und einer eigenwilligen, für Einsteiger nur schwer verständlichen Theoriesprache. Das macht die Aufgabe einer einführenden Darstellung der Theorie nicht einfacher. Hinzu kommt, dass Luhmann, der seine Theorie stückweise in einer schier unfassbaren Menge an Publikationen ausgebreitet hat, sein Werk einer Theorie der modernen Gesellschaft nicht ganz abgeschlossen hatte. Aber es können hier ohnedies nur Bruchstücke aus dem umfangreichen Œuvre angeboten werden. Wegen der Ungewöhnlichkeit der Luhmann'schen Systemtheorie werden im folgenden stärker die abstrakten und allgemein-theoretischen Aspekte behandelt, während die konkreteren Analysen der modernen Gesellschaft vernachlässigt werden. Doch diese Einführung will vor allem zum Lesen Luhmanns ermuntern und, sofern das notwendig sein sollte, Mut machen.

5.2   Was ist ein System?

Der Begriff in seiner heutigen Bedeutung hat eine relativ kurze Geschichte. Ludwig von Bertalanffy, ein Zoophysiologe, führt ihn in die Biologie ein als Reaktion auf die Schwierigkeit, mit dem Paradigma der klassischen Naturwissenschaften das Faktum des Lebens, immerhin der eigentliche Gegenstand der *Bio*logie, angemessen beschreiben und verstehen zu können. Bertalanffy richtet erstmals den Blick von den einzelnen, methodisch isolierbaren Elementen einer Entität (zum Beispiel eines Organismus) auf die Relationen, die zwischen diesen Elementen bestehen. Er definiert Systeme in diesem Sinn als die *Gesamtheit der wechselseitigen Relationen zwischen Elementen einer Ganzheit*. Damit wird zugleich gesagt, dass, um von einem System sprechen zu können, eine Grenze vorhanden sein muss, die eine eindeutige Zuordnung ermöglicht in Hinblick auf die Zugehörigkeit von Elementen und Relationen zu dieser Ganzheit – was also zu diesem System gehört und was in seine Umwelt. Diese Grenze ist nichts weiter als die Differenz zwischen dem System und seiner Umwelt. Die System/Umwelt-Differenz steht somit am Ausgangspunkt der Systemtheorie und vollzieht auf diese Weise die

Ablösung vom Teil/Ganzes-Paradigma beziehungsweise die Umstellung von Identität (hegelianisch: von Identität und Nicht-Identität) auf Differenz (zwischen System und Umwelt).

Zentral bei Bertalanffy ist der Begriff der Wechselwirkung: Erst die *reziproke* Bezugnahme der Elemente aufeinander, erst Bezug und Rückbezug – Feedback, um den geläufigen Terminus von Norbert Wiener zu verwenden – erfüllen den Tatbestand eines Systems. Die Beschreibung der Verhältnisse in einem System entzieht sich daher dem Schema der linearen Kausalität (A B), denn für eine vollständige Beschreibung des Systems muss auch der Feedback-Bezug berücksichtigt werden (A B), der jedoch die Ausgangsbedingungen verändert (in diesem Fall A). Die Elemente eines Systems sind daher nicht durch zeitlos, also naturgesetzartig gedachte Kausalbeziehungen miteinander verbunden, sondern sie erzeugen durch die zeitliche Aufeinanderfolge von Wechselbeziehungen eine Homöostase und stellen so wechselseitig für einander die Bedingung ihrer Möglichkeit dar. Für Verhältnisse dieser Art hat Bertalanffy den Begriff der *organisierten Komplexität* geprägt.

Auch die Unterscheidung zwischen *offenen und geschlossenen* Systemen geht auf Bertalanffy zurück und bezeichnet verschiedene Formen des Umweltbezugs von Systemen. Im Gegensatz zu geschlossenen Systemen, die streng genommen gar keinen Umweltbezug aufweisen, stehen offene Systeme in Austauschprozessen mit ihrer Umwelt, das heißt, sie reagieren auf Veränderungen in ihrer Umwelt mit Veränderungen der internen Systemzustände. Die Umstellung von Systemzuständen aufgrund von Umweltereignissen erfolgt jedoch nicht passiv aufgrund eines Kausalmechanismus, sondern als Aktivität des Systems selbst. Im Falle von Systemen, die das in einer eindeutig vorhersagbaren, determinierten Weise tun, spricht Heinz von Foerster von *Trivialmaschinen*. Trivialmaschinen sind vom Format einer *Black Box* (Ranulph Glanville), die zu einem definierten Input (Umweltereignis) einen und immer denselben Output produziert. So zum Beispiel wird ein Heizungsthermostat, der nur die Zustände „einschalten" und „abschalten" kennt, bei jedem Absinken der Zimmertemperatur (Umweltereignis) unter den eingestellten Schwellenwert den Zustand „einschalten" einnehmen, bei jedem Anstieg über den Schwellenwert den Zustand „abschalten".

In einem solchen Fall scheint der Input, das Umweltereignis, das System und dessen Output vollständig zu determinieren. Dass dies jedoch kein adäquates Verständnis des Thermostaten – der Black Box – wäre, kann man daraus ersehen, dass der Thermostat auch kaputt sein könnte – ein Zustand, der in der Newton'schen Welt der Naturgesetze nicht vorgesehen ist. Die Zimmertemperatur mag dann noch so dramatisch abfallen bis zur klirrenden Kälte, der Thermostat wird sich nicht in Position „einschalten" bringen. Es handelt sich dabei nicht nur um ein Gedankenspiel, sondern um eine real höchst folgenreiche Möglichkeit, was durch vielfältige Sicherheitstechnologien und Fehlermeldesysteme in verschiedensten Bereichen belegt wird (die natürlich ihrerseits kaputt gehen können).

Aber auch die ausgeklügeltsten Sicherheits*systeme* nützen nichts, wenn ein System seine internen Zustände aufgrund einer Eigenlogik variantenreich hervorbringen kann, was bedeutet, dass das System für ein und dasselbe Umweltereignis unterschiedliche Zustände annehmen kann. Offene Systeme dieser Art werden unter dem Paradigma der *Selbstorganisation* beschrieben. Selbstorganisierende Systeme sind im Sinne Heinz von Foersters *nicht-triviale Maschinen*, denn sie haben die Tendenz, sich an sich selbst zu orientieren. Das bedeutet, dass sie sich an Phänomenen oder Ereignissen orientieren, die sie selbst hervorgebracht haben, oder anders gesagt: sie schaffen ihre eigenen Ausgangsbedingungen selbst. Mathematisch handelt es sich bei solchen Prozessen um Rekursionen.

Selbstorganisierende Systeme bringen eine innere Ordnung hervor, die zum Maßstab wird für die Auswahl von Zuständen, die das System als Reaktion auf Umweltereignisse ausbildet. Nicht-triviale Maschinen sind daher von außen nicht berechenbar beziehungsweise prognostizierbar. Im Umgang mit nicht-trivialen Maschinen besteht daher die Tendenz, sie zu trivialisieren, das heißt, sie unter äußere Bedingungen zu bringen, die ihren Verhaltensspielraum eingrenzen. Im besonderen Maße gilt das, so Heinz von Foerster, für die ausgezeichnetste nicht-triviale Maschine, nämlich den Menschen selbst. Man denke an Kommunikationen zwischen ungleichen Partnern wie Eltern und Kindern, Lehrern und Schülern oder Ärzten und Patienten, in denen der mächtigere Kommunikationspartner den anderen zu eindeutigen, vorhersagbaren Verhaltensweisen anhalten möchte.

Wenn man den Gedanken der Selbstorganisation radikalisiert, gelangt man zur Vorstellung von Systemen, die nicht nur nach Maßgabe ihrer eigenen, inneren Organisationsweise operieren (= Inputs in Outputs verwandeln), sondern die sich auf der Grundlage dieser Operationsweise selbst hervorbringen. Für diesen Vorgang haben die Neurophysiologen Humberto Maturana und Francisco Varela in den siebziger Jahren den Begriff der *Autopoiesis* geprägt. Der Begriff beinhaltet bereits eine allgemeine Theorie des Lebendigen und heißt so viel wie Selbsterzeugung. Autopoietische Systeme erzeugen die Elemente, aus denen sie bestehen, mit Hilfe der Elemente, aus denen sie bestehen, selber. Der Gegenbegriff wäre Allopoiesis, also Fremderzeugung, was etwa für die uns geläufigen Maschinen gilt. Die Elemente von autopoietischen Systemen sind Relationen, die durch die Aktivität des Systems zueinander in Beziehung gesetzt werden. Es bedarf dazu weiter nichts als einer spezifischen Operationsweise und eines wie immer zufälligen Anstoßes.

Luhmann definiert Autopoiesis folgendermaßen: „Als autopoietisch wollen wir Systeme bezeichnen, die die Elemente, aus denen sie bestehen, durch die Elemente, aus denen sie bestehen, selbst produzieren und reproduzieren. Alles, was solche Systeme als Einheit verwenden, ihre Elemente, ihre Prozesse, ihre Strukturen und sich selbst, wird durch eben solche Einheiten im System erst bestimmt" (Luhmann 1985, S. 403).

Die Vorstellung der Autopoiesis ist grundlegend für die moderne Systemtheorie. Zur Illustration dieser Vorstellung wählen wir das Beispiel der Kommunikation, die in der Luhmann'schen Systemtheorie die basale Operationsweise der Gesellschaft beziehungsweise sozialer Systeme insgesamt darstellt. Demnach bestehen soziale Systeme aus Kommunikation beziehungsweise aus vielen, aneinander anschließenden Kommunikationen. Kommunikationseinheiten, zum Beispiel Sätze, *sind* in diesem Sinn die Elemente, aus denen soziale Systeme bestehen – wir werden auf diese grundlegende Bestimmung der Realität des Sozialen noch genauer eingehen. Was Kommunikation oder eine Kommunikationseinheit ist (was also ein Element sozialer Systeme ist), kann jedoch nur wiederum durch und innerhalb von Kommunikation festgelegt werden. Kommunikation ist für soziale Systeme daher zugleich Element, aus denen diese sich aufbauen, und Operationsmodus, mit dessen

Hilfe immer weitere Elemente in einem selbsttragenden Prozess hervorgebracht werden.

Entscheidend ist der autopoietische Operationsmodus. Alle Lebewesen, beispielsweise, besitzen denselben Operationsmodus, nämlich Leben, aber unterschiedliche Strukturen. Sie unterscheiden sich als Vögel, Amöben, Katzen, Menschen etc. Die Operationsform ist konstant und invariant. Die Struktur, die Relationen zwischen den Elementen, ist veränderbar.

Der Operationsmodus autopoietischer Systeme ist selbstreferenziell, das heißt, das Operieren kann immer nur an sich selber anschließen: Leben an Leben, Bewusstsein an Bewusstsein, Kommunikation an Kommunikation. In diesem Sinn sind autopoietische Systeme operativ geschlossen. Auf der Ebene der Operation lässt sich weder ein Input noch ein Output unterscheiden, lediglich die Operationsweise selbst. Operativ geschlossen heißt auch, dass das System nicht in seiner Umwelt operieren kann, sondern eben nur innerhalb seiner eigenen Grenzen. Man kann, beispielsweise, mit Kommunikation keine spezifischen Ereignisse im menschlichen Immunsystem bewirken, etwa die rasche Beseitigung von Viren. Das Immunsystem kann nur nach Maßgabe des Immunsystems operieren. Das heißt aber nicht, dass die Kommunikation das Immunsystem nicht thematisieren kann oder dass sie nicht irritierbar wäre durch Veränderungen im Immunsystem. Programmatisch – auf der Ebene ihrer Programme – sind autopoietische Systeme offen, das heißt, sie legen die Form des Austausches mit der Umwelt selbst fest. Sie sind geschlossen und offen zugleich, weil Geschlossenheit zur Bedingung der Offenheit wird. Offenheit ohne gleichzeitige Geschlossenheit würde bedeuten, dass das System mit der Umwelt verschmilzt und von ihr nicht mehr unterscheidbar wäre. Autopoietische Systeme sind in diesem Sinn autonom (auf der Ebene ihres Operationsmodus), aber eben nicht autark, nicht unabhängig von der Umwelt und von „Materialzulieferungen" aus der Umwelt.

Luhmann unterscheidet – teils in Übereinstimmung mit, teils in Abweichung von anderen Systemtheoretikern innerhalb und außerhalb der Soziologie (vgl. zum Beispiel Krüll 1987) – verschiedene Formen der Autopoiesis anhand des Operationsmodus, der dieser zugrunde liegt, und entwickelt aus diesen Differenzen sowie aus der Unterscheidung von Allo- und Autopoiesis eine Typologie von Systemen. Wie schon erwähnt, rechnet Luhmann dabei den Maschinen einen eigenständigen Systemstatus zu, woraus folgt, dass sie nicht Teil der Gesellschaft sind, sondern deren Umwelt angehören. Diese radikale Trennung ergibt sich einerseits daraus, dass Maschinen im Allgemeinen nicht kommunizieren, jedenfalls nicht in dem Sinn, der hier für den Aufbau und Fortbestand von sozialen Systemen als konstitutiv unterstellt werden muss. Zum anderen aber, so Luhmann, erscheint die Annahme als ziemlich unsinnig und wäre „theoriebautechnisch" auch störend, dass die Gesellschaft zum Teil aus Kommunikationen bestehe, zum Teil aber aus Eisen und Gummi.

Die autopoietischen Systeme differenziert Luhmann auf der Grundlage ihres basalen Operationsmodus: Für organische Systeme ist dies das Leben, für psychische Systeme das Bewusstsein, für soziale Systeme Kommunikation. Für soziale Systeme unterscheidet er zusätzlich Ebenen der Systembildung, auf denen der basale Operationsmodus mit unterschiedlich starken Beschränkungen operiert. Beschränkungen bedeutet, dass die Kommunikation nur für eine sehr selektive Zahl von Umweltereignissen eigene Systemereignisse ausbilden kann. Schlichter ausgedrückt: Das System kann nicht über alles kommunizieren, was in seiner Umwelt passiert. Deshalb zeigen die Ebenen der Systembildung zugleich Steigerungsstufen an in Hinblick auf die Information, die vom System verarbeitet werden kann. Die diesbezüglich niedrigste Informationsverarbeitungskapazität weisen *Interaktionssysteme* auf, die letztlich nur das kommunikativ verarbeiten können, was die beteiligten Personen in der Situation mit all ihren Restriktionen (vor allem auch an Zeit) wahrnehmen und sprachlich vermitteln können. Eine wesentliche Steigerung demgegenüber stellen *Organisationen* dar, die durch Arbeitsteilung, Kooperation und Koordination die Beschränkungen der einzelnen Personen überwinden. Das (historisch, nicht denkbar) höchste Informationsverarbeitungsniveau wird auf der Ebene von *Funktionssystemen* erreicht. Das Ensemble dieser Systemtypen in ihrer jeweiligen historischen Zusammensetzung bildet die *Gesellschaft*. Es muss hinzugefügt werden, dass die Systemtypen nicht hierarchisch oder summativ ordenbar sind etwa im Sinne einer militärischen Ordnung von Zug – Kompanie – Division, so dass also viele Interaktionssysteme eine Organisation ergäben, viele Organisationen ein Funktionssystem und viele Funktionssysteme eine Gesellschaft. Die Ebenen bezeichnen vielmehr jeweils emergente (siehe unten) Ordnungen von Kommunikationsleistungen.

5.3   Komplexität

Es ist schon darauf hingewiesen worden, dass die Systemtheorie dadurch, dass die System/Umwelt-Differenz an ihrem Anfang steht, einen extrem hohen Umweltbezug aufweist. Das bedeutet, dass das oberste Bezugsproblem eines sozialen Systems (und eben auch der Systemtheorie selbst) die Welt ist. Soziale Systeme beziehen sich auf die Welt, man könnte auch sagen, verarbeiten Welt, und deren wichtigstes Merkmal ist ihre Komplexität. Damit ist gemeint: Die Welt bietet zu jedem Zeitpunkt immer mehr Möglichkeiten an, als tatsächlich realisiert werden können. Streng genommen kann man von Komplexität schon dann sprechen, wenn mindestens zwei Möglichkeiten gegeben sind, aus denen ein System frei wählen kann. Komplexität bezeichnet daher im engeren Sinn den Sachverhalt, dass der Realisierung von etwas eine Reduktionsleistung vorausgehen muss.

Anders ausgedrückt: Die Realisierung einer Möglichkeit setzt immer eine Selektion voraus, eine Auswahl, mit Hilfe derer die Komplexität der Welt reduziert werden kann. Alle Realität, die lebende, psychische und soziale, verdankt sich solchen Selektionsleistungen. Soziale Systeme tun das ihrem Operationsmodus entsprechend auf spezifische Weise und genau darin, die Komplexität der Welt zu reduzieren, liegt die Funktion sozialer Systeme. Sie sind deshalb in funktionaler Hinsicht beschreibbar und analysierbar. Das bedeutet weiters, dass soziale Systeme auf einem *emergenten* Niveau zwischen der Welt und der höchst eingeschränkten Komplexitätsverarbeitungskapazität der einzelnen Menschen stehen, wobei emergent heißt: soziale Systeme beschreiben eine eigene Realitätsebene außerhalb des Bewusstseins der psychischen Systeme. Soziale Systeme können daher Reduktionsleistungen hervorbringen, die dem Einzelbewusstsein nicht zugänglich wären, oder anders gesagt, soziale Systeme können auf der Basis von Kommunikation sehr viel mehr Weltkomplexität in reduzierter Form repräsentieren, als ein einzelnes Bewusstsein wahrnehmen und verarbeiten könnte.

Als Beispiel denke man an die Kommunikation der Massenmedien, die Formen entwickelt haben, mit deren Hilfe es möglich ist, weltumspannend bestimmte Ereignisse zu aktualisieren und für alle Teilnehmer an der Kommunikation, zum Beispiel für alle Fernsehzuseher der Abendnachrichten, mit Relevanz auszustatten, wenn auch nur für einen Augenblick. Es wird niemand bestreiten, dass unser Wissen von der Welt sehr wesentlich auf Informationen beruht, die uns die Massenmedien in dieser und anderer Form täglich verfügbar machen, und dass wir diese Informationen mit einer individuellen Anstrengung gar nicht erarbeiten könnten.

Wenn die Funktion sozialer Systeme in allgemeiner Hinsicht bestimmt wird als Reduktion von Komplexität, so wird damit implizit gesagt, dass die Umwelt immer komplexer ist als ein jeweiliges System. Zwischen Umwelt und System besteht in diesem Sinne immer ein *Komplexitätsgefälle*. Das wiederum heißt, dass die Ordnung eines Systems höher und damit unwahrscheinlicher ist als die seiner Umwelt. Die Systemtheorie analysiert Systeme daher immer unter dem Gesichtspunkt, dass das, was in einem System geschieht, höchst unwahrscheinlich ist, und fragt nach den *Bedingungen der Möglichkeit*. Wie ist es, beispielsweise, möglich, sich in einen Sexualakt zu verstricken, obwohl es viel einfacher wäre, darauf zu verzichten oder es einfach gar nicht in Betracht zu ziehen? Es ist klar, dass die Systemtheorie sich mit einer Antwort nicht zufrieden gäbe, die jetzt den Verzicht oder die Verdrängung als das schwierigere darzustellen versuchte, indem sie auf biologische und/oder psychische Notwendigkeiten (in Form eines Triebes) hinweisen würde.

Denn für die Systemtheorie ist der Sexualakt ein soziales System vom Typ Interaktionssystem, das nicht auf die Einzelkomponenten der beteiligten Körper und Bewusstseine reduziert werden kann, die ja der Umwelt sozialer Systeme angehören. Vielmehr muss, da es sich um autopoietische Systeme handelt, die Bedingung der Möglichkeit in Eigenleistungen des Systems selber gesucht werden. Mit anderen Worten: Die Analyse muss sich mit der Eigenkomplexität sozialer Systeme befassen, worunter die Gesamtheit aller möglichen Zustände und Ereignisse eines Systems verstanden wird, die diesem ermöglichen, sich auf seine Umwelt einzustellen. Im gewählten

Beispiel bestünde die vordringlich relevante Umwelt aus den Körpern und Bewusstseinen, die sich an dem Sexualakt zu beteiligen anschicken. Je nach dem, wie gut das System „Sexualakt" sich auf die Eigenzustände der zwei(!) Körper und zwei(!) Bewusstseine einzustellen vermag, wird das Zustandekommen und das Glücken des Systems „Sexualakt" wahrscheinlicher – wobei das Wort „einstellen" in diesem Satz durch „vermitteln" ersetzt werden könnte.

Es wird daraus ersichtlich, dass die Komplexität des Weltbezugs eines Systems mit der Eigenkomplexität zusammenhängt, also damit, wie viele interne Zustände ein System für die Verarbeitung seiner Umwelt bereit stellen kann. Einfache soziale Systeme haben eine einfachere Welt (Weltvorstellung) als komplexe. Vereinfacht und an einem Beispiel ausgedrückt: In schwierigen, anforderungsreichen Situationen werden erfahrene und auf diese Anforderungen hin ausgebildete Personen sich besser zurecht finden als unerfahrene und unausgebildete. Oder ein anderes Beispiel: Die Differenziertheit, mit der unsere Medizin körperliche Zustände wahrzunehmen und zu beschreiben versteht, die ja weit über das hinausgeht, was Individuen selber an ihren Körpern feststellen können, verdankt sich der internen Differenziertheit und Eigenkomplexität der Medizin, die sich auf Forschung in verschiedenen naturwissenschaftlichen Grundlagenfächern ebenso stützt wie auf klinische Forschung in den medizinischen Fachbereichen, die ihrerseits wiederum in hochspezialisierte Teilgebiete differenziert sind.

Daraus folgt: Komplex ist die Welt nicht aus sich heraus und nicht in einem ontologischen Sinne gewissermaßen als Sachverhalt, der überprüft und objektiviert werden könnte, sondern komplex ist die Welt nur in der Perspektive eines Systems, das die Welt beobachtet und nur in genau der spezifischen Weise, in der das System beobachtet. Und wiederum: Diese Beobachtung kann nur innerhalb der Welt stattfinden und sie kann nur als Vollzug eines Systems stattfinden. Daher gilt, was gesagt wurde, für jede mögliche Beobachtung, also auch für den Beobachter zweiter Ordnung, der Beobachtungen beobachtet. Es gilt daher auch für die Soziologie oder die Systemtheorie, womit Luhmann zeigt, dass diese ganz ihrem Gegenstandsbereich angehört: Auch sie bringt nur eine von vielen möglichen Beobachtungen hervor und kann für ihre Beobachtungen der Gesellschaft und ihrer Teile keine Letztgültigkeit beanspruchen.

5.4   Kontingenz

Mit dem Begriff der Kontingenz wird das alte Problem von Unmöglichkeit, Freiheit und Notwendigkeit systemtheoretisch reformuliert und neu gefasst. Kontingenz bedeutet, dass Systeme weder unmöglich sind noch notwendigerweise so, wie sie sind, noch frei im Sinne von beliebig. Sondern: Systeme sind, wie sie sind. Sie verdanken ihre Existenz ihrer Operationsweise – „Operieren heißt existieren" (Luhmann 1996, S. 39) –, mit der sie auf ihre spezifische Weise Weltkomplexität reduzieren, und zwar mithilfe von Selektionen, deren Auswahl und Beschaffenheit ausschließlich an eigenen Relevanzkriterien orientiert wird. Systeme bestimmen ihre Selektionen selbst und ändern sie auch selbst und tun das ohne Halt und „Letztrückversicherung" (Luhmann) in ihrer Umwelt, was die Richtigkeit der Selektion betrifft. Die Selektionen eines Systems sind in diesem Sinn arbiträr und können daher auch immer anders ausfallen. Es stimmt schon: Systeme sind, wie sie sind – sie können aber auch immer anders sein. Es ist wichtig zu sehen, dass hierin nicht nur ein gesellschaftskritisches Potenzial liegt, sondern geradezu die Aufforderung an Systeme, ihre Weiterentwicklung aktiv als internes Projekt zu betreiben. In diesem Sinne haben sich auch in den Organisationswissenschaften beziehungsweise in der konkreten Praxis der Organisations- und Unternehmensberatung ganze Methodologien entwickelt, wie Systeme – Personen, Organisationen, Regionen und sogar Funktionssysteme wie Politik – ihre eigene Veränderung betreiben können.

Die Selektion dessen, was aus der Umwelt im System relevant sein soll, und die Selektion der internen Verarbeitungsweisen des Systems kann in sozialen Systemen auf unterschiedliche Weise erfolgen. Eine Möglichkeit stützt sich auf die Ausbildung von Traditionen. Selektionen vollziehen sich darin als Wiederholung von Vergangenheit. Systemereignisse und Prozesse erscheinen dann im System nicht als selbsterzeugt, sondern als naturwüchsig. Auf diese Weise stabilisieren soziale Systeme ihren Fortbestand, der gleichwohl in einem andauernden Oszillieren von Zerfall und Wiederaufbau seiner Elemente besteht. Traditionen sind im Grunde nur besonders stabile soziale Erwartungen. Die Stabilisierung von Systemen verdankt sich daher der Ausbildung von sozialen Erwartungen, die, wenn man so will, besonders gut gegen Enttäuschung abgesichert sind – die also weiterbestehen können, auch wenn sie nicht erfüllt werden. In der Sprache der Systemtheorie sind soziale Erwartungen sogenannte *Eigenwerte* des Systems im Sinne Heinz von Foersters (op. cit.), womit Systemzustände von besonderer Festigkeit, Dauerhaftigkeit oder Wiederholbarkeit gemeint sind, die ohne notwendige Entsprechung in der Umwelt eingenommen werden können. Soziale Erwartungen reduzieren die Komplexität möglicher Umwelt und möglicher Handlungen und schränken vor allem auch das Systembewusstsein der eigenen Kontingenz ein, denn mithilfe von sozialen Erwartungen, insbesondere in der Ausprägung von Traditionen, täuschen sich Systeme selber vor, weniger Handlungsspielraum und mehr Bindung zu haben als faktisch gegeben. Soziale Erwartungen und Traditionen wirken dadurch dem Dauerdruck und der Dauerirritation entgegen, die daraus resultieren, dass alles immer auch anders sein könnte und daher permanent in Hinblick auf Veränderung zur Disposition steht.

Die Kontingenzproblematik äußert sich in vielen Lebenskontexten aus der Sicht von Individuen in Fragen nach dem Sinn und Zweck bestimmter Realitäten. Wozu etwa ist die Soziologie gut? Wäre es nicht klüger und sinnvoller, Medizin zu studieren? Man könnte eine ganze Studienzeit mit Fragen dieser Art zubringen. Man könnte gewonnene Antworten zur Begründung der Soziologie permanent verwerfen, um nach besseren zu suchen, und gerade dadurch, als nicht-intendierter Nebeneffekt, sein eigenes Tun, die eigenen Anstrengungen ständig entwerten. Man würde damit paradoxerweise nicht nur sein eigenes, sondern auch das Sinndefizit der Soziologie erhöhen beziehungsweise *konstruieren*. Man kann eine solche Bemühung, jeder Stabilisierung von etwas, jeder Traditionsbildung kritisch entgegenzutreten, so weit perfektionieren, dass dieser Antitraditionalismus selber zur Tradition wird. Was für eine einzelne Person als absurd erscheint, ist auf der Ebene der großen gesellschaftlichen Funktionssysteme durchaus Realität: „Eine solche Tradition des Antitraditionalismus kann man im übrigen auch für die neuzeitlichen Wissenschaften insgesamt feststellen" (Luhmann 1996, S. 23). Für die Kunst ist dieses Phänomen als Avantgardismus diskutiert worden (vgl. Eco 1973), in der Politik entspricht dem die Dauerreform, im Erziehungssystem die Idee des lebenslangen Lernens, und auch die Wirtschaft scheint sich in einem permanenten Strukturwandel zu befinden. Die Beispiele ließen sich fortsetzen.

In dem Maße, in dem Systeme ihre Kontingenz entdecken und thematisieren, dass das, was sie tun, von eigenen systeminternen Prozessen abhängt, erodieren Traditionen. Und in dem Maße müssen Selektionen in der Form der Entscheidung ermittelt werden. Moderne Gesellschaften, so Luhmann, zeichnen sich gerade dadurch aus, dass immer mehr Vorgänge ihrer Naturwüchsigkeit entzogen und Entscheidungen zugeführt werden. Das wiederum stellt enorme Anforderungen an den Aufbau interner Komplexität. Und es führt über kurz oder lang dazu, dass sich die Gesellschaft als ganzes, ihre Funktionssysteme und Organisationen in einer Situation wiederfinden, von der sie wissen, dass sie sie selbst erzeugt haben, dass sie alles, was ihnen darin als Problem erscheint, sich selbst zuschreiben müssen.

5.5 Sinn

Sinn ist für psychische und soziale Systeme gleichermaßen die Ordnungsform der Welt. Beide Systemtypen, psychische und soziale, konstituieren und benutzen Sinn, um die Welt im System zu repräsentieren. Sie tun das im Gegensatz zu Tieren oder zu Organsystemen, haben also etwas Verbindendes, bleiben aber dennoch operativ vollständig getrennt.

Die Vorstellung, die mit dem Sinnbegriff systemtheoretisch verbunden ist, erschließt sich leicht aus seinen Gegenbegriffen beziehungsweise Gegenvorstellungen, nämlich dem Instinkt oder bestimmten Mechanismen in einfachen Maschinen. Instinkt kann als ein Programm betrachtet werden, das in einem System Selektionen aus Umweltreizen anleitet. Es verwendet dazu einfache Differenzen wie essbar/nicht essbar; Gefahr/keine Gefahr etc. Instinkt gibt in diesem Sinn einfache Input/Output-Regeln vor, kybernetisch durchaus dem Schwimmer in der Klospülung vergleichbar, der – wenn er funktioniert! – bei leerem Behälter nicht anders kann als das Ventil freizugeben, bei vollem Behälter nicht anders kann als das Ventil zu schließen. Trivialmaschinen konstituieren in diesem Sinn einfache

System/Umwelt-Beziehungen von geringer Eigenkomplexität der Systeme. Das meiste in der Umwelt bleibt für sie irrelevant.

Sinn ist im Vergleich dazu etwas völlig anderes. Sinn – ein einziges Wort – erschließt sofort riesige semantische Felder, führt in die Welt hinaus, reiht ungebremst Bild an Bild, und eh man sich's versieht, sind die Gedanken oder Gespräche weit von ihrem Ausgangspunkt entfernt. Sinn ist zwar nur möglich im Vollzug eines Systems – als Kognition im Bewusstsein oder als Kommunikation in sozialen Systemen –, Sinn weist zugleich aber immer auch über die Systemgrenzen des sinnprozessierenden Systems hinaus. Sinn ist nie nur Sinn für ein bestimmtes System, ist nie nur systemimmanent. Das liegt daran, dass die Fähigkeit zur Repräsentation von Welt nicht von der Autopoiesis der sinnverarbeitenden Systeme erzeugt wird und abhängig ist. Vielmehr ist das Sinngeschehen als solches „Autopoiesis par excellence" (Luhmann 1984, S. 101), also ein selbstreferenzielles, in sich geschlossenes Geschehen, und das bedeutet, dass Sinn immer auf weiteren Sinn verweist. Jede Kommunikation über *etwas* verweist auf weitere Möglichkeiten der Kommunikation über *etwas* oder *etwas anderes*. Es gehört zu den meistdiskutierten Thesen Luhmanns, dass, wie daraus gefolgert werden muss, es in sinnverarbeitenden Systemen keinen Sinnverlust geben kann (vgl. Hahn 1987). Sinnverlust wäre gleichbedeutend damit, dass das System aufhört, ein sinnverarbeitendes System zu sein. Sinnverarbeitende Systeme können jedoch aus dem Sinngeschehen nicht ausbrechen.

Hinter der selbstreferenziellen Verweisungsfähigkeit von Sinn innerhalb der allgemeinen Weltrepräsentanz verbirgt sich das unleugbare Faktum, dass zum Beispiel politische Entscheidungen in anderen sozialen Systemen wiederum Sinn machen, also verstanden werden können. Dasselbe gilt für Mitteilungen von Person A, die für Person B durchaus Sinn machen können, und viele andere Beispiele. Dennoch bleibt bestehen, dass die konkreten Sinnverarbeitungsprozesse in den beteiligten Systemen real unterschiedliche waren und nicht als exakte Wiederholung von einander gedacht werden können. Es besteht daher immer die Möglichkeit, dass die zweite Sinnverarbeitung eigene Varianten hervorbringt, bis hin zum Missverständnis. Dies aus zwei Gründen: einerseits, weil Sinn nicht nur die Komplexität der Welt reduziert, sondern zugleich eben weiterhin verfügbar macht – Luhmann schreibt, dass sinnverarbeitende „Operationen Komplexität nicht vernichten können (...) Der Vollzug der Operationen führt nicht dazu, dass die Welt schrumpft" (Luhmann 1984, S. 94) –, andererseits, weil jede Komplexitätsreduktion auch die spezifischen Selektionszwänge mit sich führt, der sie sich verdankt. Die Sinnform der Welt garantiert sozialen Systemen mithin, dass ihre jeweilige Kommunikation weitergeht, weitergehen kann und nicht auf einen letzten Sinn hinausläuft, dem nichts mehr hinzugefügt werden könnte.

Die Fähigkeit von Sinn, Komplexität gleichzeitig zu reduzieren und verfügbar zu machen, führt zu der grundlegenden Eigenschaft von Sinn, nur als eine Abfolge von Unterscheidungen (Differenzen) zu funktionieren. Anders gesagt: Sinn ist *binär codiert*. Das bedeutet zunächst und ganz basal, dass dem jeweils *aktuellen* Sinn, der ausgedrückt oder gemeint werden sollte, immer sehr viel mehr *virtueller* Sinn gegenübersteht. Jedes Wort, mit dem etwas bezeichnet wird, reduziert die Komplexität der Welt auf dieses eine Bezeichnete, verweist aber zugleich auf anderes, das ausgeschlossen wurde. Diese Differenz ist freilich kontextabhängig und nicht ein für alle Mal gegeben. So kann „Haus" im familiären Kontext den „Garten" (virtuell) konnotieren (= aktuell ausschließen), im Kontext des Immobilienhandels vielleicht aber eher „Wohnung". Dennoch gibt es bestimmte binäre Codes, die relativ stabil als Paar auftreten und daher in der Gesellschaft von besonderer Bedeutung sind: Recht/Unrecht, reich/arm (im engeren Sinn: zahlungsfähig/zahlungsunfähig), gesund/krank, regieren/opponieren, schön/hässlich und einige mehr. Es sind diese Differenzen, an denen entlang die moderne Gesellschaft spezifische Funktionen und Funktionssysteme ausgebildet hat. Wir kommen darauf zurück.

Aus der binären Codierung von Sinn folgt, dass man, will man soziale Systeme angemessen begreifen, immer auch das mit sehen muss, was sie ausschließen. Sprich: Man muss die jeweils spezifische System/Umwelt-Differenz nachzeichnen. Das bedeutet, dass man soziale Systeme nicht nach der Black-Box-Methode analysieren kann, da sie weder über den Input noch über den Output einen geeigneten Zugang ermöglichen. Vielmehr sind Systeme relational konzipiert: als Anknüpfungspunkt zwischen einem Innen und einem Außen, zwischen System und Umwelt, wobei die spezifische

Grenzziehung von bestimmten Differenzen, also binären Codes abhängt.

Das System der Krankenversorgung – ungenauer gesagt: das System der Medizin – konstituiert sich, beispielsweise, über den Einschluss von Krankheit und den Ausschluss von Gesundheit. Das System operiert nur dann, wenn an einem Menschen, der zum System Kontakt aufgenommen hat, nach eigenen, medizinsysteminternen Programmen „Krankheit" festgestellt werden konnte, es steht jedoch still, wenn das nicht so ist, beziehungsweise es schickt den Menschen wieder fort, um sich behandelbaren Fällen zuzuwenden. Um die Logik dieses Ausschlusses beziehungsweise Einschlusses angemessen zu begreifen, genügt es nun nicht, die Pathologiebücher der Medizin zu studieren. Vielmehr muss die Bedeutung der Gesundheit im gesellschaftlichen Kontext des Systems mit gesehen werden. Man bekommt dann die Bedingungen in den Blick, unter denen ein Individuum in das System inkludiert (zum Patienten gemacht) wird und unter welchen es als gesund behandelt (exkludiert) und den „normalen" sozialen Erwartungen ausgesetzt wird. Erst von daher erschließt sich die Funktion des Systems, die dieses für die Gesellschaft und für andere Subsysteme ausfüllt. Dabei gelangt man zu anderen Ergebnissen als die Medizin selbst, was allerdings nicht bedeutet, dass diese mit ihrer Meinung über sich selber falsch liegt. Wie schon eingangs dargestellt, handelt es sich dabei um Unterschiede der Perspektiven, von denen keine ein Monopol auf Wahrheit beanspruchen kann. Während die Medizin ihre Funktion als Heilung von erkrankten Individuen formuliert, kann die soziologische Beobachtung in einem allgemeineren Sinn die Kontrolle von Krankheiten als Funktion ausmachen und offen lassen, ob es dabei mehr um die Reduktion des Auftretens von Krankheiten geht oder/und um die adäquate Rückführung eines abweichenden in ein konformes Verhalten.

Die differenztheoretischen Grundlagen der binären Codierung stammen von dem englischen Mathematiker George Spencer Brown, der zu Beginn der siebziger Jahre eine allgemeine operative Logik aufgestellt hat (Spencer Brown 1971). Der darin formulierte und von Luhmann aufgegriffene Schlüsselsatz lautet: „Draw a distinction!" – Triff eine Unterscheidung! (eine ausführliche Darstellung in Luhmann 1990b, S. 38ff). Es ist prinzipiell egal, welche

Unterscheidung das ist (es kann auch die Unterscheidung zwischen Unterscheiden und Nicht-Unterscheiden sein, also zwischen Differenz und Identität). Worauf es ankommt, ist, dass im Zuge *derselben Operation* des Unterscheidens zugleich eine Seite der Unterscheidung bezeichnet wird, dass sich die Operation sozusagen auf die eine Seite begibt. Damit sind in nuce die Bedingungen gegeben, die ein System zu seiner Selbsthervorbringung benötigt.

5.6 Kommunikation

Einer der zentralen Begriffe der Luhmann'schen Systemtheorie ist sicher der der Kommunikation, denn an ihm hängen sich einige der eigentümlichsten Theorieentscheidungen Luhmanns an. Zunächst ist festzuhalten, dass Luhmann Kommunikation als denjenigen Mechanismus begreift, durch den sich soziale Systeme und die Gesellschaft insgesamt als Ensemble aller sozialen Systeme überhaupt erst konstituiert. Indem sich autopoietische Systeme ganz allgemein durch das Operieren eines spezifischen Operationsmodus von ihrer Umwelt abgrenzen und damit selber hervorbringen, ist Kommunikation also der *basale Operationsmodus* der Gesellschaft. Gesellschaften und soziale Systeme bestehen aus Kommunikationen, oder anders: Alles, was Gesellschaft ist, ist Kommunikation.

Kommunikation ist, wie bereits dargestellt, ein selbstreferenzielles Geschehen, weil jede Kommunikation rekursiv auf die voranlaufende verweist und sich somit als Element eines selbstbezüglichen Zusammenhangs erweist. Verkürzt dargestellt: Was eine Kommunikation ist, nämlich für die Kommunikation selber, kann nur wiederum in Kommunikationen geklärt und festgelegt werden. Kommunikationen bringen nur Kommunikationen hervor, und insofern soziale Systeme aus Kommunikation entstehen, gilt daher, dass soziale Systeme aus nichts anderem bestehen als aus Kommunikation. *Nur* was Kommunikation ist, ist Gesellschaft. Gesellschaft besteht daher nicht aus Handlungen und/oder „Beziehungen" und/oder Kommunikationen. „Zur Wahl steht eigentlich nur die Frage, wie die basale Operation begriffen werden muss, die die Gesellschaft reproduziert: ob als Handlung oder als Kommunikation" (Luhmann in: Krüll 1987, S. 4)". Soziale Systeme sind daher nicht durch Sequenzen beschreibbar der Art: Erst wurde geredet, dann dies und das gemacht, dann wurde wieder geredet, dann Bus gefahren …

Weiters gilt, dass Gesellschaft gewissermaßen ein Monopol auf den Operationsmodus Kommunikation hat. Das heißt, dass kein anderes System diesen Operationsmodus verwendet, oder anders, dass kein anderes System außer sozialen Systemen kommunizieren kann. Damit sind nicht nur Organismen ausgeschlossen, sondern auch psychische Systeme. Mit anderen Worten: Bewusstseine – Menschen – kommunizieren nicht, weder miteinander noch mit der Gesellschaft, so wenig wie umgekehrt soziale Systeme sich etwas *bewusst* machen können. Der Mensch ist nicht die Ursache und nicht der Urheber von Kommunikation. Gesellschaften bestehen daher auch nicht aus Menschen. Es wäre eine seltsame Vorstellung, wie Luhmann illustriert, dass „der Frisör etwas von der Gesellschaft abschneidet" (op. cit.). „Menschen, konkrete individuelle Personen nehmen an all diesen sozialen Systemen teil, gehen aber in keinem dieser Systeme und auch nicht in der Gesellschaft selbst ganz auf. (…) Ausgehend von diesen Prämissen kann man die bisherige gesellschaftliche Entwicklung als Steigerung von Kommunikationsleistungen (aber nicht: als Steigerung des Menschen im Sinne Rousseaus oder Nietzsches) begreifen" (Luhmann 1981a, S. 20). Diese Festlegungen der Luhmann'schen Systemtheorie implizieren, dass die Gesellschaft und soziale Systeme die psychophysische oder transzendentale Einheit des Menschen in Form eines Subjekts weder als antreibenden Motor noch als Bezugspunkt für die eigene Organisation zur Voraussetzung haben. Vielmehr ist man gezwungen, „die Autopoiesis des Lebens und die Autopoiesis der Gesellschaft strikt zu unterscheiden. Dann ist alles Leben (auch das der Menschen) aufgrund seiner eigenen Autopoiesis Umwelt der Gesellschaft" (Luhmann in Krüll 1987, S. 8).

In dieser Anlage der Theorie bedarf das Verhältnis von Kommunikation und Handlung sowie das Verhältnis von Kommunikation und Bewusstsein einer Erläuterung.

Luhmanns Konzeption des Kommunikationsbegriffs unterscheidet sich vom Alltagsverständnis, in dem Kommunikation als Verhältnis eines Senders zu einem Empfänger erscheint, wobei zwischen den beiden etwas vermittelt oder übertragen wird. Diese Vorstellung wäre mit der Theorie autopoietischer Systeme nicht vereinbar, derzufolge es unmöglich ist, verschiedene Operationsmodi, also zum Beispiel Bewusstsein und Kommunikation, aneinander zu koppeln. Wohl kann Bewusstsein Kommunikation beobachten und sich darüber bewusst werden, dass in seiner Umwelt über etwas Bestimmtes kommuniziert wird, so wie Kommunikation über Bewusstsein und Bewusstseinsinhalte kommunizieren kann (zum Beispiel in diesen Sätzen), aber es ist jedes Mal *entweder* ein Bewusstseinsprozess *oder* ein Kommunikationsprozess, mit allen damit zusammenhängenden Unterschieden. Anders gesagt: Gedanken können den Kopf nicht verlassen, und Kommunikation kann nicht in den Kopf eindringen. Bewusstsein und Kommunikation sind daher inhaltlich niemals deckungsgleich. Nicht alles, was der Vortragende einer Vorlesung aktuell im Kopf hat, kann er auch in die sprachliche Sequenz der Kommunikation bringen. Und während die StudentInnen zuhören, können sie Gedanken und Assoziationen haben, an die der Vortragende seinerseits gar nicht gedacht hatte.

Um diesem Unterschied, der für beide, Kommunikation und Bewusstsein, im übrigen mehr Unabhängigkeit und Freiheitsgrade bringt, gerecht zu werden, wird Kommunikation von Luhmann als Kombination aus drei Selektionen konzipiert: die Selektion einer *Information*, die mitgeteilt werden soll, die Selektion einer *Mitteilung* (oder Mitteilungshandlung), mit der die Information weitergegeben werden soll (zum Beispiel reden, telephonieren oder schreiben), und die Selektion einer Form des *Verstehens*. Alle drei Selektionen finden als Komponenten der Kommunikation statt und nicht etwa teilweise im Kopf des einen, teilweise im Kopf des anderen (was im Falle einer Vorlesung heißen würde, dass es so viele Kommunikationen gäbe wie ZuhörerInnen). Das bedeutet, dass sich alle drei Selektionen an der vorausgehenden Kommunikation orientieren: Die Auswahl einer Information ist primär durch das bedingt, worum es zuvor in der Kommunikation ging, die Auswahl einer Mitteilungshandlung dadurch, ob unmittelbar zuvor zum Beispiel geredet oder geschrien wurde. Mit der Anschlusskommunikation – mit der Antwort, mit dem nächsten Satz – signalisiert die Kommunikation sozusagen sich selbst, dass die voranlaufende auf die eine oder andere Weise verstanden werden konnte, sodass eben ein Anschluss möglich war. Um mehr als darum „anzuschließen" geht es in autopoietischen Systemen, wie schon gesagt, nicht. Einziges Ziel ist die Aufrechterhaltung der Autopoiesis.

Normalerweise wird Kommunikation – im Gegensatz dazu – auf den Aspekt der Mitteilung reduziert. Das ermöglicht zweierlei: Zum einen lässt sich die Mitteilung eindeutig dem Mitteilenden, also einer bestimmten Person, zurechnen, zum anderen lässt sich Kommunikation als (Mitteilungs-)Handlung auffassen. Das Soziale lässt sich dann in Handlungen zerlegen, die von einzelnen Personen gesetzt werden. Das ist in vielen, vielleicht sogar den meisten (Alltags-) Kontexten von Vorteil, da im Falle von unerwünschten Handlungen (beziehungsweise Kommunikationen) auch Verantwortung und gegebenenfalls Veränderungsbedarf an einzelne Personen eindeutig delegierbar ist, ohne das System insgesamt in Frage stellen zu müssen. Diese Vorteile werden allerdings auch durch Nachteile konterkariert, denn diese Betrachtungsweise führt mindestens ebenso oft zu Problemen (zum Beispiel machen sich soziale Systeme dadurch von der Veränderungsbereitschaft einzelner Personen abhängig). Was aber mehr Gewicht hat: ein Beobachter zweiter Ordnung (das heißt ein Beobachter, der diesen Kontext beobachtet) kann sehen, dass diese Betrachtungsweise nicht den Kern des Sozialen trifft.

Das Soziale existiert nur in der Form von Kommunikation (die, um es hier nur anzudeuten, natürlich auch ohne Sprache, also nonverbal möglich ist, wenngleich sich die Fähigkeiten der Kommunikation, Komplexität zu reduzieren, im Wesentlichen der Komplexität der Sprache verdanken). Die Struktur der Gesellschaft ist demzufolge nur als Kommunikationsstruktur gegeben. Analysen der Gesellschaftsstruktur (oder von sozialen Systemen allgemein) sind demzufolge nur als Analysen von Kommunikationsstrukturen möglich. Indessen ist, wie schon eingangs erwähnt, der Strukturbegriff insgesamt nicht so wichtig wie die Tatsache, dass Kommunikation ein Prozessgeschehen ist, das daraus besteht, permanent Kommunikationselemente an Kommunikationselemente anzuschließen, die allesamt nur von kurzer Dauer sind und sofort wieder zerfallen. Und diese Anschlussfähigkeit der Kommunikationen aneinander wird nicht von der Struktur der Kommunikation gewährleistet, sondern einzig und allein von der autopoietischen Synthetisierung der Selektionen von Information, Mitteilung und Verstehen. Strukturen erscheinen in diesem Prozess nur als begleitende Bedingung, die bestimmte Selektionen wahrscheinlicher macht als andere, sie können aber nicht ausschließen, dass etwas völlig anderes geschieht, nämlich manchmal gerade das Unwahrscheinliche. Der Begriff der Struktur bezeichnet in diesem Sinne nichts anderes als Erwartungen, die stets die Möglichkeiten der Erfüllung und der Enttäuschung eröffnen. Vereinfacht gesagt: Wenn ein Text über viele Seiten von Systemtheorie gehandelt hat, ist es wahrscheinlich, dass er auch auf den nächsten Seiten davon handeln wird – außer wir befinden uns bei Monty Python's Flying Circus: „And now we turn to something completely different". Es kann daher gesagt werden, dass die Strukturen in sozialen Systemen in der Form von Kommunikationserwartungen vorliegen.

Erwartungen lassen sich unterschiedlich zusammenfassen und verdichten beziehungsweise bündeln, wie Luhmann sagt. Die Bündelung von Erwartungen entlang funktionaler Gesichtspunkte nennt Luhmann *Programme*. An der Universität etwa würde man das Curriculum Soziologie und die einzelnen Lehrvorhaben der einzelnen Bereiche als Programme bezeichnen können. Sie umfassen alles, was den Funktionen dieses speziellen Erziehungssystems entspricht, was also eine Absolventin der Soziologie gelernt oder zumindest einmal gehört haben muss. Programme sind nicht auf einzelne Personen zugeschnitten, sondern es erfordert ein komplexes Zusammenwirken von Organisation und mehrerer Personen. Wenn ein solcher Zuschnitt auf die Erfüllungsmöglichkeiten einer Person erfolgt, wenn also Erwartungen so gebündelt werden, dass sie von einer Person mit allen zeitlichen, sachlichen und sozialen Einschränkungen allein erfüllt werden können, spricht Luhmann von sozialer *Rolle*. Rollen sind eine etwas weniger abstrakte Zusammenfassung von Erwartungen nach Gesichtspunkten eines Funktionsbereichs der Gesellschaft. Die Bündelungen von Erwartungen quer über verschiedene soziale Bereiche hinweg, aber mit Zuschnitt auf die Beschränkungen eines einzelnen Menschen nennt Luhmann *Person*. Die Person ist daher eine Einheit in der Kommunikation, mit deren Hilfe Erwartungen zuschreibbar gemacht werden. Eine letzte Form, Erwartungszusammenhänge zu bündeln, besteht in *Werten* (vgl. Luhmann 1984, S. 429f).

5.7   Funktionale Differenzierung

Der Grundbefund Luhmanns über die moderne Gesellschaft lautet, dass sie funktional differenziert ist. Funktionale Differenzierung ist das unterscheidende Merkmal gegenüber den anderen, den vormodernen Gesellschaften. Dabei unterstellt Luhmann ein Konzept von Evolution, das gemäß der Grundfunktion sozialer Systeme, Komplexität zu reduzieren, zu immer leistungsfähigeren Formen der Komplexitätsreduktion führt. Diese Evolution vollzieht sich selbstredend ohne Gott, ohne Schöpfer, ohne Autor, ohne Plan, ohne Weltgeist, oder wie immer man die außer ihr liegenden Steuereinrichtungen bezeichnen mag, sondern, wie man jetzt schon ahnen konnte, als ein sich selbst tragender Prozess, oder wie Luhmann sagt, als „eine sich selbst konditionierende Selektion" (vgl. Luhmann 1984).

Das Grundprinzip dieser Evolution ist Differenzierung. Luhmann unterscheidet drei evolutionäre Stufen der gesellschaftlichen Differenzierung. Die erste Stufe nennt er *segmentäre Differenzierung*. Damit sind archaische Gesellschaften gemeint, deren Differenzierungsmodus darin besteht, sich in gleichartige Teile zu teilen, in Familien, Stämme oder Dörfer. Diese Segmente der Gesellschaft sind durch zwei Merkmale gekennzeichnet: Sie setzen voraus, dass alle Individuen, die dazu gehören, *anwesend* sind, und zwar an einem *gemeinsamen, überschaubaren Ort*. Diese Gesellschaften sind daher im Wesentlichen über Interaktion konstituiert und machen den Unterschied zwischen Individuum und Gesellschaft in unserem heutigen Sinn noch gar nicht erlebbar (vgl. Luhmann 1975b). Mit anderen Worten: Alles, was hier als Gesellschaft erlebbar wird, vermittelt sich durch aktuelle Kommunikationen in Interaktionen. Diese Gesellschaften erreichen einen nur geringen Abstraktionsgrad, Kommunikationen jenseits der Interaktion sind kaum vorstellbar. Sie können daher nur wenig Varianz im Sinne von abweichender Phantasie und Erschließung von Möglichkeitsräumen zulassen. Diese Gesellschaften vermehren zwar die Individuen, nicht aber die Kommunikationsmöglichkeiten.

Um das zu erreichen, muss der Differenzierungstyp umgestellt werden. Erst die Differenzierung der Gesellschaft in *ungleiche* Teile ermöglicht eine Erhöhung der Kapazitäten zur Reduktion von externer und zum Aufbau von interner Komplexität. Die Einführung von Arbeitsteilung und dementsprechender Rollendifferenzierung, auch in Bezug auf Geschlecht und Alter, erzeugt so viel Ungleichheit, dass die Gesellschaft irgendwann dieses Potenzial als Differenzierungsstrategie benutzen kann und Stratifikation zum Gesellschaftsprinzip macht. Die *stratifikatorische Differenzierung* – die Benutzung von Ungleichheit zur Reduktion von externer und zum Aufbau von interner Komplexität – gilt von ihrer Dauer her als die erfolgreichste Gesellschaftsformation aller Zeiten und war bis in die europäische Frühmoderne im 15. Jahrhundert (Beginn der Renaissance) konkurrenzlos, bis ins 20. Jahrhundert staatstragend. Ihr wesentliches Prinzip ist die Teilung der Gesellschaft in ungleiche *Schichten,* die hierarchisch geordnet und aufeinander bezogen sind. Die Leitdifferenz dieser Gesellschaft ist oben/unten. Personen können in diesem System eindeutig zugeordnet werden: Sie sind demgemäß entweder oben oder unten. Diese Konstruktion schafft sehr viel Klarheit und Sicherheit, denn die, die oben sind, wissen, dass sie oben sind und die anderen unten, die unten sind, wissen, dass sie unten sind und die anderen oben. Diese Positionen sind also nicht relativ, sondern ein strukturelles Merkmal der Gesellschaft, das gegenüber segmentär differenzierten Gesellschaften ein Plus an Komplexitätsverarbeitung bringt. Das ergibt sich daraus, dass die, die auf aufgrund ihrer sozialen Position nicht arbeiten müssen, sich interessanteren Dingen wie Kunst, Wissenschaft, Politik und Krieg zuwenden können. Individuen erhalten in dieser Gesellschaftsform nicht nur einen eindeutigen Platz, sondern mit diesem auch bestimmte Rollen, bestimmte Rechte, bestimmte Lebensmöglichkeiten, ja ganze Lebenskonzepte. Da stratifikatorisch differenzierte Gesellschaften sich durch Religion und Moral als Ganzes einen durchgängigen Sinn geben können, der alles als gottgewollt und zusammenpassend erscheinen lässt, sind auch die einzelnen Lebenskonzepte sinnhaft. Zweifel daran müssen sich sofort als Zweifel an der gesamten Gesellschaftsstruktur artikulieren, was individuelle Sinnkrisen sehr unwahrscheinlich macht.

Die vertikale Ordnung ist zugleich aber auch eine Einschränkung der gesellschaftlichen Fähigkeiten zur Komplexitätsverarbeitung. Das Problem liegt in der Hierarchisierung von Informations- und Entscheidungsabläufen. Letztlich wird die Gesellschaft über eine Zentralinstanz gesteuert, bei der idealiter alle Fäden zusammenlaufen. Konkret gesagt: Solange praktisch alle Entscheidungen über Gesetze, Erlässe, Reformen, Regeln etc. vom König, also von einer Einzelperson, gesichtet, überdacht und bewilligt werden müssen, können nicht sehr viele Entscheidungen in der Zeit getroffen werden. Das System ist nach unseren heutigen Vorstellungen sehr träge. Der gesellschaftliche Regelungsbedarf – bis hinein in kleinste Details: Wann dürfen die Winzer rundum Wien ihren Wein verkaufen? Was dürfen sie dazu an Essbarem anbieten? – droht die Verarbeitungskapazitäten permanent zu überlasten. Die Gesellschaft muss daher Probleme ausblenden, sprich: ihre interne und externe Umwelt einfacher konstruieren – oder aber eigenständige Handlungsbereiche ausdifferenzieren. Letzteres geschieht seit dem Ende des 16. Jahrhunderts zunächst in Ansätzen, dann in der Folge der Säkularisierung (Trennung von Religion und Politik, Kirche und Staat), der Monetarisierung und Internationalisierung der Wirtschaft (Merkantilismus) mit zunehmender Geschwindigkeit. Die Wissenschaften bilden einen eigenen Code aus, mit dem nun ganz neue und sehr erfolgreiche Formen der Umweltbeobachtung möglich werden. Mit der Veränderung der Wirtschaftsstruktur durch die Industrialisierung im 19. Jahrhundert zerfällt das alte „ganze Haus", die Einheit aus Mehr-Generationen-Familie und Wirtschaftsbetrieb, und es kommt zur Herausbildung eigenständiger, privater familialer Bereiche. Erziehung und Pädagogik entwickeln eigene Codes, das Recht verselbstständigt sich und löst sich von der Politik etc.

Diese Entwicklung führt dazu, dass zu Beginn des 20. Jahrhunderts die gesellschaftliche Differenzierungsform umgestellt wird, und zwar entlang der nun weitgehend entwickelten und unterscheidbaren Funktionen in der Gesellschaft, von deren Erfüllung die Gesellschaft mittlerweile abhängig ist. Die Gesellschaft *differenziert* sich nun *funktional*, was heißt, dass sie Teilsysteme oder Subsysteme hervorbringt – Wirtschaft, Recht, Politik, Religion, Erziehung, Wissenschaft, Kunst, Medizin/Krankenbehandlung, Sport, um nur die großen Funktionssysteme zu nennen, die ihrerseits wieder in Subsysteme zerfallen –, für die alle Bedingungen autopoietischer Systeme gelten, wie sie hier besprochen wurden, insbesondere diese, dass sie weitgehend autonom nach einem eigenen Kommunikationscode operieren.

Damit ist natürlich eine enorme Komplexitätssteigerung der Gesellschaft verbunden, denn die einzelnen Funktionssysteme operieren nur nach Maßgabe ihres speziellen Codes, also nur in Hinblick auf wahr/falsch, wenn es um Wissenschaft geht, zahlungsfähig/ zahlungsunfähig, wenn es um Wirtschaft geht, schön/hässlich, wenn es um Kunst geht, etc., und können alle anderen Hinsichten ignorieren. Wissenschaft kann zum Beispiel ignorieren, ob eine Fragestellung oder ein Ergebnis politisch wünschenswert ist. Dieses Ignorieren kann dann für die Politik zum Problem werden, wie das Beispiel der Gentechnik sehr deutlich zeigt. Es wird aber eben nur deshalb zum Problem, weil die Gentechnik nach eigenen Kriterien operiert hat, ohne die Politik zuvor gefragt zu haben und ohne sich von der Politik Orientierungen anbieten zu lassen.

Die weitgehende Autonomie der Systeme bedeutet aber, um es zu wiederholen, keineswegs Autarkie. Die Funktionssysteme sind und bleiben voneinander abhängig, ja, diese Abhängigkeit wird sogar noch gesteigert. Luhmann spricht von einer Steigerung der Interdependenzen: Alle Systeme müssen für ihr eigenes Operieren das Operieren der anderen voraussetzen. Die Gentechnik, beispielsweise, kann ihr eigensinniges Tun nur fortsetzen, wenn sie von Wirtschaft oder Politik entsprechende Finanzmittel erhält. Umgekehrt ist die Wirtschaft davon abhängig, dass die Wissenschaft Gentechnologien entwickelt, die sich vermarkten lassen – so jedenfalls ist die wirtschaftsinterne Sichtweise. Wenn die Möglichkeit gentechnologischer Arznei- oder Lebensmittel erst einmal am Horizont wirtschaftlichen Handelns aufgetaucht ist, ist die innere Dynamik des Funktionssystems nur mehr schwer zu bremsen. Wir haben es hier offenbar mit einem Steuerungsproblem zu tun, das in der modernen Gesellschaft allerdings endemisch ist. Man muss unterscheiden zwischen interner und externer Steuerung. Externe Steuerung, also das Lenken der Wirtschaft durch die Politik, ist ohnedies unmöglich. Kein Funktionssystem kann in einem anderen Operationen durchführen. Autopoietische Systeme sind operativ geschlossen, sie sind „nur" über ihre speziellen Programme zur Umweltbeobachtung offen. Um es an einem Beispiel zu illustrieren: Wenn die Politik Arbeitsplätze verspricht, so ist das Politik, und auch rechtliche oder andere Maßnahmen sind und bleiben Politik und eben nicht Wirtschaft, die allein Arbeitsplätze erzeugen und zur Verfügung stellen kann. Politik kann allenfalls Umweltbedingungen der Wirtschaft verändern, sodass sich für die Wirtschaft etwa Investitions- und Gewinnchancen verändern. So können Veränderungen im Sozialversicherungssystem Arbeitsplätze teurer oder billiger machen, worauf die Wirtschaft mit der Reduktion oder Steigerung von Arbeitsplätzen reagieren kann *(kann!)*.

Aber auch die interne Steuerung scheint kein leichtes Problem zu sein, denn intern wiederholen sich ebenfalls System/Umwelt-Differenzen, die Einflusssphären begrenzen und die Autonomie des Systems insgesamt steigern. Die Wirtschaft etwa zerfällt in drei weitgehend unabhängige Märkte: Arbeitsmarkt, Finanzmarkt, Warenmarkt. Die Wissenschaft ist segmentär in Disziplinen unterteilt, die zwar über Fachverbände verfügen, aber über keine Zentralinstanz, die die weitere Entwicklung verordnen könnte, usw. Auch hier handelt es sich um autopoietische Systeme, die sich weitgehend selbst steuern.

Die moderne Gesellschaft funktioniert insofern „ohne Spitze und ohne Zentrum" (Luhmann 1981a, S. 22). Es gibt kein Zentralorgan, das die Fäden in der Hand halten könnte, das Richtlinien und Zielsetzungen für die gesamte Gesellschaft formulieren und durchsetzen könnte. Es gibt auch keinen gesellschaftlichen Ort, von dem aus die Sinnhaftigkeit der Gesellschaft garantiert und die Bedeutung der Welt oder eines bestimmten Weltausschnitts allgemeinverständlich formuliert und verbindlich beschrieben werden könnte. Die Realität der modernen Gesellschaft zerfällt in Perspektiven (Kontexte) und ist insofern *polykontextural*.

Wenn daher über die Gesellschaft gesprochen wird, wenn Probleme formuliert werden, wenn Kritik geübt wird und wenn Forderungen gestellt werden, so ist immer zu fragen: *Wer* sagt das? Mit welchen Differenzen beobachtet derjenige? Die Systeme operieren mit ihren eigenen Codes und konstruieren auf diese Weise ihre eigene Umwelt. Es ist in diesem Sinne klar, dass wir Krankheiten den Beobachtungstechniken der Medizin, Kriminalität der Rechtslage und den Beobachtungen der Polizei, Armut den gesteigerten Konsumanforderungen der Wirtschaft verdanken usw. Das gilt für die genannten und alle anderen Phänomene immer in Hinblick darauf, dass sie auf den Monitoren der Kommunikation aufscheinen, also in die Form von Kommunikation gebracht und damit sozial überhaupt erst relevant sind. Denn in anderer Form sind sie uns gar nicht zugänglich. Die moderne Medizin kennt mehr Krankheiten als alle ihre Vorläuferinnen zusammen, sie verfügt über Instrumente und Techniken, mit denen Krankheiten erkannt werden können, die sich noch gar nicht in üblichen, dem Menschen zugänglichen Symptomen niedergeschlagen haben, und sie verfügt über Organisationsformen, die einen hohen Durchsatz an Patienten ermöglichen und die sich in den vergangenen dreißig Jahren mengenmäßig etwa verdreifacht haben. Es ist klar, dass unter solchen Bedingungen die Zahl der Diagnosen in der Gesellschaft steigt. Dieses Beispiel soll eines der Hauptergebnisse der Luhmann'schen Gesellschaftsdiagnose illustrieren, nämlich dass die moderne Gesellschaft es zunehmend mit Problemen zu tun hat, die sie selbst erzeugt hat.

„Die funktionale Differenzierung der Gesellschaft wurde (insbesondere von der Soziologie der Nachkriegszeit; Anm. WD) so beschrieben, als ob alle Funktionssysteme letztlich an einem Strang zögen, um die globalen Lebensbedingungen der Menschen zu verbessern. Mehr Wohlstand, mehr Freiheit, weniger Zwang, mehr Chancen für die individuelle Selbstverwirklichung seien teils durch eine evolutionäre Entwicklung, teils durch eine wissenschaftlich beratene Politik zu erwarten. Dieses Doppelvertrauen auf Evolution und Politik konnte die Überzeugung tragen, dass die Idee der Moderne eine immanente Rationalität enthalte und dass die Modernisierung der Gesellschaft als eine Leistung der Gesellschaft selbst zu erwarten sei. Neben der Unterscheidung Evolution/Politik, die den Umfang der nötigen Interventionen offen ließ, lag das Problem nur noch in den politisch-ideologischen Meinungsverschiedenheiten über einen liberaldemokratischen oder einen sozialistischen Weg. Dieses Vertrauen in das Projekt Moderne ist uns in den letzten zwanzig Jahren, zunächst sukzessive, dann so gut wie vollständig abhanden gekommen. (…) Denn dieses Konzept des im Großen und Ganzen erfolgreichen Weges zur immer moderneren Moderne vermag angesichts schon sichtbarer Folgen kaum mehr zu überzeugen" (Luhmann 1996, S. 26f).

5.8 Inklusion und Individualität

Mit der Umstellung des Differenzierungstyps auf funktionale Diffe-renzierung ändert sich auch ganz grundlegend das Verhältnis zwi-schen Gesellschaft und Individuum. In allen Gesellschaften muss die Frage geklärt werden, in welcher Weise Individuen an gesell-schaftlichen Prozessen teilhaben können. In stratifikatorisch diffe-renzierten Gesellschaften ist jedem Individuum ein eindeutiger Platz zugewiesen, maßgeblich dafür sind Personeneigenschaften (die nicht identisch sind mit Eigenschaften des psychischen Sys-tem!) wie Abstammung, Name, Charakter, Geschlecht, Charisma. Bestimmte Ausbildungen und Berufspositionen sind ganz einfach dem Adel vorbehalten. Selbst in der Kirche hat der Bauer einen an-deren Platz als der Edelmann. Die Stände haben in diesem Sinn ei-gene Lebenssphären ausgebildet, die relativ klar voneinander abge-grenzt sind und in denen das Individuum alle seine Rollen beruf-licher, öffentlicher und privater Art miteinander verbinden und le-ben kann. Das Individuum nimmt daher keine Differenz zwischen sich und seinem gesellschaftlichen Leben wahr. Die Frage der In-klusion stellt sich gar nicht, weil es innerhalb der Gesellschaft kein Außerhalb gibt, von dem aus man inkludiert werden könnte. Jeder ist immer schon drin, entweder oben oder unten.

Anders ist das in funktional differenzierten Gesellschaften, weil die einzelnen Funktionssysteme nur eine prinzipielle Teilnahme-möglichkeit sicher stellen, die das Individuum jeweils nur in einer ganz bestimmten Hinsicht inkludieren. Kein Funktionssystem be-nötigt Daueranwesenheit eines bestimmten oder aller Individuen, kein Individuum kann in einem Funktionssystem und auch nicht in allen zusammen ganz aufgehen.

Statt Zugehörigkeit gilt jetzt das Prinzip der Inklusion. Die Teil-nahmebedingungen an Funktionssystemen werden nun in der je-weiligen Systemlogik formuliert: Lernfähigkeit für Erziehung (zum Beispiel Universität), Staatsbürgerschaft für Politik, akademische Referenzen für Wissenschaft, Zahlungsfähigkeit für Wirtschaft etc. Die Funktionssysteme abstrahieren insofern von persönlichen oder allgemein-menschlichen Merkmalen. Die Ausklammerung des Per-sönlichen bietet aus Systemlogik vor allem Vorteile, denn nun ist die systeminterne Evolution auch nicht mehr an die Beschränkungen der Person gebunden. Die Wirtschaft kann zum Beispiel 24 Stunden täglich produzieren oder Handel treiben, ebenso wie Krankenhäuser, die nie geschlossen haben.

Umgekehrt heißt das, dass kein Individuum auf nur ein oder nur einige wenige Funktionssysteme zuordnenbar wäre, etwa nur auf Recht, und darin seine Einheit und seine persönliche Identität finden könnte. Im Gegenteil: Die Einbindung der Individuen in unterschiedliche Funktionssysteme und damit ihre Konfrontation mit höchst verschiedenartigen Rollenerwartungen erfordert geradezu, dass sie sich nicht (oder nur sehr bedingt) mit diesen identifizieren und – statt Identifikation – die grundlegende Differenz zu sich selbst wahrnehmen und bewusst machen können. Niemand ist nur Richter, auch ein Richter muss sich beim Arzt als Patient verhalten können. Individuen müssen insofern nicht nur die Differenz zwischen unterschiedlichen Rollenerwartungen, sondern vor allem jene zwischen persönlichen und unpersönlichen Sachverhalten, Interaktionen und Kommunikationen bearbeiten können. So darf sich etwa ein Richter bei der Wahrheitsfindung und Rechtssprechung nicht von Sympathiewerten gegenüber dem Angeklagten leiten lassen. In Funktionssystemen handeln Individuen „ohne Ansehen der Person".

Auf der Ebene der Biographie und der Ich-Identität jedoch müssen die Individuen nun all das integrieren und bündeln, was in der Gesellschaft getrennt ist. Die Ich-Identität wird daher mehr und mehr zu einer Eigenleistung der Individuen. Sie erhalten ihre Identität nicht aus der Teilnahme an gesellschaftlichen Subsystemen, sondern im Gegenteil: gerade dort nicht, da sie dort in den unterschiedlichen Kontexten unterschiedliche Personen und Persönlichkeiten präsentieren müssen. Individualität wird daher nicht über Inklusion, sondern über Exklusion bestimmt (vgl. Luhmann 1989, S. 160). Natürlich stellt die Gesellschaft entsprechende Semantiken zur Verfügung, die es den Individuen ermöglichen, ihre Identität selbst aufzubauen. Zentral in diesen Semantiken, so Luhmann, sind die Forderungen nach Selbstverwirklichung und Selbstbestimmung (vgl. op. cit.). Diese Forderungen drücken aber nichts anderes aus, als dass man noch nicht ganz das ist, was man sein könnte oder sollte, anders gesagt: dass man sich in einem defizitären Zustand befindet. In diesem Sinne kann Luhmann sagen: „Individualität ist Unzufriedenheit" (op.cit., S. 243).

„Die derzeit wohl zentralen Probleme der modernen Gesellschaft liegen in den Rückwirkungen von Umweltveränderungen, die die Gesellschaft ausgelöst hat, auf die Gesellschaft selbst. Das gilt nicht nur für die physisch-chemisch-organische Umwelt; das gilt ebenso sehr für die psychische Umwelt des Gesellschaftssystems. In einem Maße wie nie zuvor ändert unser Gesellschaftssystem die Lebensbedingungen auf dem Erdball. Wir können nicht voraussetzen, dass die Gesellschaft weiterhin mit der Umwelt, die sie schafft, existieren kann. Ebenso fraglich ist, ob die Gesellschaft die psychischen Mentalitäten, vor allem diejenigen Motive erzeugt, mit denen sie als Gesellschaft fortexistieren kann, oder ob es auch hier zu Diskrepanzen kommen kann, die historisch ohne jede Parallele sind" (Luhmann 1988, S. 169).

Die Systemtheorie vollzieht damit nach (und macht auf diese Weise nachvollziehbar) Entwicklungen und Trends der modernen Gesellschaft, die im allgemeinsten und grundlegendsten Sinn zu einer Desintegration von Individuum und Gesellschaft geführt haben (vgl. Luhmann 1996, S. 11f).

6 Verstehende, interpretative Soziologie

Wenn die Systemtheorie soziale Systeme betrachtet, die aus Kommunikationen bestehen, und die materialistische Gesellschaftstheorie sich auf die Produktionsverhältnisse und die sozialen Klassen konzentriert, so steht in der Verstehenden Soziologie das menschliche Individuum und sein Handeln im Mittelpunkt.

Das Ziel einer verstehenden – oder, wie man moderner sagt: interpretativen – Soziologie, ist es, die Bedeutungen zu erschließen, die Individuen mit ihren Handlungen verbinden. Die schwierige Aufgabe einer verstehenden Soziologie besteht darin, nicht nur Beobachtbares und Messbares als Gegenstand der Wissenschaft gelten zu lassen, sondern auf der Basis von Beobachtungen die Grundstrukturen und Triebfedern menschlichen Handelns zu analysieren. Es gilt „dahinter zu schauen". Da es hier auch um Motivationen für das Handeln geht, rückt die Verstehende Soziologie in die Nähe der Sozialpsychologie. Die Grenzen verschwimmen. Aber anders als in der Psychologie geht es soziologisch verstehenden Studien darum, allgemeine, gesellschaftliche Strukturen herauszuarbeiten, die sich im Verhalten einzelner Individuen zeigen. Zudem wird die historische Dimension berücksichtigt.

Die Verstehende Soziologie beruht auf der Tradition der deutschen Geisteswissenschaften. Sie entstand weniger aus einer Analyse der Grundprobleme der Industriegesellschaften und versuchte auch nicht die Methode der Naturwissenschaften zu kopieren, sondern sie entwickelte sich aus den geisteswissenschaftlichen Traditionen an deutschen Universitäten. Sie bleibt aber nicht – und das ist ganz wichtig hervorzuheben – im Bereich der Philosophie stehen. Es geht ihr vielmehr darum, ihre Erkenntnisse auf den Bereich der Rechts- und Wirtschaftswissenschaften anzuwenden. Das hat zweischneidige Folgen. Einerseits erweist sich die Verstehende Soziologie nicht als eine reine Geisteswissenschaft, es geht ihr um konkretes Handeln etwa gerade im juridischen und wirtschaftlichen Bereich, andererseits tritt sie dadurch auch in Konkurrenz zu juridischen und wirtschaftlichen Denkweisen, was bis heute ein Spannungsfeld – manchmal fruchtbar, manchmal destruktiv – zwischen diesen Wissenschaften aufreißt. Gerade die Auseinandersetzung mit diesen beiden Bereichen wird für Jahrzehnte für die Soziologie bestimmend. Noch heute ist das Verhältnis zur Wirtschaftswissenschaft und Rechtswissenschaft ambivalent.

Aber das war nur der Boden, auf dem die Verstehende Soziologie wuchs. Auf den Traditionen der Geisteswissenschaften und in Auseinandersetzung mit ihnen (vor allem mit Wilhelm Dilthey) baute *Max Weber* seine Analysen der Gesellschaft auf. Bei ihm verband sich geisteswissenschaftliches mit modernem naturwissenschaftlichen Denken. Er kann als Begründer der „Verstehenden Soziologie" angesehen werden.

6.1   Max Weber (1864–1920)

Weber wurde 1864 in Erfurt geboren. Er lehrte in Freiburg und später in Heidelberg, unternahm eine Reise in die USA und war dort vor allem vom städtischen Leben und der Demokratie beeindruckt. Er betätigte sich auch im Verein für Sozialpolitik mit Untersuchungen über Arbeiter in der Industrie. Dieser Verein, so kann man sagen, war eine Fortsetzung der empirischen Sozialforschung im 19. Jahrhundert.

Max Weber hinterließ umfangreiche Schriften zur Soziologie. Er beschäftigte sich mit der Struktur der Wirtschaft und zeigte auf, wie sehr dieses Wirtschaften auf den jeweiligen kulturspezifischen Besonderheiten beruht, er analysierte Herrschaftsformen, schrieb Artikel zur Stadtentwicklung und führte im Verein für Sozialpolitik zahlreiche empirisch-statistische Arbeiten zur Situation der Industrie durch. Er betrieb intensiv Wissenschaftstheorie, um darzustellen, welche Aussagen Wissenschaften eigentlich machen können.

Dabei betonte er die notwendige Objektivität wissenschaftlicher Analysen. Zentraler Begriff ist ihm die Wertfreiheit. Zwar habe jeder Wissenschaftler eigene Werte, in der Analyse des Gegenstandes sollte er sich allerdings jeglicher Werturteile enthalten. Die Wissenschaft habe nicht aufzuzeigen, was sein sollte, sondern nur darzustellen, was ist. Inhaltlich und methodisch geriet Max Weber in Gegensatz zu den normativen Geisteswissenschaften seiner Zeit. Er beschäftigte sich mit der Arbeitswelt – ein sehr profaner Gegenstand für die damaligen Geisteswissenschaften – und er forderte, sich von wertenden Stellungnahmen in der Wissenschaft fern zu halten. Seine „Grundbegriffe der Soziologie", noch heute ein begriffliches Standardwerk, erschienen posthum. Er starb mit 56 Jahren; es bildete sich keine Schule um sein Werk. Man kann sogar sagen, dass er in den Jahrzehnten nach seinem Tod eher eine Randfigur in der soziologischen Diskussion war. Das lag vor allem daran, dass es in den Hauptströmungen der Soziologie in der Nachkriegszeit unter amerikanischem Einfluss und vorher schon der Dominanz der Wiener Schule des Positivismus weniger um eine historisch fundierte Analyse von Gesellschaften ging als um die Suche nach allgemeinen Gesetzmäßigkeiten. Max Weber meinte nie, dass dies Aufgabe der Soziologie sein könne. Die von den USA nach dem Zweiten Weltkrieg importierte Lust am Quantifizieren trug das Ihrige zur Vernachlässigung der Gedanken Webers bei. Erst mit der Rezeption des Symbolischen Interaktionismus der Chicagoer Schule trat auch Max Weber wieder ins Bewusstsein. Vor allem seine Betonung der Wichtigkeit des Verstehens und der Werturteilsfreiheit leben heute in verschiedenen Strömungen der Soziologie fort. In den letzten Jahren werden mit dem Auftreten der qualitativen Sozialforschung und der Etablierung einer interpretativen Soziologie die Lehren Webers wieder häufiger rezipiert.

Wir können seine Werke in drei Hauptbereiche unterteilen:

Religionssoziologie,
Wissenschaftslehre und
allgemeine Soziologie.

Die Religionssoziologie

Die religionssoziologischen Studien bilden wohl den Kern seiner weltgeschichtlichen Gesellschaftsanalysen. Man ist verleitet, diese

Aufsätze gleichzeitig als wirtschaftssoziologisch zu klassifizieren, denn es geht um die Verbindung von Weltanschauungen und die Form des jeweiligen Wirtschaftssystems. Ein großes Anliegen von Weber war es, zu zeigen, dass Weltanschauungen und Lebenshaltungen ganz wesentlich das gesellschaftliche und ökonomische Leben bestimmen. Die Aufsätze wurden dementsprechend unter dem Obertitel „Wirtschaftsethik und Weltreligion" zusammengefasst. Er befasst sich darin mit den asiatischen Religionen, dem Hinduismus, dem Buddhismus und dem Konfuzianismus, ihren Heilslehren und beobachtet gleichzeitig die wirtschaftliche Entwicklung in diesen Ländern. Er beschäftigte sich auch mit dem Islam und dem Judentum. Er stellt dabei einen engen Konnex zwischen den religiösen Vorstellungen und den Arten des Wirtschaftens her. Am bekanntesten ist seine Abhandlung zur protestantischen Ethik und dem Geist des Kapitalismus. In dieser Schrift macht er klar, dass der Kapitalismus eng mit dem Kalvinismus und der Prädestinationslehre verbunden ist. Er zeigt darin auf, dass Katholiken in weniger modernen Berufen und Bildungsgängen als Protestanten zu finden sind. Zum Beispiel sind zur Zeit der Untersuchung Katholiken eher Handwerkermeister als gelernte Facharbeiter in der Industrie, oder sie besuchen eher humanistische Gymnasien als moderne Realgymnasien oder Realschulen. Dies hängt eng mit der Geisteshaltung zusammen. Der „Geist" des Kapitalismus, den Max Weber unter anderem aus zahlreichen (wirtschafts-)ethischen Schriften destilliert, bestand sowohl in der großen Wertschätzung des Geldes als auch in der Sparsamkeit. Verbunden mit der protestantischen Arbeitskonzeption hieß das: Demut als Tugend, innerweltliche Askese und Hingabe an den Beruf des Geldverdienens.

Die innerweltliche Askese wird gleichsam zum Idealtyp für protestantisches Arbeitsethos. Max Weber versucht hier nachzuvollziehen, wie diese innerweltliche Askese im Protestantismus historisch aufgefasst wurde. Die Erfüllung innerweltlicher Pflichten bedeutete nicht mönchisches Dasein! Mystik hatte einen anderen Gehalt als in der katholischen Kirche. Sie bedeutete nicht Weltabgewandtheit, durch mystische Praktiken sollten vielmehr neue Kräfte für Arbeit geschaffen werden. Auch bestand die Auffassung, dass alles verloren sei, wenn man nur einmal fehl ging. Die Verdienste werden anders als im Katholizismus nicht aufgerechnet.

Die katholische Praktik der Beichte mit der Erteilung der Absolution gab es im Protestantismus nicht. Ein wichtiger Aspekt bestand auch darin, dass Besitz zwar an sich als ein Zeichen von Gottgefälligkeit galt, dass allerdings das Ausruhen darauf oder gar sein Genießen sündig wären, wie calvinistische Prediger meinten. Wichtig und gottgefällig hingegen, ist es zu arbeiten und auf Genuss zu verzichten.

Der kalvinistische Geist forderte die innerweltliche Askese und begünstigte so die Anhäufung von Kapital. Deswegen entsteht der Kapitalismus vor allem in den protestantischen Gebieten, nicht in den katholischen. Sicherlich war diese Schrift auch eine Antwort auf die Marx'sche Analyse der Industriegesellschaft und als solche ist sie auch meist verstanden worden.

In seinen religionssoziologischen Schriften geht Weber vom Primat der Kultur aus, von der bestimmenden Kraft der Weltanschauungen für die Lebensverhältnisse einer Gesellschaft. Er kann somit als einer der *Begründer einer Kultursoziologie* gesehen werden.

In seinen *Aufsätzen zur Wissenschaftslehre* formuliert er seine „Wissenschaftstheorie", die in der Forderung besteht, dass Wissenschaft und Politik sauber zu trennen seien. Der Vorlesungssaal soll ein Ort der rationalen Auseinandersetzung mit Theorien sein, keine Bühne, auf der die Professoren ihre politische Meinung verbreiten, was damals vielfach geschah. Diese Auffassung der *„Wertfreiheit der Wissenschaften"* führte zu scharfen Auseinandersetzungen mit Professorenkollegen und zum Bruch mit der Gemeinschaft der Wissenschaftler. In diesem Zusammenhang sind zwei Vorträge erwähnenswert, in denen er seine grundlegende Position darlegt und die sich wegen der leichten Lesbarkeit auch gut als Einstieg in seine Gedankenwelt eignen: „Wissenschaft als Beruf" und „Politik als Beruf".

Die Forderung nach Wertfreiheit, die Max Weber aufstellte, löste endlose Diskussionen aus. Der Streit, ob Wissenschaft „wertfrei" sein müsse und überhaupt sein könne, wo doch ein Individuum nicht losgelöst von Wertvorstellungen zu betrachten ist, beruht auf einer verkürzten Interpretation seines Werks. Weber unterschied zwischen Werturteilen und Wertbeziehungen. Jede menschliche Handlung hat – da sind wir mit Weber einig – natürlich Beziehung zu einem Wert, das ist ja gerade die Voraussetzung dafür, dass Verstehende Soziologie möglich wird. Ebenso hat jeder Forscher, jede

Forscherin selbst Werte und wählt zum Beispiel nach diesen Standpunkten auch Forschungsthemen aus. Diese Werte sollten die Wissenschaftler offen legen. Die wissenschaftliche Erkenntnis ist nie von der Erkenntnisabsicht der Wissenschaftler zu trennen. Allerdings muss man sich bei der Analyse des Phänomens jeden Werturteils enthalten. Es ist mit Weber darauf zu achten, dass die wissenschaftliche Vorgangsweise intersubjektiv überprüfbar ist, andere Forscher also die Erkenntnisschritte nachvollziehen können. Immer wieder müssen der Wissenschaftler und die Wissenschaftlerin bei ihren Forschungen darauf achten, dass kein naiver Glaube an die Erfahrung vorherrscht, sondern die eigene immer wieder hinterfragt und nach anderen Bedeutungsmöglichkeiten gesucht wird. Webers *Postulat der Wertfreiheit* besagt, dass die *Analyse der sozialen Handlung frei von Werten* sein soll. Das heißt auch, dass diese Handlungen nicht bewertend beurteilt werden dürfen. Sie sind nicht als gut oder böse zu klassifizieren. In diesem Zusammenhang unterscheidet Max Weber *Gesinnungsethik* von einer *Verantwortungsethik*. Gesinnungsethik ist weltanschaulich gebunden, nach ihr handelt man in der Politik, Verantwortungsethik ist die typische Form der Wissenschaft, die der Rationalität verpflichtet ist.

Als summarischer Abschluss seiner Arbeit können jene Aufsätze gelten, die in dem Band „Wirtschaft und Gesellschaft" zusammengefasst sind. Darin finden sich Abhandlungen zur Religionssoziologie und vor allem zur politischen Soziologie und zur Soziologie der Herrschaft, die großteils erst im Nachlass veröffentlicht wurden. Besonders wichtig für die allgemeine Soziologie sind die „Grundbegriffe der Soziologie", die das erste Kapitel dieses Bandes bilden. Im ersten Satz nennt er die Grundlage seiner Wissenschaft und begründet damit die Verstehende Soziologie:

„§1. Soziologie (im hier verstandenen Sinn dieses sehr vieldeutig gebrauchten Wortes) soll heißen: eine Wissenschaft, welche soziales Handeln deutend verstehen und dadurch in seinem Ablauf und seinen Wirkungen ursächlich erklären will. ‚Handeln' soll dabei ein menschliches Verhalten (einerlei ob äußeres oder innerliches Tun, Unterlassen oder Dulden) heißen, wenn und insofern als der oder die Handelnden mit ihm einen subjektiven *Sinn* verbinden. ‚Soziales' Handeln aber soll ein solches Handeln heißen, welches seinem von dem oder den Handelnden gemeinten Sinn nach auf das Verhalten *anderer* bezogen wird und daran in seinem Ablauf orientiert ist." (Weber Grundbegriffe 1972, S. 1).

Soziales Handeln

Der Grundbegriff der Soziologie Max Webers ist soziales Handeln. Seine Definition davon ist bis heute gebräuchlich. Wichtig ist zunächst, Handeln von Verhalten zu unterscheiden. Als Unterscheidungskriterium führt Max Weber den „Sinn" ein. Handeln hat Bedeutung, noch spezifischer formuliert: es hat einen Zweck, es wird damit eine Absicht verfolgt. Ein zufälliges Anstoßen zweier aneinander vorbeigehender Personen ist ein Verhalten, niemand wollte den anderen anrempeln. Viele Bewegungen, die wir vollführen, zum Beispiel die Art und Weise, wie wir gehen, wird nach Max Weber eher als Verhalten eingestuft. Wenn wir aber zum Beispiel rasch gehen, um rechtzeitig zu einem Termin zu kommen, dann ist dieses Verhalten absichtsvoll, es wird zur Handlung.

Wichtig ist auch eine zweite Unterscheidung, nämlich jene zwischen innerem und äußerem Tun. Soziales Handeln muss also nicht unbedingt sichtbar sein, es kann auch im Denken bestehen. Die Konsequenzen dieser Unterscheidung werden von Max Weber in den Grundbegriffen nicht weiter im Detail ausgeführt. Das wird erst Alfred Schütz – ein 1899 in Wien geborener und aufgewachsener, später emigrierter Vorläufer der Ethnomethodologie, einer Spielart der Verstehenden Soziologie – bei seiner Analyse der sozialen Welt zu seinem zentralen Thema machen. Wenn soziales Handeln auch im Denken bestehen kann, so ist es natürlich ganz wesentlich, was sich im Denken abspielt. Weber behandelt das nur insofern, als er darauf verweist, dass der Handelnde einen Zweck mit seinem Handeln verfolgen und ihm einen Sinn geben muss. Vielleicht ist es dem wirklichkeitsorientierten Verständnis Max Webers zuzuschreiben, dass er sich nun nicht auf eine Analyse des Denkens stürzte, sondern eher versuchte, diesen Sinn aus dem beobachtbaren Handeln zu erschließen. Wenn dieses Handeln andere Menschen berücksichtigt, dann sprechen wir vom sozialen Handeln.

In einem Einführungsbuch zur Soziologie (Bahrdt 1984) findet sich folgendes Beispiel: Ein Professor geht durch den Wald, überlegt sich seine Vorlesung, die er morgen halten soll, kommt nach Hause und hat das Konzept im Kopf. War dies soziales Handeln? Die Antwort lautet: ja. Er hat mit seiner Handlung (dem Denken an die Vorlesung) einen Sinn verbunden. Er wollte ein Konzept erstellen, indem er durch den Wald spazierte. Das würde genügen, um das Denk- und Gehverhalten zu einem Handeln zu machen. Wie wir wissen, besteht eine Vorlesung im Wesentlichen darin, dass Studierenden ein Stoff vermittelt werden soll. In der Regel wird also der Professor berücksichtigen, was seine Studenten schon wissen, worauf er aufbauen kann und wie er ihnen den Stoff mitteilen wird. Das Konzept wird sich also an den Studenten orientieren. Es war deshalb soziales Handeln. Manche mögen vielleicht sagen, dass Professoren sich wenig um Studenten kümmern und nur ihrer Wissenschaft verpflichtet sind. Aber auch dann wird es wahrscheinlich soziales Handeln gewesen sein. Der Professor könnte überdacht haben, was seine Kollegen eigentlich zu diesem Inhalt sagen würden, ob und in welcher Weise dieser die Meinung der Wissenschaftlergemeinschaft widerspiegelt. Auch dadurch hätte er andere miteinbezogen. Wenn er sich allerdings nur dem Stoff verpflichtet fühlte, dann wäre es nur Handeln, nicht aber soziales Handeln gewesen. Die Vorlesung würde zum Monolog für ihn selbst. Möglich ist das, aber wohl nicht die Regel.

Wenn wir das Handeln des Professors als soziales Handeln klassifizieren, dann können wir das deswegen tun, weil wir eine Vorstellung davon haben, was „Vorlesung" bedeutet. Wir können es nicht aus der bloßen Beobachtung – ein Professor geht durch den Wald – erschließen. Wir müssen also zum Verstehen einer Handlung immer mehr wissen, als wir tatsächlich beobachten können. Wir brauchen Hintergrundinformationen. Es wäre ein Irrglaube anzunehmen, wir könnten ohne Vorwissen sichtbare Handlungen interpretieren.

Max Weber lässt in seinen Arbeiten keinen Zweifel daran, dass er zweckorientiertes Handeln, ein Handeln also, bei dem Mittel zur Erreichung von Zwecken abgewogen werden, als wichtigste Form des sozialen Handelns ansieht. Er kennt aber noch andere Formen. Wenn der Sinn darin besteht, einen Wert zu verwirklichen, so spricht er von wertorientiertem Handeln. Wenn etwa der Professor nur deswegen an die Studierenden denkt, weil er meint, man solle ihnen den Stoff so angenehm wie möglich präsentieren, so handelt er wertorientiert. Wenn er diese angenehme Form des Präsentierens aber als Mittel ansieht, die Studenten für das Fachgebiet zu begeistern, dann ist dieses Handeln zweckorientiert, obwohl natürlich der Zweck wieder auf einem Wert beruht, nämlich der Werthaltung des Professors, das Fachgebiet sei wichtig. Man kann auch auf Grund von Traditionen handeln, weil man es immer schon so gehalten hat. Solch ein Handeln nennt Weber traditionales Handeln. Schließlich kann es auch einen Sinn machen, seine Affekte abzubauen. Ein Handeln, das den Gefühlen freien Lauf lässt, nennt Weber affektuelles Handeln. Diesem kann er am wenigsten Sympathie abgewinnen.

Verstehen und Erklären

Weber definiert in diesem einleitenden Paragraphen die soziologische Wissenschaft als eine, die *deutend verstehen und ursächlich erklären* will.

Wenn wir dem konstruierten Beispiel des im Wald wandernden Professors weiter folgen, dann können wir das folgendermaßen verdeutlichen. (Max Weber bringt in seinem Text zu den Grundbegriffen das Beispiel eines Holzfällers. Wer mehr die körperliche Arbeit liebt, sollte dies dort nachlesen).

Wir sehen einen Mann im Wald spazieren, die Hände auf dem Rücken. Er blickt nicht um sich, scheint in sich versunken und nachdenklich. Begegnet er einem Bekannten, dann grüßt er mit gesenktem Kopf, macht aber keine Anstalten, stehen zu bleiben und zu plaudern. Manchmal hält er an und notiert etwas auf einen Zettel oder spricht – als technisch orientierter Mensch – in ein Diktiergerät. Wir folgern daraus, dass der Mann mit seinem Spaziergang durch den Wald eine Absicht verfolgt. Das kann als Handeln bezeichnet werden. Er könnte auch herumspazieren, um die Natur zu genießen, auch das wäre Handeln, aber er geht nachdenklich herum, er verfolgt einen anderen Sinn mit seinem Spaziergang. Es ist offensichtlich, dass er einen – irgendeinen – Sinn damit verfolgt. Das ist für den Beobachter aktuelles Verstehen. Das Verhalten – Gehen – wird als sinnhaft erkannt, es ist eine Handlung. Der zweite Schritt ist nun, herauszufinden, welcher Sinn damit verbunden ist, warum er das tut, was er tut. Dieser Schritt führt zu erklärendem Verstehen.

Dies ist nicht mehr ohne weiteres aus der Beobachtung erschließbar. Es gäbe verschiedene Möglichkeiten, zu einer Erklärung zu kommen. Eine einfache wäre, auf eigenes Vorwissen zurückzugreifen. Bei einem Spaziergang im Wald denkt es sich leicht. Das erklärt, warum er im Wald spaziert und denkt. Natürlich ist dies eine sehr wackelige Erklärung, denn andere Beobachter könnten meinen, man denke im Kaffeehaus viel besser, er gehe nur deswegen in den Wald, weil kein Kaffeehaus vorhanden sei. Man muss also verschiedenste Möglichkeiten mitberücksichtigen. Um das Verhalten des Mannes umfassend erklären zu können, wäre es aber günstig, wenn wir etwa wüssten, dass er ein Universitätsprofessor ist. Wenn wir zusätzlich in Erfahrung bringen, dass Universitätsprofessoren Vorlesungen halten, dann haben wir noch mehr Informationen und könnten verstehen, dass sich der Professor auf die Vorlesung vorbereitet. Wenn wir weiters wissen, was eine Vorlesung ist und annehmen, dass Professoren Rücksicht auf Studierende nehmen, dann können wir sein Verhalten als soziales Handeln interpretieren. Er handelt deswegen, weil es für eine Vorlesung notwendig ist, sich vorzubereiten und auf die Studierenden einzugehen.

Die Erklärung erfolgt auf einer viel allgemeineren Ebene als der subjektiven, die nur die Motivation des Professors berücksichtigen würde. Wir verlassen im erklärenden Verstehen zwar nicht diese Ebene, aber wir fragen danach, welche allgemeinen, historisch zum Zeitpunkt gültigen Spezifika für sein Handeln maßgebend sind. Wir interpretieren eine Situation nicht nur auf Grund von Intuition, sondern auch auf Grund unseres nomologischen, das heißt an Gesetzmäßigkeiten orientierten Wissens. So führen wir unsere Erklärung zum Beispiel auf ein allgemeines Ethos des Unterrichtens zurück. Weiters auf die vorhandenen Möglichkeiten (Waldspaziergang versus Kaffeehaus). Schließlich berücksichtigten wir hier Wissen über Denkprozesse, zum Beispiel dass es notwendig für solche ist, allein zu sein usw. Wir könnten das Handeln dieser spezifischen Person auch damit erklären, dass schon der Vater Professor war und die Gewohnheit hatte, durch den Wald zu gehen. Dann wäre auch ein Anteil traditionellen Handelns im Waldspaziergang aufzufinden. Vielleicht denken wir auch daran, dass es in manchen Universitäten eine Evaluation der Lehre gibt und der Professor deswegen an die Studierenden denkt, um bei dieser Evaluation gut abzuschneiden. Viele andere Gründe wären möglich. Je mehr Wissen wir allgemein über die Situation haben und je mehr wir auch spezifisch von unserer beobachteten Person wissen, desto gültiger wird die Erklärung sein.

Beide Formen des Verstehens – aktuelles und erklärendes – sind notwendig, um die Bedeutung einer Handlung fassen und sie endgültig verstehen zu können. Es ist wichtig, dass es der Verstehenden Soziologie nicht nur um eine „Deutung des Seelenlebens" geht, wie es Dilthey für die Geisteswissenschaften formuliert hat, sondern auch darum, die Frage zu beantworten, warum es zu bestimmten Handlungen kommt. Verstehen und Erklären sind für Max Weber keine Gegensätze, sie gehören zusammen.

In der Gemeinsamkeit von Verstehen und Erklären besteht für Weber die Aufgabe der neuen Wissenschaft. Das Verstehen bezieht sich nicht auf individuelle Handlungen, sondern auch auf die Geschichte der Gesellschaft. Man kann historische Ereignisse auch verstehen, wenn keine Menschen mehr da sind, die man interviewen kann. Im Prozess des Verstehens verfolgen wir Schritt für Schritt die Handlungsfolgen und Motive der Menschen und ordnen sie in einen weiteren Zusammenhang ein. Wir müssen immer versuchen, die Bedeutung des Handelns für den Einzelnen zu erkennen. Da subjektive Bedeutung und objektive historische Erklärung im Verstehen von Gesellschaft zusammenfallen, ist die Soziologie, die das betreibt, als *„Wirklichkeitswissenschaft"*, nicht als Gesetzeswissenschaft (wie die Naturwissenschaften) anzusehen. Denn auch wenn es solche allgemeinen Gesetze für menschliches Handeln gäbe, dann würden sie doch zu einem bestimmten Zeitpunkt historisch von Individuen verwirklicht und damit gestaltet und verändert. Es macht also keinen Sinn, nach allgemeingültigen Gesetzen, losgelöst vom historischen Kontext, zu suchen. Diese müssten so allgemein sein, dass sie nichts mehr inhaltlich über die Wirklichkeit aussagen. Die Aufgabe einer Sozialwissenschaft hingegen muss es sein, uns Verständnis über die soziale Wirklichkeit zu liefern, das auch handlungsleitend sein kann. Es geht also darum, die Wirklichkeit zu ergründen.

Der Idealtyp

Zur Ergründung der Wirklichkeiten verwendet Max Weber ein Instrument, das als Idealtyp bezeichnet wird. Idealtyp ist ein Gedankengebilde, das sich Wissenschaftler erstellen, um ein soziales Phänomen verstehen zu können, ein scharfes Werkzeug, das sie weglegen, wenn sie es nicht mehr brauchen oder wenn es stumpf geworden ist.

Nun stellen wir uns vor, dass wir eine Gesellschaft verstehend analysieren wollen. Wir wollen etwa wissen, wie sich Macht und Herrschaft in einer Gesellschaft äußern. Zunächst müssen wir festhalten, was wir darunter verstehen wollen. Max Weber definiert: Macht ist die Chance seinen Willen auch gegen Widerstand durchzusetzen, Herrschaft ist für ihn legalisierte Macht im politischen Bereich. (Weber 1980). Auf diese wollen wir uns konzentrieren. Auf den ersten Blick werden wir erkennen, dass es in einer Gesellschaft vielfältige Herrschaftsbeziehungen gibt. Es gibt solche zwischen Gruppen und Organisationen, zwischen dem Staat und dem Staatsbürger, der Staatsbürgerin. Selbst wenn wir uns darauf konzentrieren, die Herrschaftsbeziehungen zwischen Staat und StaatsbürgerInnen zu erfassen, so bleiben uns doch eine Fülle von Beziehungen, die wir verstehen müssen: das Wahlverhalten, die politischen Parteien, die politischen Verbände, Mitbestimmungsmöglichkeiten und vieles mehr. Alles zu analysieren und dann die Summe dieser Analysen als Ergebnis darzustellen, wäre sicherlich unübersichtlich. Vielmehr wird sich nach einer Zeit der Analyse herausstellen, dass alle diese Herrschaftsbeziehungen einem bestimmten Prinzip folgen. Wir können mit Max Weber formulieren: Es gibt Idealtypen von Herrschaft, die eine Gesellschaft prägen. Er identifiziert zum Beispiel die Typen der charismatischen, legalen und traditionalen Herrschaft, je nachdem, auf welchem Legitimationsprinzip Herrschaft beruht: auf dem Charisma des Herrschers, auf Gesetzen oder auf Erbregelungen. Idealtypen sind konzeptuelle Abstraktionen, die wir erstellen, um die Komplexität des sozialen Lebens erfassen zu können. Sie sind keine Wertvorstellungen, sie sagen nicht, wie es idealerweise sein sollte, sie sind vielmehr gedankliche Gebilde, die ein besseres Verständnis der Gesellschaft geben sollen. Der Idealtypus ist ein scharfer Begriff, er erfordert eine präzise Definition. So kann zum Beispiel *„legale Herrschaft"* beschrieben werden als eine Form, zu der Gesetze gehören, Regeln, Über- und Unterordnung, Amtshierarchie, Zuständigkeiten usw. (vgl. Weber 1976, Bd. 1, S. 125/126.) Diese scharf definierten Idealtypen entsprechen niemals der Wirklichkeit, sie sind nur Annäherungen an die gesellschaftliche Wirklichkeit. Sie entstehen aus einer Wechselwirkung empirischer Analyse und Gedankenarbeit. Ein legaler Herrschaftstyp muss in der Realität nicht frei sein von charismatischen Merkmalen der Führer oder in bestimmten politischen Bereichen von erbfolgeähnlichen Nachfolgespielen. Persönliche Interventionen und Emotionen gehören idealtypisch nicht zur legalen Herrschaft. Wenn wir aber die Wirklichkeit ansehen, werden wir feststellen, dass sie in der einen oder anderen Form vorkommen. Man wird bemerken, dass in verschiedenen Ländern dafür wieder bestimmte Bräuche (Antichambrieren, Lobbyismus) existieren. Der Realtyp ist immer vielfältig.

All diese Abweichungen vom reinen Typus sind Realtypen, wir ziehen den Idealtypus als scharfen Begriff heran, um Realtypen zu analysieren. Der Idealtyp gleicht einem Fernglas, das man verwendet, um etwas in der Ferne Liegendes groß und scharf zu sehen, das man aber auch wieder weglegt, wenn man es gesehen hat.

Der zentrale Idealtypus für Max Weber ist jener der *rationalen Bürokratie* in der modernen Verwaltung. Daneben werden zahlreiche Idealtypen gebildet, die man vor allem im ersten Band des Werkes „Wirtschaft und Gesellschaft" nachschlagen kann.

Exkurs: McDonaldisierung als Idealtypus

In den 90-er Jahren erschien ein Buch des amerikanischen Soziologen George Ritzer unter dem Titel „Die McDonaldisierung der Gesellschaft" (1995). Dieses Buch ist sehr kontroversiell und stark diskutiert worden, weil es Gesellschaftsanalyse mit dem ungewöhnlich populären Aspekt einer Fast Food-Handelskette beschreibt. Es versteht sich aber in der unmittelbaren Traditionen der Konstruktion von Weber'schen Idealtypen und scheint deshalb in diesem Zusammenhang erwähnenswert. George Ritzer geht von Webers Beschreibung der rationalen Bürokratie als Idealtypus aus. Die Entwicklung der modernen Gesellschaften beruht im Wesentlichen auf dem Absehen von individuellen und historischen Besonderheiten und der Konstruktion von klassischen Fällen. Die Bürokratie ist deswegen so erfolgreich, weil sie eben nicht auf verschiedene individuelle Lebenslagen Bezug nimmt, gar nicht Bezug nehmen soll und weil sie rational losgelöst von individuellen Besonderheiten nach einer Regel entscheiden soll. Diese Rationalisierung sieht George Ritzer bei der Organisation unterschiedlicher Lebensbereiche auf die Spitze getrieben. Der Prototyp der modernen Rationalisierung von Organisation kann in der Fast Food-Kette gesehen werden. Diese Rationalisierung erweitert sich natürlich nicht nur im wirtschaftlichen Bereich, sondern, wie Ritzer in seinem Buch und in folgenden Werken klar macht, auch im Bereich aller möglichen Organisationen, natürlich auch des Bildungswesens. Die Kennzeichen dieser Rationalisierung im Sinne einer McDonaldisierung sind: Effizienz, Berechenbarkeit, Vorhersagbarkeit und Kontrolle.

Unter Effizienz versteht Ritzer den besten und raschesten Weg, der dazu führt, Bedürfnisse zu stillen. Effizient ist eine Organisation dann, wenn sie möglichst ohne Wartezeiten und ohne „Drumherum" funktional auf die Bedürfnisse der Kunden eingehen kann. Bei McDonald's ist das durch die Art der Selbstbedienung gewährleistet und dadurch, dass vorprogrammierte Produkte in Verteilerregale platziert werden, die eine rasche Versorgung des Kunden möglich machen. Man könnte sagen, dass etwa im Bildungssystem die Effizienz sich in einer Organisation von Studienplänen zeigt, die in einer möglichst kurzen, gesetzlich vorgeschriebenen Zeiteinheit tatsächlich auch absolviert werden können. Zielloses Studieren, sich in den Wissenschaften umschauen, ist ineffizient.

Unter Berechenbarkeit versteht man das Faktum, dass die Individuen wissen wollen, was sie erwartet. Zum Teil geht es dabei tatsächlich um Rechnen, das heißt um Quantifizieren. Wesentlich ist allerdings, dass man im Voraus weiß, welche Kosten ein bestimmtes Produkt verursachen wird. Berechenbarkeit bei McDonaldisierung heißt eben, dass ich weiß, was ein bestimmtes Produkt kostet. Es ist auch berechenbar, was ich bekommen werde. Die Produkte sind alle mit einer ähnlichen Logik zusammengestellt. Sie sind in Kohlehydraten, Fetten und Vitaminen ausgewogen. Die Berechenbarkeit in einem Studium würde darin bestehen, dass ich von vornherein weiß, wenn ich einen Kurs über soziologische Theorie besuche, welche Theorien wie vorgestellt werden. Und ich sollte mich darauf verlassen können, dass diese in einer geeigneten didaktischen Weise präsentiert werden. Ich sollte auch berechnen können, wie groß mein zeitlicher Aufwand für den Konsum dieses Theoriekurses sein wird.

Der Punkt hängt eng mit der dritten Kategorie der McDonaldisierung zusammen, der Vorhersagbarkeit. Diese Vorhersagbarkeit sagt mir nicht nur, was ich erwarten kann, sondern auch, wann ich etwas erwarten kann. Vorhersagbarkeit ist also die Dimension der Zeit bei der McDonaldisierung. Bezüglich der Fast Food-Kette weiß ich, wie ich mich verhalten muss, wann ich mich anstellen muss, dass ich das Tablett mit dem Abfall in einer bestimmten Weise entsorgen muss und ähnliches mehr. Im Bildungsbereich würde Vorhersagbarkeit bedeuten, dass ich weiß, und zwar genau weiß, wann ich im Studium welche Lehrveranstaltungen absolvieren muss. Und natürlich muss auch insgesamt festgelegt sein, welche Lehrveranstaltungen zu absolvieren sind. Vorhersagbarkeit soll Überraschungen ausschließen.

Die vierte Kategorie der McDonaldisierung ist die Kontrolle. Die Teilnehmer werden kontrolliert, sie müssen ein bestimmtes Verhalten zeigen. Sie müssen sich etwa in einer Schlange anstellen, die Speisen werden in einer vorbepackten Form ausgehändigt und sie müssen das Tablett in einen bestimmten Abfallsbereich zurücklegen. Selbstverständlich werden auch bei McDonald's die Mitarbeiter kontrolliert, und auch die Produkte unterliegen einer strengen Kontrolle. Die Kontrolle, um einmal ein anderes Beispiel zu erwähnen, zeigt sich etwa bei den Angestellten, die gegenüber Kunden bestimmte, immer gleiche Skripts aufsagen und ein bestimmtes Arbeitsgewand tragen. In den Disneylands werden etwa auch Aussehen, Nägel, Haare, Kleidung usw. kontrolliert. Das Aussehen ist keineswegs beliebig. Kontrolle im Studium wird wohl am ehesten durch Evaluation erreicht. Dadurch wird Lehre und Forschung der Universitätsangestellten überwacht. Die Studierenden unterliegen einer Kontrolle durch Zeugnisse und durch den Prüfungspass, in dem verzeichnet ist, wann sie welche Prüfung mit welchem Erfolg abgelegt haben.

Effizienz, Berechenbarkeit, Vorhersehbarkeit und Kontrolle sind idealtypische Grundprinzipien moderner Gesellschaftsorganisation. Dies will George Ritzer in seiner McDonaldisierungstheorie darstellen.

Übung: Überlegen Sie, in welchen Bereichen McDonaldisierung noch deutlich spürbar wird, denken Sie etwa an die großen Einkaufszentren oder an die Organisation des modernen Massentourismus und überlegen Sie, in welcher Weise die vier idealtypischen Kriterien für McDonaldisierung sichtbar werden.

6.2 Die interpretative Soziologie

Max Weber hat keine Schule gebildet. Sein Werk bleibt Jahrzehnte hindurch vernachlässigt. Für die empirische Soziologie waren seine großen historischen Entwürfe wahrscheinlich zu geisteswissenschaftlich, die Datensammlung und die statistische Analyse wurden wichtiger. Erst als von den USA auch andere Strömungen als quantitativ-empirische nach Europa kamen, wurde auch Max Weber wieder interessant.

Einen Wendepunkt in der Entwicklung der verstehenden Vorgangsweise bildete eine Zusammenfassung soziologischer Theorien nach Wilson (1970). Er unterschied zwischen nomologischen, das heißt gesetzesfindenden, und interpretierenden, das heißt verstehenden Ansätzen, für die er den Namen „interpretative Soziologie" vorsah. Diese Bezeichnung setzte sich später auch im deutschen Sprachraum durch. Daneben erhielt sich auch im amerikanischen Bereich der Begriff „Verstehende Soziologie". Von „Verstehender Soziologie" wird in englischen Texten vor allem dann gesprochen, wenn sie sich explizit auf die Weber'sche Soziologie beziehen und auf Arbeiten konzentrieren, die sich direkt dieser historischen Denkweise verpflichtet fühlen.

Als Wilson von interpretativer Soziologie sprach, dachte er vor allem an amerikanische Strömungen, die methodisch und thematisch sehr eng mit Sozialpsychologie und Sozialanthropologie verbunden waren. Diese Art der Soziologie wurde in der Chicagoer Schule des Symbolischen Interaktionismus praktiziert. Heute gilt der Symbolische Interaktionismus als Prototyp der interpretativen Soziologie.

6.3 Der Symbolische Interaktionismus

Im Symbolischen Interaktionismus wird aufgearbeitet und rekonstruiert, welche Bedeutungen Menschen mit ihrem Handeln verbinden. Neben dem sozialen wird auch ein sozialpsychologischer und kultureller Aspekt in die Analyse einbezogen. Symbolische Interaktionisten konzentrieren sich auf das Individuum, genauer gesprochen auf das Selbst und sein Bewusstsein. Das sind auch ihre zentralen Begriffe, gemeinsam mit dem Grundbegriff des Handelns.

Symbolische Interaktionisten werden manchmal als „Anti-Soziologen" (Denzin 1990) bezeichnet. Ihr Gedankengebäude und ihre Vorgangsweise steht in vielen Fällen quer zu der naturwissenschaftlich orientierten, mit großer Theorie verbundenen empirischen Soziologie, die die unmittelbare Nachkriegszeit beherrschte. Vor allem sind sie skeptisch gegenüber großer Theorie. Symbolische Interaktionisten haben keine Theorie vergleichbar der Systemtheorie oder des Strukturfunktionalismus entwickelt. Sie bezweifeln auch, dass so etwas Sinn macht. Denn Gesellschaft entsteht aus dem Handeln des Menschen und kann nur im Handeln gefunden werden. Theorien, die ahistorische Gesetzmäßigkeiten menschlichen Handelns entwickeln wollen, müssen sehr abstrakte Begriffe verwenden, die so allgemein sind, dass sie überall angewendet werden können, deswegen aber auch spezifischen Situationen nicht gerecht werden. Sie werden inhaltsleer. Die quantitativ orientierte Soziologie wiederum kann nur aufzeigen, wie Dinge zusammenhängen, aber diese Zusammenhänge nicht durch die Handlungen der Menschen erklären. Sie kann sie nicht verstehen und bleibt deshalb sehr oberflächlich. Verständlich, dass dem Symbolischen Interaktionismus von Seiten der quantitativ empirischen Schulsoziologie wenig Beachtung geschenkt wurde. Er gilt den traditionellen Soziologen als zu sehr psychologisch. Die Missachtung quantitativer Methodologie und die potenzielle Theorieabstinenz wurde und wird dem Symbolischen Interaktionismus auch heute noch zum Vorwurf gemacht. Sehen wir uns zunächst an, auf welchem Wissenschaftsverständnis sich der Symbolische Interaktionismus gründet.

Der Symbolische Interaktionismus kann als eine moderne Variante der Verstehenden Soziologie aufgefasst werden, obwohl er keineswegs direkt auf Max Weber aufbaut. Vielmehr entsteht er in Amerika auf der Grundlage der genuin amerikanischen Denkweise des *Pragmatismus*.

Die Leitidee des Pragmatismus lautet: *Truth is what works*. Das bedeutet, dass Wahrheit nicht in einer abstrakten Erkenntnistheorie gesucht, sondern der Wahrheitsbegriff in die Praxis des sozialen Handelns verlegt wird. Man spricht deshalb auch von einem praxeologischen Wahrheitsbegriff. Die Wahrheit liegt im Erfolg des Handelns. Ist eine Handlung gelungen, dann deswegen, weil der Handelnde damit richtige Annahmen über die Wirklichkeit getroffen hat. Diese Ansicht wird oft mit Utilitarismus gleichgesetzt. Sie gerät in Gefahr, egoistisches Nützlichkeitsdenken zu unterstützen. Wenn wir mit einer Lüge Erfolg haben, so hat der Lügner recht gehabt, die Handlung gilt als „wahr". Gegen diesen Vorwurf müssen sich Pragmatiker immer wehren. Zweifellos ist mit dieser Geisteshaltung die Gefahr der Amoralität verbunden und innerhalb des Gedankengebäudes nur schwer wegzudiskutieren. Amoralität bedeutet aber im Symbolischen Interaktionismus nur eine radikalere und modifizierte Forderung nach Wertfreiheit als sie Max Weber aufgestellt hat. Amoralität heißt hier, dass Handlungen so untersucht werden, wie sie Menschen konstruieren. Die Bewertung dieser Handlungen als gut oder böse kommt aus den Weltanschauungen – wiederum eine Rekonstruktion der Menschen. Aber diese Weltanschauungen haben auch Pragmatisten für nötig erachtet, ja sie lassen sich von ihnen auch stark leiten, wie es bei William James und seiner religiösen Orientierung deutlich wird. Die meisten Pragmatisten (von den Amerikanern James und Dewey aus der ersten Hälfte unseres Jahrhunderts bis zum Zeitgenossen Richard Rorty) ordnen ihr wissenschaftliches Denken einem Moralgebäude zu. Für frühe Interaktionisten war es die Religion, die Werte für das Handeln vorgab, Rorty nennt als moralischen Imperativ, dass wir uns solidarisch verhalten müssen und anderen „kein Leid zufügen" dürfen. Wir werden auf ihn zurückkommen, wenn wir Theorien zur Postmoderne diskutieren. Tatsächlich haben die Symbolischen Interaktionisten, die auf den Pragmatismus aufbauen, sich auch den Benachteiligten in der Gesellschaft zugewandt. Ganz typisch für sie waren Analysen von Randgruppen der Gesellschaft in Chicago. Sie vertraten hohe ethische Werte und waren auch im sozialen Bereich tätig.

Als Klassiker und Ahnherr des Symbolischen Interaktionismus gilt George Herbert Mead.

George Herbert Mead (1863–1931)

Er publizierte sehr wenig, war aber ein hervorragender Lehrer. Das meiste wurde posthum durch seinen Schüler Herbert Blumer bekannt und veröffentlicht. (u.a. Mead 1934)

George Herbert Mead gilt als *Sozialbehaviorist*. An diesem Begriff kann man sehr gut die Intentionen des Symbolischen Interaktionismus ablesen. Es geht ihm zunächst wie den Behavioristen um Verhalten, um sichtbares, beobachtbares Verhalten. Aber dabei bleibt er nicht stehen. Das Verhalten findet immer in einem Kontext statt, die äußerlichen Zeichen, die wir setzen, sind Bedeutungsträger. Nehmen wir als Beispiel eine politische Wahl. Die WählerInnen kreuzen auf einem Zettel eine Partei an. Dieser Akt genügt zur Regierungsbildung und zur Einsetzung des Parlaments, ist aber völlig unzureichend, will man die politischen Einstellungen der WählerInnen beschreiben. Trotzdem verbinden sie mit dem Setzen des Kreuzchens bei einer Partei eine Bedeutung. Der Symbolische Interaktionismus sucht nach diesen Bedeutungen.

Wir kommunizieren zumeist über Sprache. Aber selbst wenn wir sprechen, wird eine Fülle von Bedeutung durch nonverbale Elemente übertragen. Versuchen Sie nur einmal einen Satz in verschiedenen Tonlagen auszusprechen. Sagen Sie einmal „Heute gehen wir spazieren" in wütender, freundlicher, froher, auffordernder Tonlage. Sie werden sehen, es gelingt. Die gleichen Worte werden unterschiedlich aufgenommen werden. Aber selbst, wenn wir nicht die Sprache betrachten, erfahren wir das meiste aus der Umwelt durch nonverbale Zeichen, bei einem Menschen vor allem durch Gestik und Mimik. Auf Grund solcher Zeichen beurteilen wir Menschen, empfinden sie als sympathisch oder weniger sympathisch und ordnen sie verschiedenen sozialen Funktionsbereichen zu. Wir erkennen im Kaufhaus Verkäuferinnen, auch wenn sie keine Arbeitskleidung tragen. Nonverbalem Verhalten kommt daher im Symbolischen Interaktionismus vorrangige Bedeutung zu.

Übung: Überlegen Sie, woran man eine Person als Verkäuferin erkennt, auch wenn sie keine Arbeitskleidung und vielleicht nicht einmal ein Namens- oder Firmenschild trägt. Denken Sie vor allem an Mimik und Gestik! Beobachten Sie dies beim nächsten Kauf.

Offensichtlich verstehen Menschen einander. Sie interpretieren die nonverbalen Zeichen in einer Kultur in ähnlicher Weise. Eine Geste, die für zwei oder mehr Menschen gleiche Bedeutung hat, heißt *significant symbol*. Signifikante Symbole bezeichnen etwas, das die beiden Handelnden verstehen. Damit schaffen sie sich ihre Umwelt. Die Sprache besteht etwa aus signifikanten Symbolen.

Der sozialpsychologische Ansatz Meads ist stark individuenbezogen. Es liegt ihm die Vorstellung zugrunde, dass sich Gesellschaft im Individuum spiegelt. Das erläutert er in seiner Analyse des Selbst.

Die Handlung wird im Bewusstsein entworfen, das das Selbst bildet. Darin konfligieren eigene, persönliche Vorstellungen und Bedürfnisse mit gesellschaftlichen Zwängen. Diese beiden Bereiche werden durch das „*I*" und „*Me*" repräsentiert, wobei das I meine individuellen Wünsche und Bedürfnisse vertritt, das Me hingegen die Perspektive des Anderen, die Gesellschaft in mir. I und Me darf man sich nicht als bestimmte Teile des Selbst vorstellen, sondern sie sind in jeder Handlung prozesshaft miteinander verbunden, es handelt nicht nur das I oder das Me, es hat auch nicht eines „mehr" Einfluss als das andere, sondern es besteht die Vorstellung, dass sie gleichsam die Handlung ausdiskutieren. I und Me sind bestimmte Phasen des Handlungsprozesses. Me ist das Bild, das man sich macht, wenn man sich vom Standpunkt seiner Alltagsumwelt betrachtet, I ist die einzigartige Reaktion in einer bestimmten historischen Situation darauf. Soziales Handeln ist Interaktion zwischen I und Me im Bewusstsein.

Das „Me" als Repräsentation der Gesellschaft in mir entsteht im Prozess der Sozialisation. In diesem Prozess lernt man sich mit den Augen anderer zu sehen und identifiziert sich mit dieser Perspektive. Zunächst sind das bestimmte Personen – die Mutter, der Vater, die FreundInnen, die Nachbarn, die sogenannten „*signifikanten anderen*" –, später merkt man, dass viele in ähnlicher Weise denken wie die unmittelbaren Bezugspersonen und kann Verhalten verallgemeinern, man übernimmt die Perspektive des „*generalisierten anderen*". Um diese Perspektive übernehmen zu können, muss man beobachten und – nach Mead – die Umwelt, die Mitmenschen wahrnehmen. Wahrnehmung ist notwendig zur Entschlüsselung der Bedeutungsverleihung. Die soziologische Aufgabe, die sich daraus ergibt, wird sein, zu fragen, wie Menschen ihre Umwelt wahrnehmen.

Die Axiome des Symbolischen Interaktionismus von Herbert Blumer

Als George Herbert Mead aus Krankheitsgründen ausschied, übernahm sein Schüler *Herbert Blumer* (1900–1987) seine Hauptvorlesung. Er prägte den Namen „*Symbolischer Interaktionismus*". Blumer

fasste die Ideen Meads zusammen und formulierte drei Prämissen
des Symbolischen Interaktionismus (Blumer 1973):

1. *Menschen handeln Dingen gegenüber auf Grund der Bedeutung, die diese Dinge für sie haben.*
2. *Diese Bedeutung entsteht in einem Interaktionsprozess.*
3. *Sie ist historisch wandelbar.*

In der ersten Prämisse wird von „Dingen" gesprochen. Unter Dingen versteht Blumer vielerlei. Dazu gehören nicht nur materielle Dinge, wie Schreibtische, Computer oder Kinofilme, dazu gehören auch Wertvorstellungen, Theorien, Weltanschauungen, also geistige Produkte. Ebenso werden soziologische Konzepte wie Rollen, soziale Normen oder Zwänge darunter gefasst. Im Unterschied zum Strukturfunktionalismus werden diese Dinge nicht einfach als gegeben angenommen, sondern es wird ihre Bedeutung untersucht, die sie im Handlungsprozess haben.

Objekte, Dinge sind für die Soziologie nur dann relevant, wenn sie Symbole sind, das heißt, wenn sie mit Bedeutung ausgestattet werden. Diese Bedeutung tragen sie aber nicht a priori in sich, vielmehr muss man davon ausgehen, dass sie ihnen im Handeln zugeschrieben werden. Die Bedeutung sitzt weder in dem Ding an sich noch ist sie ein psychisches Konstrukt der Person, vielmehr geht sie aus dem Interaktionsprozess hervor. Erst indem ich auf einem Tisch schreibe wird er zum „Schreibtisch". Ein Zimmer wird dadurch zu einem Bürozimmer, indem darin bestimmte Interaktionen stattfinden, die etwa in einem Wohnzimmer untypisch und unpassend wären. Wir könnten die Beispiele endlos fortsetzen. Alles, was für uns Bedeutung hat, hat diese, weil sie in einem Interaktionsprozess entstanden ist.

Da Bedeutung in einem Interaktionsprozess entsteht und immer wiedergewonnen wird, steht sie auch nicht ein für allemal fest, sondern ist wandelbar. Durch die ständigen Interaktionen verfestigt sich zwar die Bedeutung – ein Bürozimmer bleibt ein Bürozimmer –, aber was darin stattfindet, kann historisch unterschiedlich sein. Die Interaktionen in einem Bürozimmer im 19. Jahrhundert unterscheiden sich wahrscheinlich sehr von den heutigen. Man lese etwa die Beschreibungen von Charles Dickens von Kontoren und Büros oder auch – sehr lehrreich als Beispiel der bürgerlichen Gesellschaft – die „Buddenbrooks" von Thomas Mann. Ein Unterschied zu einem früheren Sekretariatsraum ist natürlich der Computer. Aber vielleicht dürfen heute auch persönliche Elemente in den Büros sein, eventuell Familienbilder oder Pflanzen, was in den Sekretariatszimmern des 19. Jahrhunderts nicht erlaubt war.

Übung: Vergleichen Sie Darstellungen unterschiedlicher sozialer Gebilde – Räume oder Familienbilder – in unterschiedlichen Epochen. Wie wird darin die unterschiedliche Bedeutung zu verschiedenen Zeiten sichtbar?

Es gab im 19. Jahrhundert Lehrveranstaltungen und es gibt sie heute, aber sie sehen – in der Regel – doch anders aus. Ja, man kann so weit gehen und sagen, dass jede Lehrveranstaltungen „neu" erfunden wird. Wir haben einen Rahmen, der Verhalten vorgibt, zum Beispiel die Rolle der Studierenden und des Vortragenden, des weiteren Raumbedingungen wie Bänke und ein Podium mit Rednerpult. Trotzdem kann jeder Lehrende die Vorlesung nach eigenen Vorstellungen gestalten, kann zur Diskussion ermuntern, kann zwischendurch Gruppenarbeiten durchführen oder eben nur aus einem Manuskript vorlesen.

Die Bedeutungen sind also gestaltet, vom Menschen gemacht und wandelbar. Sie sind nicht außerhalb der Natur des Menschen vorgegeben, also nicht absolut bestimmbar und sie stehen nicht hinter dem Menschen, wie es große Theorie postuliert, sie sind nur im Handeln des Menschen wirklich.

Menschen verstehen also, worum es geht, wenn sie in Interaktionen eintreten. Sie interpretieren die Äußerungen des anderen und handeln danach. Um Handeln von Menschen verstehen zu können, muss man den Vorgang des Verstehens im Allgemeinen nachvollziehen können. Wie ist Verstehen überhaupt möglich? Um eine Handlung interpretieren zu können, muss man offensichtlich die signifikanten Symbole einer Kultur kennen. Und man muss wissen, in welchem Zusammenhang die Interaktionen stattfinden. Oft wird Interpretation nur dann gelingen, wenn der Interpret oder die Interpretin der gleichen Kultur angehört. Es ist aber auch wichtig, das Umfeld zu kennen, in welchem sich Handlungen abspielen. Unter Umständen ist es wichtig, dabei zu sein. Die teilnehmende Beobachtung wird daher mehr noch als die qualitative Befragung zum Forschungsinstrument des Symbolischen Interaktionismus. Der Nachvollzug des Verstehensprozesses ist nicht vom grünen Tisch aus zu leisten. Um die Bedeutungen zu erfassen, die Menschen Dingen zuschreiben, muss man sich in die unmittelbare Umgebung begeben, in der sie handeln. Konsequenterweise hielt sich Blumer, während er ein Buch über Mode schrieb, in Paris auf.

Man könnte zum Symbolischen Interaktionismus auch bemerken, was Garfinkel zur Ethnomethodologie feststellte, auf die wir später eingehen werden: Man kann sie nicht erklären, man muss sie ganz einfach praktizieren. Deswegen lohnt sich auch hier, sich verschiedene Studien anzusehen, die symbolisch-interaktionistisch arbeiten.

Ich möchte hier nur eine vorstellen, die vielleicht deshalb so berühmt geworden ist, weil sie in ein Buch der quantitativ orientierten nomologischen Soziologie Eingang gefunden hat, nämlich in George C. Homans Theorie des sozialen Gruppe (1970). Es handelt sich um die Studie von Whyte über italienische Jugendgangs mit dem Titel „Street Corner Society". Die Studie zeigt, wie sich jugendliche italienische Einwanderer in Gruppen zusammenschließen. Sie rekonstruiert also das Entstehen von Gruppenkultur. Im Anhang beschreibt Whyte detailliert, wie er die Beobachtungen aufgenommen und durchgeführt hat und wie es zu diesem Buch gekommen ist. Dieser Anhang kann als Lehrbeispiel für teilnehmende Beobachtung gelten. Sie ist nicht in Chicago entstanden, sondern in Boston, aber dem Gehalt nach meines Erachtens dem Symbolischen Interaktionismus verpflichtet.

Beispiel: William F. Whyte, Street Corner Society

Whyte führte seine Untersuchungen in einem Slum in Boston durch (er nannte es „Cornerville") (Whyte, orig. 1943), das fast ausschließlich von italienischen Einwanderern bewohnt wurde. Schlechte Wohnbedingungen, hohe Kriminalitätsraten, vor allem Jugendkriminalität kennzeichneten das Gebiet.

Er versuchte, am Leben der Jugendgangs teilzunehmen, die meist an den Ecken herumstanden. Es gab verschiedene Gruppen, er teilte sie in die corner boys, die college boys (little guys) und auf

Erwachsenenseite die racketeers und die politicians (big shots) ein. Sie waren aufeinander angewiesen, wenn auch die Beziehungen zwischen den Gruppen keineswegs gleich stark waren. So mussten sich die Politiker wohl der Zustimmung der Corner boys vergewissern, sie kamen an diese im Wesentlichen aber nur über die racketeers (Wettmacher, Gangster) heran, die sehr engen Kontakt zu den corner boys hatten.

Das Bowlingspiel als Symbol
Die bekannteste dieser Gruppen, mit der auch Whyte herumzog, war die Norton Street Gang. Whyte bekam Zugang zu dieser Gruppe und zu anderen in diesem Gebiet durch Doc, der auch der Führer der Norton Street Gang war. Um die symbolisch interaktionistische Sicht zu verdeutlichen, greifen wird auf die Konstruktion der hierarchischen Ordnung in der Gruppe zurück. Natürlich gab es keine festgeschriebenen Funktionen. Whyte fand durch Beobachtungen heraus, dass es neben Doc als Führer noch zwei andere, „Mike und Danny", gab, die in hoher Position standen. Ein Sonderfall war „Long John". Er hatte engen Kontakt mit der Führungsspitze, aber kaum zu den anderen Mitgliedern. Die Stellung in der Hierarchie der Gruppe kam durch den Ruf zustande, den sich die Personen in vergangenen körperlichen Auseinandersetzungen (Raufhändel) errungen hatten. Doc selber erzählte (er war zum Zeitpunkt der Untersuchung 29 Jahre alt), dass er sich in seiner Jugend mit jedem und andauernd geschlagen hatte. Erst als Führer der Norton Street Gang hörte er völlig auf, sich zu schlagen.

Für die Norton Street Gang war eine der häufigsten Sportausübungen das Bowling. Nun könnte man annehmen, dass Bowling ein besonderes Geschick erfordert, das nicht unbedingt mit Erfolg in Straßenkämpfen zusammenhängt. Die Ergebnisse des Bowling-Wettbewerbs entsprachen aber immer wieder ziemlich genau der Hierarchie der Gruppe. Zum Beispiel war Frank ein guter Bowler. Aber er hatte einen schlechten Status in der Gruppe, der später durch seine finanzielle Abhängigkeit noch mehr fiel. Obwohl Frank mehr bowlte als alle anderen, war er beim Wettbewerb meist sehr weit unten. Auch andere Gruppenmitglieder, die einen niederen Rang hatten, aber durchaus beachtliche Bowlingspieler waren, verloren gegenüber den Führungsmitgliedern.

In einer Diskussion zwischen Doc und Long John kam das zum Ausdruck. Alec hatte gut gebowlt, aber irgendwie gelang es Long John, ihn dennoch zu besiegen. Long John kommentierte das Ergebnis: L. J.: „I only wanted to be sure that Alec and Joe Dodge didn't win. That wouldn't have been right." Doc bestätigte ihn darin, dass dies nicht recht gewesen wäre, er hätte eingegriffen, wenn Alec am Gewinnen gewesen wäre. Auf die Frage Whytes, warum, antwortete Doc: „they wouldn't have known how to take it … We would have to put them in their places."

Alec war verärgert über seinen Verlust und forderte Long John heraus (nicht das „eigentliche" Führungsteam). Er gewann auch, dann gewann Long John knapp, aber bei den nächsten Spielen gewann wieder Alec. Das war offensichtlich ein Problem für die Führungsgruppe. Doc stellte Alec zur Rede, das heißt, er schlug ihn zusammen („I blasted him"), dann erklärte er Long John, dass er der bessere Kegler sei, nicht Alec. Alec besiegte daraufhin nie wieder Long John, es gelang ihm einfach nicht.

Unabhängig von den tatsächlichen möglichen Fähigkeiten im Bowlen entsprachen die Ergebnisse immer wieder der Gruppenhierarchie. Sie spiegelten nicht die sportlichen Fertigkeiten, sondern die Gruppenstruktur wider.

Das Bowlingspiel war ein zentrales signifikantes Symbol der Gruppe. Man durfte damit nicht zu leichtfertig umgehen. Das zeigte sich auch im März 1938, als die Nortons Bekanntschaft mit den Aphrodite Club girls machten. Es kam zu Auflösungserscheinungen der Gruppe, weil einige Mitglieder Autos hatten und dadurch leichter an die Mädchen herankamen als die anderen. Leider waren gerade diese Gruppenmitglieder von minderem Status bei den Nortons. So kam man darauf, durch einen gemeinsamen Bowling-Wettkampf mit den Mädchen das Prestige der Gruppenführer zu heben versuchen. Doc machte mit, für Danny und Mike war es aber zu minder mit den Mädchen zu kämpfen, und sie machten sich über Doc lächerlich. Sie bowlten gegeneinander, Doc verlor knapp, machte sich aber nichts daraus. Er sah später ein, dass es ein Fehler war, mit den Mädchen zu bowlen. Es waren die ersten Auflösungserscheinungen der Norton Street Gang.

Die Nortons und die Aphrodites wurden durch Doc zusammengebracht, so konzentrierten sich auch Danny und Mike auf Doc, um sie wieder auseinander zu bringen. Im Herbst, nachdem die Mädchen auf einem Sommercamp gewesen waren, waren die Nortons hinsichtlich ihrer Einstellung zu Mädchen „die alten".

Doc wurde älter und engagierte sich auch in einer politischen Kampagne. Dadurch kam es zu einer völligen Entfremdung mit der Gruppe. Doc war lange Zeit arbeitslos und konnte auch aus finanziellen Gründen seine Position nicht halten. Die Nortons zerfielen.

Ich will hier auf die anderen Gruppen, die in der Studie von Whyte umfangreich beschrieben sind, nicht im Einzelnen eingehen. Es lohnt sich, das nachzulesen. Man kann immer wieder erkennen, wie bestimmte Interaktionen symbolhaften Charakter bekommen.

Einige Beispiele noch dazu. Das Leben in Cornerville spielt sich auf der Straße ab. Die Straßenecke ist Treffpunkt und Ausgangspunkt für weitere Aktivitäten. Man kann an verschiedenen Dingen soziale Rollen und Positionen erkennen. Es ist leicht, einen Unterschied zwischen verheirateten und ledigen Personen festzustellen. Verheiratete Männer fehlen an einem bestimmten Tag und führen an diesem ihre Frauen aus. Sie gehen dann von der Ecke oft in eine Cafeteria, wo es eine bestimmte Sitzordnung gibt.

Es gibt in der Gruppe auch verschiedene Verhaltensregeln, zum Beispiel wer von wem Geld ausleihen kann, nämlich nur von benachbarten Positionen. Das Geld wird selten wieder eingefordert, aber man ist verpflichtet, es zurückzugeben. Tut man das öfter nicht, wird man zwar nicht ausgeschlossen, sinkt aber in der Rangskala. Der Führer darf nicht einen Untergeordneten in der Gruppe um Hilfe oder Geld bitten (was Doc das Leben sehr schwer machte, als er längere Zeit arbeitslos war). Der Führer der Gruppe hat mehr Geld – oder muss so tun, als ob er mehr Geld hätte. Er ist verantwortlich für das, was getan wird. Und er muss die „richtige" Entscheidung treffen, auch wenn Gruppenmitglieder etwas anderes sagen. Er hat enge Freunde in der Gruppe und ist sehr indifferent zu anderen derselben Gruppe. Er muss zwar nicht der beste Sportler sein, aber immer gute Leistungen erzielen. Er ist auch die Kontaktperson zu anderen Gruppen. Die Führerschaft ändert sich durch Beziehungen innerhalb des Führungsteams, nicht durch Widerstand von der Basis.

Eine Position in der Gruppe innezuhaben, heißt, am Schnittpunkt gewohnter Interaktionen mit den Gruppenmitgliedern zu stehen. Diese verlaufen in einer bemerkenswerten Konstanz. Bei Verlust der gewohnten Interaktionen herrscht Desorientierung. Das zeigte sich, als Long John den Kontakt zu Doc und Danny verlor, die sich von den Nortons entfernten, und ein neuer Führer heranwuchs (Angelo). Das zeigte sich aber auch bei der langen Arbeitslosigkeit von Doc. Er durfte ja keine Person mit niedrigerem Rang um finanzielle Unterstützung bitten und auch seine engeren Freunde nicht andauernd anbetteln. Dadurch konnte er bei Gruppenaktivitäten nicht mitmachen, nicht mehr kostenintensive Tätigkeiten vorschlagen und auch niemanden mehr einladen. Das schwächte seine Position und machte ihm auch psychisch zu schaffen. Die längere Arbeitslosigkeit eines „normalen" Gruppenmitglieds mit den gleichen finanziellen Nöten wirkte sich wesentlich weniger dramatisch aus.

Zur Methode und Vorgangsweise

Whytes Buch ist, wie gesagt, ein Lehrstück an teilnehmender Beobachtung. Zwar ist jede Situation ein Einzelfall und die Vorgangsweise wird stark von dem Feld bestimmt, in dem man sich bewegt, aber Whyte macht auf manche Kriterien aufmerksam, die Allgemeingültigkeit haben. Dazu gehören etwa die Themenfindung und einige Verhaltensregeln.

Whyte stammte aus der oberen Mittelschicht und hatte keinen Bezug zur Gesellschaft Cornervilles. Er schrieb Kurzgeschichten, interessierte sich zuerst für wirtschaftliche Fragen, aus sozial-caritativen Gründen wandte er sich dem Thema Armut zu. Als Harvard-Stipendiat bekam er drei Jahre Stipendium für jede Forschung, die er in Angriff nehmen wollte, er durfte nur nicht Zeugnisse für sein Doktorat sammeln.

Die Entscheidung für Cornerville fiel aus pragmatischen, nicht eigentlich wissenschaftsimanenten Gründen. Es passte am besten in seine Vorstellung von Slum: minderwertige Wohnmöglichkeiten, heruntergekommene Häuser, es sah also schäbig aus, schäbiger als andere Gebiete von Boston. Einziger „objektiver" Grund: Überbevölkerung.

Zuerst entwickelte Whyte ein grandioses Forschungsdesign, indem er 10 Mitarbeiter für sich vorschlug. Ein Professor diskutierte lange mit ihm und riet ihm ab. Das Design wurde im Winter 1936/37 mehrmals umgeschrieben. Es wurde immer mehr „sozio-

logisch". Vorbildhafte Studien für ihn waren Lynds Middletown-
und Warners Yankee City-Studies. Daraus kristallisierte sich auch
so etwas wie eine Theorie heraus (die aber nicht näher präzisiert
wird). Er kam in Kontakt mit Feldforschungsmethoden und studierte diese an der Universität. Er begann, ohne eine Schulung in
Soziologie oder Anthropologie zu haben. So fing er auch völlig
falsch an: Er klopfte an Türen, sah sich die Wohnungen an und redete mit den Leuten über ihre Lebensprobleme. Das war für alle
peinlich und es kam überhaupt nichts heraus. Der nächste falsche
Schritt: Er hörte vom Settlement House und versuchte über dieses
Zugang zu den Gangs zu bekommen. Aber das arbeitete nur mit
Aufsteigern, die aus Cornerville *hinausstrebten*, alles andere als ein
passender *Einstieg* ins Feld.

Man sagte ihm, dass er durch Kontakte mit Mädchen hinein-
kommen könne, die er auf einer Tanzveranstaltung kennen lernen
solle. Als er aber dort war, waren nur Paare da und an einem Tisch
ein Mann mit zwei Mädchen. Als er sich zu diesen gesellen wollte,
deutete ihm der Mann an, dass dies keine gesunde Idee wäre, und
Whyte verließ schleunigst das Tanzlokal. Er erfuhr, dass kaum jemand aus Cornerville in diesen Tanzsaal ins Regan Hotel (an einer
Ecke Cornervilles) kam.

Trotzdem stellte sich der Kontakt zum Settlement House als günstig heraus. Eine Sozialarbeiterin verstand nämlich genau, was er
wollte, und brachte ihn in Kontakt mit Doc. Im Februar 1937 traf
er Doc und damit begann eigentlich seine Studie. Er erzählte ihm
lang und breit, wahrheitsgemäß, was er wollte: Zugang zu den Leuten zu haben, zum Leben, um vielleicht nachher auch die Situation
verbessern zu helfen. Doc akzeptierte das und riet ihm, nichts zu
machen und nichts näher zu erläutern versuchen, er würde ihn nur
als seinen Freund vorstellen. Tatsächlich gaben sich die Leute in
Cornerville anfänglich damit zufrieden.

Er suchte eine Wohnung in Cornerville, auch wenn diese nur
ärmlicher sein konnte als seine Wohnung mit Schlaf- und Wohnzimmer und Bad in Harvard. Er bekam schließlich ein Zimmer bei
einer Familie, die ein Restaurant führte, indem er öfter aß. Zuerst
wollte sie ihn nicht aufnehmen, erst durch geschicktes Intervenie-
ren von Doc gelang es und er kam in engen Kontakt mit dieser Familie. Das Zimmer war klein und ungeheizt. Er belegte auch einen

Italienisch-Kurs und versuchte in Gesprächen mit der Familie sein Italienisch zu verbessern (auf der Straße sprach man englisch).

Meist machte er nach dem Frühstück seine Notizen und hielt so seine Beobachtungen vom vergangenen Tag fest. Danach Mittagessen im Restaurant, und anschließend ging er an die Straßenecke und zog mit den Gangs herum. Zwischen 11 und 12 Uhr nachts kam er nach Hause und plauderte noch ein bisschen mit den Wirtsleuten und trank ein Glas Wein. Sonntags aß er mit der Familie und rastete sich nachmittags aus. Es war für ihn wichtig, einen Tag zu haben, an den man sich zurücklehnen konnte, nicht beobachtete und auch nicht in der Rolle des Forschers war.

Er lernte verschiedene Verhaltensregeln und verletzte anfänglich auch einige: Man nimmt seinen Hut nicht ab, wenn man in ein Lokal geht, nur ausnahmsweise vielleicht, wenn Frauen dabei sind. Er ging mit einem Mädchen zum Tanz und begleitete sie nach Hause. Nächsten Tag redete ihn jeder an: „Wie geht's deiner festen Freundin". Er ging nie wieder allein mit einem Mädchen aus.

In Harvard belegte er parallel einen Kurs in teilnehmender Beobachtung. Er lernte auch, dass man bestimmte Dinge nicht sagt, bestimmte Fragen nicht stellt. Doc machte ihn aufmerksam, dass er schon erfahren würde, wer, wann, wo, mit wem, warum usw., wenn er nur dabei bliebe. Aber danach fragen, das ging nicht. Er wurde auch darauf aufmerksam gemacht, dass er nicht in der Sprache der corner-boys reden solle. Nicht in deren Dialekt, nicht mit deren obszönen Worten: „Das passt nicht zu dir", sagte man ihm.

Er versuchte die Gruppe so wenig wie möglich zu beeinflussen, auch als man ihm ein Amt im Italian Club anbot. Er nahm schließlich den Schriftführer an, weil er da mitschreiben konnte, ohne dass er irgendwie Einfluss nehmen musste.

Es stellte sich das Problem, wie die Daten organisiert werden sollten. Es war wichtig, nicht nach quantitativen Kriterien, sondern nach qualitativen zu ordnen. Ein Beispiel: Er könnte zum Beispiel Aussagen von Mitgliedern verschiedener Gruppen unter „Racketeers, attitudes towards" einordnen. Aber die Verteilung von Einstellung zu einer Personengruppe bekommt man nur durch eine quantitative Befragung. Es war für ihn wichtiger, diese Einstellung mit der Gruppe in Verbindung zu bringen, von deren Mitglied sie geäußert wurde. So ordnete er nach Gruppen. Er hielt auch Datum,

Personen und einen kurzen Interviewauszug fest, der zur raschen Orientierung über das vorhandene Material diente.

Er machte im Juli und August 1937 Sommerferien und war weg aus Cornerville. Er überdachte seine bisherigen Ergebnisse und wollte die Studie ausweiten. Er engagierte sich auch in einer politischen Kampagne, um Einsicht in das politische Spiel zu gewinnen. Er brachte zwar keine Wählerstimmen mit, aber wurde zumindest als einer angesehen, der auch keinen Schaden anrichten konnte. Das „repeating", das wiederholte Wählen, brachte ihn in einen Gewissenskonflikt und sicher an ethische Grenzen der teilnehmenden Beobachtung.

Im April 1938 nahm er an der Bowling-Konkurrenz teil und kam zu seinem bekannten Ergebnis, dass das Ergebnis des Spiels der Rangfolge in der Gruppe entsprach. Der Sommer 1938 brachte Änderungen in seiner Forschungsarbeit. Er heiratete und übersiedelte mit seiner Frau in eine etwas bessere Wohnung in Cornerville. Als verheirateter Mann bekam er Zugang zu anderen sozialen Aktivitäten in Cornerville. An einer Stelle der Studie bemerkt er, er habe als „nonparticipating observer" begonnen und als „nonobserving participant" geendet. Dies ist übrigens auch eine Gefahr der teilnehmenden Beobachtung: das „going native", das Überidentifizieren mit dem Forschungsfeld. An einer solchen Stelle sollte man die teilnehmende Beobachtung abbrechen oder zumindest eine Pause einschieben.

Schließlich musste er auch um Verlängerung für sein Forschungsstipendium ansuchen. Er suchte um drei Jahre an, bekam aber nur eines verlängert. Er war zuerst enttäuscht darüber, es stellte sich jedoch als gut für ihn und seine Forschung heraus, denn „the study of a community or an organization has no logical end point" (p325). Man könnte immer weiter forschen.

Er griff auch auf „scrapbooks" von cornerboys zurück. Ebenso stellte er quasi eine Netzwerkstudie an. Als er einmal aktiv Einfluss nehmen wollte (bei einer Wahl) und sich zu Wort meldete, verlor er schmählich. Das zeigte ihm: Nie Ereignisse beeinflussen wollen, solange man teilnehmende Beobachtung macht!

Er verließ Cornerville in der Mitte des Sommers 1940. Auf Besuch kam er nur selten. Er sandte natürlich Doc und einigen anderen sein Buch, natürlich auch der Bibliothek. Er zeigte schon während der Entstehung jedes Kapitel Doc, der so das ganze Buch schon sehr frühzeitig zu lesen bekam. Doc nahm es ganz gut auf, aber es schien, als ob er alles tat, damit es die anderen nicht lasen. Er sagte, es sei nicht interessant, etwas für die Professoren, und war an einer Verbreitung offensichtlich nicht interessiert. Interessant auch, dass zwar überregionale Zeitungen eine Rezension des Buches brachten, aber in keiner regionalen auch nur eine Notiz darüber stand.

Dieser ausführliche Methodenexkurs sollte klar machen, dass die teilnehmende Beobachtung eines symbolischen Interaktionisten durchaus kein einfaches, aber dafür ein sehr interessantes Unterfangen ist.

Kritik am Symbolischen Interaktionismus

An dieser Stelle scheint es angebracht, die Kritik am Symbolischen Interaktionismus zu erwähnen, die zum Teil von symbolisch-interaktionistischer Seite selbst kam (vgl. Blumers scharfe Kritik methodologischer Art an Thomas/Znanieckis „Polish Peasant", Blumer 1969).

Die zentrale Kritik ist zumeist methodologischer Art: Die teilnehmende Beobachtung und andere qualitative Methoden seien keine „harten" wissenschaftlichen Methoden. Sie seien viel zu sehr abhängig von der Person des Forschers, und die Datensammlung und Analyse unterliege keinen strengen Regeln. Solche Kritik ist aus typisch positivistischer Perspektive vorgetragen und zielt ins Leere. Sie betrachtet den Symbolischen Interaktionismus aus der Perspektive und mit den Kriterien positivistischen Vorgehens. Aber Symbolischer Interaktionismus ist kein Positivismus und deswegen auch nicht mit seinen Kriterien zu beurteilen. Man muss sich auf die Fragestellung und die Absicht der Interaktionisten einlassen, die symbolische Konstruktion von Welt zu studieren, um zu geeigneten Beurteilungskriterien zu kommen. Ein weiteres Problem stellt die Verallgemeinerung der Daten dar. Zumeist arbeitet der Symbolische Interaktionismus mit Einzelfallstudien, inhaltliche Verallgemeinerungen sind schwierig. Trotzdem sagen uns diese Einzelfallstudien oft mehr als repräsentative Analysen. Die Studie über den Doomsday Cult von Lofland (1970), eine Studie über eine Sekte, gibt detailliert Auskunft über die Strategien der Rekrutierung von Mitgliedern und der Arbeit der Sekte, die in ihren prinzipiellen Strukturen sehr wohl auf andere Sekten übertragbar sind. Weiters wird am Symbolischen Interaktionismus oft das Fehlen von Strukturanalyse beklagt. Ein Einwand, dem schwer zu widersprechen ist und dem neue Entwürfe interpretativer Soziologie (Denzin 1990) begegnen wollen.

Trotz dieser Kritik hat sich der Symbolische Interaktionismus und die interpretative Soziologie als ein zentraler und wichtiger Standpunkt innerhalb der Soziologie etabliert.

6.4 Varianten und Weiterentwicklung der interpretativen Soziologie

Unter Symbolischem Interaktionismus wird also jene große Menge an Studien zusammengefasst, die auf den Symbolgehalt von Zeichen abzielen. Der Symbolische Interaktionismus fragt danach, welche Symbole Menschen verwenden und wie sie damit umgehen. Er konzentriert sich weniger auf die Frage, wie diese Symbole zustande kommen. Das machen andere Spielarten der interpretativen Soziologie, wie die Ethnomethodologie oder der moderne empirische Konstruktivismus. Gleichsam eine Brücke zwischen diesen Ansätzen bildet das Werk Erwin Goffmanns, einem der bekanntesten Einzelgänger der Soziologie.

Erving Goffman und sein dramaturgischer Ansatz

Goffman gilt als großer Einzelgänger in der Soziologie, obwohl er eng mit der Profession verbunden war (er war kurz vor seinem Tod Präsident der American Sociological Association). Seine Arbeiten sind schwer referierbar. Er war aber sicherlich einer der größten Soziologen der letzten Jahrzehnte und sein Werk harrt der Aufarbeitung (vgl. Hettlage/Lenk 1991).

Im Wesentlichen geht es in den frühen Arbeiten Goffmans darum aufzuzeigen, wie wir soziale Realität inszenieren. Die Menschen sind Akteure, wie Schauspieler, die auf der Bühne spielen. Darauf geht er in seiner frühen Arbeit „Wir alle spielen Theater" (1969) ein. Er untersuchte in diesem Werk die privaten familialen Inszenierungen in Haushalten auf den Shetland Inseln.

Die Welt zerfällt in Vorder- und Hinterbühne. Auf diesen Bühnen darf man Bestimmtes tun und Bestimmtes nicht. Auch die

Wohnung ist in Vorder- und Hinterbühne aufgeteilt. Vorderbühne ist das Wohnzimmer, in das man andere Leute bittet, Hinterbühne das Schlafzimmer, das von Besuchern in der Regel nicht betreten wird, oder das Badezimmer, in dem man sich „herrichtet", um auf der Vorderbühne erscheinen zu können. Natürlich ist in unterschiedlichen Kulturen Unterschiedliches auf der Vorder- und Hinterbühne denkbar.

Auf den Bühnen der Öffentlichkeit, den Straßen, Wartesälen und Plätzen ist Verschiedenes möglich. Goffman analysiert diese Haupttätigkeiten und Nebentätigkeiten detailliert in einer Situation: zum Beispiel Lesen im Wartesaal neben Nasebohren usw. Bekannt wurde er auch durch seine Analyse totaler Institutionen, wie etwa dem Krankenhaus wobei er aufzeigt, wie durch die Abnahme von Kleidung und persönlicher Gegenstände das Selbst zu einer Person der Institution wird.

Zusammengefasst hat Goffman seine Arbeiten in dem Buch „Frame-Analysis". Wir nehmen, so Goffmann, eine Situation als real wahr durch sogenannte „frames" (= Rahmen). Darunter versteht er Situationsdefinitionen, die dem Verstehen und Handeln zugrundegelegt werden. Er unterscheidet primäre Rahmen (zum Beispiel Familie) und sekundäre Rahmen (zum Beispiel Straße). Bei den primären kennt er natürliche, die gleichsam naturgesetzlich bestehen und keinen nennenswerten Kulturbezug haben, und soziale, die dem Willen der Handelnden unterliegen.

Durch seine detaillierten, illustrativen Beschreibungen der sozialen Realität wird Goffman auch zur Ethnomethodologie gerechnet.

Ethnomethodologie

Die Ethnomethodologie verfolgt vor allem den Prozess, wie Symbole zustande kommen. Der Name drückt aus, dass es ihr darum geht, welche Methoden die Menschen entwickeln, um sich in der Wirklichkeit zurechtzufinden.

Die Ethnomethodologie ist ebenfalls in Amerika entstanden, kann aber in ihrer philosophischen Tradition nahe an die *Phänomenologie* (Husserl) gerückt werden. Grundlegend ist das Werk von Alfred Schütz („Der sinnhafte Aufbau der sozialen Welt", orig. 1932), einem Österreicher, der 1939 in die USA emigrieren musste und der sich detailliert mit der Struktur des Wissens der Handelnden auseinander setzte. Er vertiefte die Weber'sche Analyse des Sinns. Wir befassen uns hier aber nur mit der modernen Variante (vgl. auch Richter 1995).

Der Name „Ethnomethodologie" allein schreckt manche ab. Ethnomethodologische Berichte sind in ihrer Begrifflichkeit auch oft nicht einfach zu lesen. Da spricht man von Indexikalität, Vagheit, Relevanz, Typik, Protokollen und anderen Dingen mehr. Wir werden im Anschluss klären, was das ist. EthnomethodologInnen arbeiten mit Konstruktionen zweiter Ordnung. Das meint nicht mehr, als dass sie nur einen Schritt weiter gehen als ihre Protokollsätze. Sie bleiben sozusagen ganz nahe an ihren Beobachtungen, sie bilden keine allgemeinen abstrakten Theorien, sondern interpretieren nur die Sätze, die sie in Protokollen oder Interviewtranskripten festgeschrieben haben. Garfinkel, der Ahnherr der Ethnomethodologie, soll einmal gesagt haben: Ethnomethodologie kann man nicht erklären, man muss sie anwenden. Ich will hier aber doch kurz die wichtigsten Kriterien erwähnen.

Ganz in der phänomenologischen Tradition wurzelnd stellt die Ethnomethodologie die Fragen nach dem „Wie". Sie interessiert sich für das Zustandekommen der Wirklichkeit, für die sogenannten Ethnomethoden. Der Wortteil ,Ethno' meint Volk und ,Methodologie' bezeichnet den Weg, wie Wissen zustande kommt.

Die Ethnomethodologie sucht nach den Wegen, auf denen die Gesellschaftsmitglieder zu Wissen über ihre Gesellschaft kommen. Sie kann daher auch als Wissenssoziologie angesehen werden. Allgemeiner gesprochen handelt es sich beim Vorgehen der Ethnomethodologie um die Suche nach der Methode, nach der Gesellschaftsmitglieder vorgehen, wenn sie ihr tägliches Leben organisieren und ihre alltägliche Lebenswelt konstruieren.

Aus der Art und Weise der Orientierung der Gesellschaftsmitglieder im Alltag entstehen Theorien, sogenannte *Ethnotheorien*. Darunter können wir wahrnehmungsleitende, kulturspezifisch geordnete Wissensbestände von Gesellschaftsmitgliedern verstehen. Nach Auffassung der Ethnomethodologie ist in diesem Sinne jedes Gesellschaftsmitglied Theoretiker beziehungsweise Theoretikerin. Theorien sind Annahmen über die Wirklichkeit in den Köpfen von Menschen, allen Menschen. Wissenschaftliche Theorien unterscheiden sich von Alltagstheorien nicht prinzipiell, sondern nur graduell: sie kommen reflektierter zustande, sie sind „Konstruktionen zweiter Ordnung".

Wenn man nach den Methoden zur Konstituierung des Alltags fragt, hat dies natürlich auch inhaltliche Konsequenzen: Die Forschung interessiert sich für die „kleinen Dinge des Lebens". Für eine Person ist die alltägliche Umwelt wichtiger als die großen Dinge, die sie in den Nachrichten hört. Interessant sind die Ereignisse in fernen Ländern nur, sofern sie Auswirkungen für sie haben, z. B. wenn man sie bereisen oder dort ein Unternehmen gründen will. Sie sind aber auch interessant, weil am nächsten Tag im Büro darüber gesprochen wird. Dieses Beispiel zeigt eine weitere wichtige Eigenart der Ethnomethodologie: Es kommt weniger auf den Inhalt einer Sache an, sondern welche Bedeutung dieser Sache durch Handlungen zugeschrieben wird. Man sagt also nicht: Die Nachricht besitzt für Herrn X Bedeutung, sondern man beobachtet, was er mit der Nachricht tut und bezeichnet dies als die Bedeutung für Herrn X: Er redet mit seiner Frau darüber, dass sie womöglich im nächsten Urlaub nicht in dieses afrikanische Land fahren können, weil dort die sozialen Missstände so groß sind. Die Nachricht ist nicht als solche interessant, sondern nur soweit sie Herr X verwendet. Aber das ist nicht die Bedeutung der Nachricht schlechthin. Frau X wird morgen im Büro mit ihren ArbeitskollegInnen über das Elend der Kinder sprechen, das in dieser Nachricht dargestellt worden ist. So findet sie etwas Entspannung von der Arbeit und fördert das soziale Klima. Die Nachricht hat also auch diesen sozialkommunikativen Effekt. Viele andere Verwendungsmöglichkeiten gibt es: für JournalistInnen, HistorikerInnen, GeografInnen und SoziologInnen. Wir können nicht sagen, die Nachricht hat diese oder jene Bedeutung, sondern: für verschiedene Menschen bedeutet sie verschiedenes. Harold Garfinkel hat einige Kennzeichen dieses Alltagswissens (das ist das Wissen über Deutungsroutinen, über Regeln und Strukturen der Situationen im Alltag) genannt.

Zunächst gehen wir in der Regel davon aus, dass die anderen uns verstehen, wir unterstellen „Sinnübereinstimmung". Die Interaktionspartner nehmen wechselseitig voneinander an, dass der andere sie versteht – was im Grunde eher erstaunlich ist. Denn unsere Sprache ist auch, wie Garfinkel sagt, durch Indexikalität und Vagheit gekennzeichnet.

Indexikalität bedeutet, dass ein Satz nur in Zusammenhang mit der Situation, in der er fällt, interpretiert werden kann. Die Indexikalität arbeitet mit „Gelegenheitsausdrücken" (indexikalischen Ausdrücken). Darunter verstehen wir solche Ausdrücke, deren Bedeutung von Hörenden nicht verstanden werden können, ohne dass sie notwendigerweise über Folgendes etwas wissen oder annehmen müssen: über die Lebensgeschichte, die biographische Situation, über die Absichten der Benützer eines Gelegenheitsausdrucks, über die Situation, in der der Ausdruck fällt, über den Zusammenhang im Text oder über die besonderen Beziehungen zwischen den Sprechenden und den Hörenden. Solche Ausdrücke sind etwa: hier, jetzt, dies, das, es, ich, er, du, dort, dann, bald. Sie haben nur dann einen Sinn, wenn die vorher erwähnten Informationen gegeben sind. Der Satz: „Es war mir dort zu langweilig, deswegen gingen wir fort." ist nur zu verstehen, wenn wir den Sprecher beziehungsweise die Sprecherin kennen („mir"), wenn er beziehungsweise sie vorher gesagt hat, wo er beziehungsweise sie war („dort") und wen „wir" einschließt. Reflexivität (Patzelt 1987, S.66ff) ist der dynamische Aspekt und verweist darauf, wie HandlungspartnerInnen mit unterschiedlichen Interpretationen eines indexikalischen Ausdrucks umgehen.

Vagheit von Ausdrücken findet sich ebenso im Satz „Es war mir dort zu langweilig, deswegen gingen wir fort". Vage ist der Ausdruck „langweilig". Was heißt das? Wenn wir mehrere Leute fragen, werden wir unterschiedliche Antworten bekommen. Vielleicht lautet eine Antwort: „es war dort zu wenig los", wodurch wir nicht viel klüger sind. Vielleicht wird weiter präzisiert: zu wenig Bekannte, kein abwechslungsreiches Programm – aber was heißt schon „abwechslungsreiches Programm"? Solche Ausdrücke sind vage, nicht genau definiert. Es kommt hinzu, dass diese Vagheit gesellschaftlich gebilligt wird, kaum jemand würde im Alltag ernstlich fragen, was man unter langweilig versteht. Man akzeptiert vage Ausdrücke zumeist.

Garfinkel zeigt in Experimenten, wie labil die soziale Ordnung ist, in der wir leben, und wie leicht sie gestört werden kann. Sie wurden Krisenexperimente genannt, weil sie die Alltagskommunikation stören und zusammenbrechen lassen. Zum Beispiel: Ein Forschungsleiter wird gegrüßt: „Wie geht's". Er: „Was meinst du damit, wie geht es gesundheitlich, geistig, meiner Frau, in der Familie, im Beruf ...?"

Der andere, zornig rot anlaufend: „Ich wollte nur höflich sein. Eigentlich ist es mir ganz egal, wie es dir geht." (Vgl. Garfinkel 1973).

Zahlreiche beispielhafte Studien erwähnt Patzelt (1987), so jene, wo sich Forschungsleiter und Proband zu einem Schachspiel setzen und der Forschungsleiter wirre Züge macht. Das Pferd wird quer über das Schachbrett gezogen, die Dame des Gegners, wenn sie mehrere Felder passiert hat, wird zurückgestellt, so dass sie nur auf ihrem benachbarten Feld zu stehen kommt usw. Erstaunlich war, dass nur wenige Probanden verärgert die Situation verließen, die meisten versuchten hinter die vermeintlich neuen Regeln zu kommen, sie waren sicher, wie sie nachher sagten, dass der Forschungsleiter nach bestimmten Regeln vorgegangen war. In Wirklichkeit war er das aber nicht. Offensichtlich herrscht ein Bedürfnis, nach Regeln zu suchen, wo gar keine sind. Es bestätigt sich auch hier unsere Vorstellung, dass Wissenschaftler in Experimenten regelgeleitet vorgehen. Ein anderes Mal empfahl Garfinkel seinen Studenten, sie sollen sich zu Hause so benehmen als wären sie Gast, sich zum Beispiel nicht unaufgefordert setzen, fragen, ob man vielleicht ein Glas Wasser haben könnte usw. Die Studierenden berichteten von argen Konflikten, die bis zum Hinauswurf gingen. Wir sehen, dass wir mit diesen gewiss phantasievollen Experimenten an die Grenzen der Ethik stoßen.

In der Regel führen wir aber keine Krisenexperimente durch. Ganz im Gegenteil. Wir akzeptieren die Indexikalität und die Vagheit der Sprache, ja gebrauchen sie sogar, um nicht langatmige Konversationen führen zu müssen und tun so, als ob wir bei vagen Ausdrücken dasselbe darunter verstünden wie der Sender. Dies führt zur sozialen Ordnung, in der wir leben. Soziale Ordnung ist ein komplexes Gefüge stabil wechselseitig aufeinander bezogener Sinndeutungen und Handlungen. Sie bezeichnet die stabile soziale Wirklichkeit und ist ein mögliches Ergebnis der Konstruktion von Wirklichkeit. Die soziale Ordnung ist kein inhaltlicher Begriff, der etwas Positives meint, sondern ein formaler Begriff, der besagt, dass das Leben relativ reibungslos funktioniert.

Der Konstruktivismus
Der Konstruktivismus kann als die modernste und radikalste Fortsetzung der interpretativen Soziologie angesehen werden. Ihm geht

es eigentlich nicht mehr um Symbole, sondern nur mehr um Konstruktionsmechanismen. Er wendet sich damit auch von der Interpretation ab und einer rein pragmatischen Beschreibung zu. Was heißt das? Für den Konstruktivismus ist der Begriff „Symbol" schon eine Interpretation. Ich ordne einem Zeichen Bedeutung zu. Diese Bedeutung kann ich aber nicht sehen, ich kann sie nur erschließen. In den meisten Fällen erschließe ich sie aus meinen Vorkenntnissen und Erfahrungen, die bei der Interpretation bewusst und unbewusst eingesetzt werden können. Ich empfinde eine ruhige, weiche Stimme als freundlich, eine schrille hohe eher als abschreckend. Ich sehe, wie Menschen sich bewegen und kleiden und ordne sie einem sozialen Milieu zu. Ich stehe in einem Hörsaal und identifiziere ihn sofort als solchen. Der Konstruktivismus würde versuchen nachzuvollziehen, welche Handlungen gesetzt werden müssen, um einen Vortragssaal als solchen zu identifizieren. Er wird den Elementen nachspüren, die bewirken, dass wir in bestimmter Weise handeln, uns in einem Hörsaal sofort als Vortragender oder als Hörer bewegen.

Wenn wir uns das im Detail überlegen, so bemerken wir sofort, dass dazu nicht einmal andere Handelnde vorgestellt oder da sein müssen. Allein die Anordnung der Bänke löst die Bedeutung „Hörsaal" aus und sofort entwerfen wir hörsaalspezifische Handlungen.

> Übung: Gehen Sie einmal in einen leeren Hörsaal. Bewegen Sie sich darin genauso wie in einem großen Tanzsaal, im Wohnzimmer? Beobachten Sie ihre Gefühle, aber auch wie Sie sich bewegen. Treten Sie mit der gleichen Vertrautheit auf, wie in ihrem Wohnzimmer?

Verfolgt man den Gedanken immer weiter, dass wir die soziale Realität um uns herum schon durch bloßes Vorhandensein von Gegenständen konstruieren, ohne an solche „Nebensächlichkeiten" wie Personen zu denken, die diese benutzen, so kommen wir zu einem neuen Begriff sozialen Handelns, der sich stark von jenem Max Webers unterscheidet. Bei ihm waren Handelnde Individuen. Soziales Handeln war mit Sinn verbunden. Dieser Sinn wurde in Interaktionen – oder bei Beobachtung und Analyse durch den Forscher – sichtbar und war dazu gedacht, andere Handlungen auszulösen. Im Hörsaalbeispiel können wird das auch auf die Hörsaalbänke anwenden. Zunächst: Handelnde müssen nicht Menschen sein. Auch Bänke im Hörsaal sind Handelnde. Sie tragen nämlich Sinn in sich und lösen Handlungen aus. Sie haben den Sinn, Massen im Hörsaal in bestimmter Form zu organisieren. Gleichgültig, ob diese Massen vorhanden sind oder nicht, lösen sie in einem Benutzer ein diesem Sinn entsprechendes Verhalten aus. Er setzt sich als Zuhörer in die Bank oder bewegt sich auch in einem leeren Hörsaal in spezifischer Weise. Der Sinn wird aber nur aktiviert, wenn es andere Personen gibt, die mit den Bänken in sinnbezogener Weise interagieren, für die sie eine zugeschriebene Bedeutung – zum Beispiel: Hörsaalbänke – besitzen. Wenn Menschen nie einen Hörsaal gesehen haben, vielleicht Bankreihen nicht kennen, dann tragen diese für sie keinen Sinn. Sie (die Bänke) sind nicht Handelnde, sie bleiben bedeutungslos. Ob also etwas ein sozial Handelnder ist oder nicht, hängt davon ab, ob andere ihn als solchen sehen oder nicht. Ein und derselbe Gegenstand, das kann auch ein Mensch sein, wird einmal als sozial Handelnder gesehen, ein anderes Mal nicht.

Wir entfernen uns hier von einer Einführung in die Denkweisen der Soziologie, zumal in der extremsten Form des radikalen Konstruktivismus auch behauptet wird, dass sich das Soziale überhaupt auflöst. Damit verliert die Soziologie ihren Gegenstandsbereich. Eine diskutierenswerte Behauptung, die uns schon einmal in anderer Form begegnet ist, als wir vom Symbolischen Interaktionismus als eine „Anti-Soziologie" sprachen und die wir nochmals bei der Diskussion der Postmoderne aufgreifen wollen. In weniger radikaler Form eröffnet uns aber der Konstruktivismus Perspektiven, durch die wir sehen können, wie Menschen ihre soziale Wirklichkeit konstruieren.

6.5 Zur Weiterentwicklung im Medienzeitalter: Verbindung Symbolischer Interaktionismus mit Cultural Studies

Ab 1980 gab es interessante Weiterentwicklungen der interpretativen Ansätze. Die interpretative Soziologie nahm neue Herausforderungen an. Sie bestanden vor allem darin, Emotionen mehr Aufmerksamkeit zu schenken. Und sie kamen von feministischer Seite.

Bekannt geworden sind die Arbeiten von Clough (1991), die Neuinterpretationen klassischer Texte von Blumer, Goffman und Becker vornimmt, die Texte dekonstruiert und meint, dass heute eine Sichtweise des visual-computer-video-Textes erarbeitet werden muss. Auch Denzin (1990) bestimmt die Aufgaben des modernen Symbolischen Interaktionismus neu, indem er einerseits eine Verbindung zu den Cultural Studies herstellt und sie dann auch mit klassischen kulturkritischen Strömungen (Frankfurter Schule) verknüpft.

Die fächerübergreifenden Cultural Studies müssen sich im postmodernen Zeitalter vor allem mit den Spezifika der postmodernen Kultur auseinander setzen, die im Wesentlichen in den neuen elektronischen Medien bestehen, in den visual video images. Sie haben die Aufgabe, sich kritisch mit den Zeichen, mit denen kommuniziert wird, auseinander zu setzen. Dazu gehört etwa die Analyse von sogenannten Diskurssystemen. Darunter versteht man die Art und Weise, wie in bestimmten Situationen kommuniziert wird. Ein besonders für unsere Medienkultur wichtiges Diskurssystem ist die Darstellung von Ereignissen in den Medien. Im postmodernen Jargon, aber auch im Jargon, den Journalisten gerne verwenden: Die Geschichte, die erzählt wird, ist entscheidend. Denzin nennt aus seinem Forschungsbereich das Beispiel der Geschichte eines Mädchens, das Alkoholikerin wurde und dessen Vater auch Alkoholiker war. Die Geschichte in den Medien ist natürlich nicht eine Wiedergabe ihrer „wahren" Geschichte, sondern eine Wiedergabe unter spezifischen Aspekten, die formal durch die Medienberichterstattung bestimmt sind. Sie sagt uns zum Beispiel auch etwas über den Stellenwert und den Zusammenhang von Familie. In unserer heutigen Medienlandschaft spielen Talkshows eine zentrale Rolle. Interessant ist dabei, dass in diese Talkshows häufig nicht Prominente, sondern „gewöhnliche" Menschen eingeladen werden, die gleichsam irgendein epiphanisches Ereignis, eine Trennung, eine persönliche Katastrophe, das Erlebnis einer außerirdischen Bekanntschaft usw. hinter sich haben. Oberflächlich gesehen geht es um die Dramatik des Ereignisses, vielmehr aber darum, wie der Moderator die Dramatik am Bildschirm inszeniert. Das Persönliche, Private eines Alltagsmenschen wird öffentlich, etwas, das früher nur für Prominente galt. Natürlich ist die in den Medien dargestellte Geschichte nicht die Biographie der Person. Die Person ist viel mehr und vielleicht ist das medial präsentierte Ereignis zwar ein besonderes, prägt aber das tägliche Leben der Person nur wenig. Es wird in den Medien damit auch eine andere Geschichte erzählt, die unabhängig von der Person besteht. Die Geschichte von Familienwerten, von der Art und Weise, wie man gesellschaftlich tolerant mit Krisen umgeht usw. Diese Talkshows erzählen vor allem die Geschichte der Wertkonstellationen in unserer Gesellschaft. Die Aufgabe einer modernen interpretativen Soziologie wäre es, solche Geschichten aufzuzeigen.

Übung: Sehen Sie sich die Talkshows im Fernsehen unter den Gesichtspunkten an, welche Wertmaßstäbe hier vermittelt werden. Oder die zahlreichen Sit-coms, früher auch als soap operas bezeichnet, die über die Bildschirme flimmern. Die Medien bieten ein weites Feld für die Analyse gesellschaftlich relevanter Symbole.

Die zentrale Aufgabe einer modernen interpretativen Soziologie sieht Denzin darin, diese Populärkultur der Medien zu beschreiben und zu durchleuchten, nicht aber von einem Hochkulturstandpunkt aus zu kritisieren, wie es etwa die Frankfurter Schule tat oder auch bei Blumers Kritik des Kinos (Blumer 1933) zum Ausdruck kam.

Der klassische Symbolische Interaktionismus war insofern zu romantisch, als er Gesellschaft aus Symbolischer Interaktion bestehend beschrieb. Sie besteht aber nicht nur aus Aushandlungen, sondern auch aus Macht. Die konfliktuellen Momente müssen stärker betont werden. Für Denzin muss ein neuer Symbolischer Interaktionismus in der Sprache der Menschen reden und von allgemeinen Begriffen abgehen. Das kann auch zu neuen Darstellungsformen – zum Beispiel Multimedia, visual texts, performances(!) – führen. In der Zeitschrift „Qualitative Inquiry", die Denzin seit 1995 herausgibt, kann man Artikel in dieser Wissenschaftsauffassung lesen.

Damit wird eine neue – postmoderne – Konzeption von Wissenschaft gefordert. Wir werden am Ende des Buches noch darauf zurückkommen.

6.6 Kultursoziologische Gesellschaftsanalyse Bourdieus

Eine besondere Stellung in der soziologischen Diskussion erlangte seit den Achtzigerjahren eine Theorie, die, ohne rein kultursoziologisch oder symbolisch interaktionistisch zu sein, die Bedeutungsebene und die Wichtigkeit von Kultur wieder in den Focus der soziologischen Aufmerksamkeit rückte. Es handelte sich um die Theorie der „feinen Unterschiede" von Pierre Bourdieu. Sie vereint Elemente klassischer marxistischer Theorie mit moderner kultursoziologischer Forschung. Sein Gesellschaftsmodell geht vom ökonomisch orientierten Klassenbegriff aus, erweitert diesen aber um eine kulturelle Dimension, nämlich die des Geschmacks. „Die feinen Unterschiede" (Bourdieu 1982) äußern sich vor allem in Unterscheidungen, die sich auf die Bewertung von Dingen, auf den Symbolgehalt von Äußerlichkeiten wie Kleidung und Essen beziehen. Hinter dieser Zuspitzung auf Geschmack steht allerdings ein komplexes Gesellschaftsmodell, das wir in drei Theorieebenen auffächern können: in die Theorie der Kapitalsorten, die Theorie des Habitus und die Theorie des sozialen Raumes.

Die Theorie der Kapitalsorten
Bourdieu unterscheidet in Erweiterung des alten Klassenmodells drei Kapitalsorten: das ökonomische, das kulturelle und das soziale Kapital.

Das ökonomische Kapital besteht aus den materiellen Ressourcen, vor allem den Geldmitteln, dem Besitz und dem Eigentum. Das kulturelle Kapital besteht vor allem aus Bildung. Es wird im Wesentlichen neben der Familie auch in der Schule vermittelt. Das soziale Kapital wird aus den sozialen Kontakten gebildet, über die man verfügen kann. Aus der Verteilung dieser Kapitalsorten in der Gesellschaft entstehen die verschiedenen Lebensstile.

Die Menschen in der Gesellschaft verfügen in unterschiedlichem Ausmaß über die Kapitalsorten. Unternehmer etwa verfügen über sehr hohes ökonomisches Kapital, Intellektuelle über ein großes Ausmaß an Bildungskapital und Politiker über viel soziales Kapital. Das quantitative Ausmaß ist in der Bevölkerung jeweils ungleich verteilt, wodurch sich neben der horizontalen Gliederung in verschiedene Kapitalsorten auch eine vertikale Gliederung ergibt. Die oberste Schicht, oder wohl besser gesagt: die Elite, besteht im Prinzip aus den oben erwähnten drei Gruppen: Großunternehmer, Spitzenpolitiker und angesehene Intellektuelle, etwa Universitätsprofessoren. In unserer Gesellschaft ist natürlich Auf- und Abstieg möglich und damit Mobilität innerhalb dieses Ungleichheitssystems. Der zentrale Aufstiegskanal sind dabei die Bildungsinstitutionen. Durch sie kann man höheren gesellschaftlichen Status erlangen, sie vermitteln neben intellektuellen Fertigkeiten auch Möglichkeiten des Geldverdienens. Natürlich gibt es daneben andere Kanäle, wie etwa das Hochdienen in Parteien – doch Bildung bleibt zentral. Diese Bildungsinstitutionen werden aber, wie Bourdieu schon früh aufzeigt (Bourdieu 1973), von der Elite kontrolliert. Es wird also im Wesentlichen deren Wissen vermittelt. Diese Kontrollmacht führt dazu, dass die Elite auch die Macht hat, sich gegenüber den anderen abzuschließen. Mit anderen Worten meint Bourdieu, dass Mobilität unterhalb der Elite zwar möglich, der Durchgang zur Elite aber äußerst schwierig und selten ist. Sie kontrolliert wie gesagt die Aufstiegskanäle und kann sich dadurch abschließen. Wenn dies nicht auf manifestem Wege geht, wie etwa der begrenzten Zulassung zu höherer Bildung, so erfolgt die Abgrenzung auf semantischem Weg, das heißt dadurch, dass die Inhalte bestimmt werden. Abstrakt drückt sich hier der bekannte Zusammenhang aus, dass die Mittelschule Mittelschichtattitüden vermittelt und es deswegen Arbeiter schwerer haben, sich in ihr zu bewähren.

Sozialer Wandel ist nicht durch eine vollständige Mobilität in einer Gesellschaft möglich, sondern kommt dadurch zustande, dass sich innerhalb der Elite die Gruppen mit den unterschiedlichen Kapitalsorten um die Vorherrschaft streiten. Es ist natürlich nicht notwendig besonders hervorzuheben, dass in der Regel alle drei Gruppen der Elite mit allen Kapitalsorten überdurchschnittlich ausgestattet sind, aber sie bestimmen sich hauptsächlich durch eine.

Theorie des Habitus und der Lebensstile

Die gesellschaftlichen Gruppen verfügen nicht nur über unterschiedliche Kapitalsorten, sondern sie verhalten sich auch in typisch unterschiedlicher Weise. Dadurch kann man Lebensstile unterscheiden, die quer zur vertikalen Gliederung liegen, das heißt typisch an die Kapitalsorten gebunden sind. In einer traditionellen vertikalen Unterteilung kann man soziale Klassen erkennen, etwa in der Oberschicht das Großbürgertum, in der Mittelschicht das Kleinbürgertum und schließlich die Arbeiter- und Bauernschaft. Aus diesen Gruppen differenzieren sich unterschiedliche Stile aus, etwa Besitz- und Bildungsbürgertum, auf- und absteigendes Kleinbürgertum, das „neue" Kleinbürgertum, für Bourdieu bestehend aus neuen Dienstleistungsberufen wie etwa medizinisch technische Assistentinnen. Nur in der Arbeiter- und Bauernschaft findet er horizontal keine Gliederung.

Diese gesellschaftlichen Gruppen, die man sicher noch weiter ausdifferenzieren könnte (moderne Lebensstilstudien unterschieden etwa acht oder neun Stile, Schulz 1992 , Richter 1988,1989), verhalten sich in spezifischer Weise, sie haben einen bestimmten Geschmack. Manche Autoren meinen, dass dies eine typisch französische Vorstellung ist. Sicher, es geht auch um das Essen und darum, welche Nahrung man bevorzugt – Bourdieu entwickelt hier einen schillernden Katalog von Beispielen, etwa nicht nur ob, sondern auch welchen Reis man bevorzugt, nicht nur ob Fleisch oder Gemüse, sondern auch welche Art usw. – es geht aber nicht nur um solche Dinge wie Essen oder Kleidung, sondern auch um politische und religiöse Einstellungen, Vorlieben für Musik und Kunst usw.

Was wir hier als Geschmack oder Vorlieben beschrieben haben, ist bei Bourdieu durch den Begriff des Habitus bestimmt. Der Habitus ist es, der die Lebensstile steuert. Er ist strukturierbares und strukturiertes Prinzip. Das heißt, er ist einerseits vorgegeben, andererseits auch gestaltbar. Das ist die Sozialisationstheorie Bourdieus. Ein Individuum wird in eine bestimmte gesellschaftliche Gruppe geboren und mit deren Wahrnehmungsarten und Beurteilungskriterien ausgestattet. Es gibt also vorstrukturierten Bedeutungsgehalt, der den Menschen in der Sozialisation vermittelt wird. In der Regel kommen die Menschen hauptsächlich mit ihresgleichen in Kontakt. Die Verwandten, Bekannten und Freunde haben ähnliche Ansichten. Dadurch wird der Wahrnehmungsmodus verstärkt. Indem man mit Menschen gleichen Lebensstils kommuniziert, verstärkt sich die Einstellung. Natürlich bleibt aber ein Stil in unserer Gesellschaft nicht starr. Die Freunde gehören nicht nur unserer Freundesgruppe an, sondern auch anderen Welten. Sie unterliegen etwa dem Einfluss von Berufskollegen mit anderen Lebensstilen. Der

Mechaniker im Autogeschäft hat auch mit dem Verkäufer zu tun, der wiederum mit unterschiedlichen Kunden usw. Individuen und deren Lebensstilgruppen sind nicht geschlossene Systeme. So lernt man auch andere Wahrnehmungsmodi kennen und bringt sie in die Kommunikation ein. Dadurch kann sich natürlich der Habitus ändern, wenn dies in der Regel auch sehr langsam geschieht. Er ist also auch strukturierbar.

Offensichtlich hat aber diese Strukturierbarkeit ihre Grenzen. Da die Grundfeste des Habitus in der Primärsozialisation der Kindheit gelernt werden, wirkt diese am stärksten nach. Hier bilden sich auch die prinzipiellen Grenzen zwischen Elite und anderen, zum Beispiel zwischen Kleinbürgertum und Bildungsbürgertum heraus. In seinem Buch „Die feinen Unterschiede" (1982) entwickelt Bourdieu eine Fülle von Beispielen. Zur Illustration hier nur eines: Im Bildungsbürgertum lebt man wie selbstverständlich mit Gütern der Hochkultur. Man kennt die berühmten Gemälde und hat selbst Originale berühmter Maler in seinem Haus. Man wächst mit ihnen auf. Kommt man aus dem Kleinbürgertum, so wird das nicht der Fall sein. Vielmehr wird man sich hauptsächlich in der Schule das notwendige Wissen aneignen. Man wird die Maler und deren Gemälde kennen. Da Kleinbürger nicht selbstverständlich dieses Wissen haben, sondern es sich aneignen mussten, haben sie die Tendenz zu zeigen, dass sie gebildet sind. Sie tragen ihr Wissen zur Schau beziehungsweise auf den Markt. Bourdieu illustriert das etwa an folgender Situation: Er legte verschiedenen Leuten eine Fotografie vor, auf der eine alte Frau ihre Hände auf dem Schoß liegen hat. Nach dem Gewand und der faltigen Haut handelt es sich um eine Bäuerin. Er beschreibt die verschiedenen Reaktionen. Ein Bildungsbürger wird das Foto etwa beurteilen: interessante Schatten, sehr ausdrucksvoll. Ein Kleinbürger etwa: das sind Hände, die mich irgendwie an die Malerei van Goghs, vielleicht auch an die alten Meister erinnern. Flaubert könnte solche Hände beschrieben haben, Kokoschka sie vielleicht gemalt. Ein Arbeiter: dies sind abgearbeitete Hände.

Man erkennt das Charakteristische im Habitus: Je höher die soziale Schicht, desto abstrakter wird die Beurteilung. Das Bildungsbürgertum bringt eine allgemeine Essenz zum Ausdruck, der Geschmack konzentriert sich auf das Formale. Der Kleinbürger trägt sein Wissen vor, es fallen unterschiedliche Namen, die seinen Bildungshorizont zeigen. Das muss ein Bildungsbürger nicht tun. Bourdieu nennt dies den mittleren Geschmack. Der Arbeiter wiederum konzentriert sich auf das Materielle, das Konkrete, den Inhalt. Wenn zum Beispiel in einem abstrakten Gemälde kein Inhalt dargestellt wird, dann kann dieser einfache Geschmack damit nichts anfangen. So entwickelt sich der Habitus in der Primärsozialisation und prägt die unterschiedlichen Lebensstile.

Übung: Es gibt zahlreiche Gelegenheiten, diese unterschiedlichen Geschmacksebenen zu beobachten. Belauschen Sie einmal Pausengespräche im Theater oder im Konzert und finden sie die unterschiedlichen Typen. Wenn Sie einmal wen sagen hören: „dieses Kleid kann ich nicht tragen, das passt nicht zu mir", dann überlegen Sie, wie sehr hier gruppenspezifische Normen zum Ausdruck kommen, etwa: eine Hausfrau als Gattin eines kleinen Angestellten trägt so etwas nicht. Sie können bei Bourdieu eine Vielfalt weiterer Beispiele finden.

Theorie des sozialen Raumes

Unter dem Titel „Theorie des sozialen Raumes" können wir verschiedene Aspekte der Bourdieu'schen Theorie zusammenfassen, die zum Teil bereits erwähnt wurden. Es geht hier um die Möglichkeit von Mobilität in einer Gesellschaft.

Wir müssen zunächst verschiedene „Felder", wie Bourdieu sagt, unterscheiden. Felder sind die Themenbereiche, die Inhalte, auf denen sich die Divergenzen zeigen. Musik ist ein Feld, Politik, Theater, Sport sind weitere Felder. Es sind also die verschiedenen Bereiche des Lebens, in denen sich die Unterscheidungen ausdrücken. Diese Felder, so kann man sich vorstellen, sind horizontal gelagert, sie liegen am Boden nebeneinander, sie haben aber auch eine räumlich dritte Dimension, in denen auch ein Oben und Unten zu unterscheiden ist. Oben liegt der legitime Geschmack für das jeweilige Feld. Das ist der, der von der Elite vertreten wird und dem eigentlich alle in der Gesellschaft nachstreben.

Kombiniert man nun die verschiedenen Kapitalsorten und ordnet sie den Feldern zu, so sieht man die unterschiedlichen Beurteilungen, etwa wie wir sie im vorigen Abschnitt verwendet haben. Die Mobilität spielt sich innerhalb dieses Raumes ab, und wir können nun beobachten, ob Gruppen innerhalb des Feldes der Musik stärker aufsteigen können als innerhalb des Feldes der Kunst oder der Politik. Man kann also die Felder danach unterscheiden, wie viel Mobilität sie zulassen. Das ist ein Aspekt.

Ein weiterer Aspekt ist es aufzuzeigen, über wie viele vertikale Bereiche sich ein Habitus erstreckt. Bourdieu versucht das einmal zwischen zwei Kapitalsorten, dem ökonomischen und dem kulturellen Kapital, zu zeigen. Spannt man zwischen diesen beiden ein Koordinatensystem auf, so sieht man etwa, dass – und ich bleibe jetzt in der Diktion Bourdieus und bei seinen empirischen Daten – Kleinhandwerker in einem relativ großen Raum der Populärkultur zu finden sind und in ihrem Geschmack weniger spezifisch zu typisieren sind, als wenn man etwa nur die Kategorie der Personen mit Volksschulbildung betrachtet. Hochschullehrer haben ebenfalls einen sehr spezifischen Geschmack (bei Bourdieu sind zum Beispiel Kreuzfahrt und Vorliebe für Boulez charakteristische Kriterien in den 60er Jahren des zwanzigsten Jahrhunderts), Handelsunternehmer einen viel diffuseren, der vom Reiten bis zur Massenlektüre reicht. Es kann ein faszinierendes Spiel sein, soziale Räume zu entwickeln, in denen sich die Gruppen der Gesellschaft befinden und sich bewegen.

Übung: Tun Sie es! Überlegen Sie sich, welche soziale Räume es in unserer Gesellschaft geben könnte, welche Sie kennen, in welchen Sie sich selbst zurechtfinden würden, welche Ihnen fremd sind.

In diesem Konglomerat aus Teilräumen in der Gesellschaft gibt es natürlich Bewegung. Spannt man einen solchen Raum auf, dann kann man darin auf- und absteigende Gruppen erkennen und auch beobachten, wie verschiedene Habitusformen einander berühren könnten und miteinander in Konflikt treten. In der österreichischen Gesellschaft der Neunzigerjahre konnte etwa ein typisches Problem des absteigenden Kleinbürgertums darin gesehen werden, dass es seinen sozialen Raum, seine Bestimmung verliert und mit Arbeitern oder mehr noch Gastarbeitern in Konflikt geriet (vgl.

Richter 1994). Durch diese Theorie ist die Orientierung an rechtsgerichteter politischer Ideologie verständlich und erklärbar, wenn nicht sogar vorhersagbar.

Schluss

Bourdieu entwickelt in seiner Theorie ein umfassendes Gesellschaftsmodell, das in der Diktion und im Ansatz weit weniger abstrakt erscheint als die großen Theorien von Habermas und Luhmann. Das kommt unter anderem daher, dass es bei ihm nicht um eine Aufarbeitung der soziologischen Klassik geht und dass daraus Gesellschaftsmodelle entwickelt werden, sondern dass er sie bestenfalls heranzieht, wie zum Beispiel den Klassenbegriff, um konkrete Gesellschaft zu beschreiben. Seine Theorie fußt stärker auf empirischen Beobachtungen als auf literaturtheoretischen Analysen.

Sie hat sich wahrscheinlich deswegen so stark verbreitet, weil sie neben sozialstrukturellen Kriterien, wie etwa dem Ausmaß an ökonomischen Kapital, auch kulturelle Kriterien wie den Symbolgehalt von Äußerlichkeiten wie Kleidung aber auch von Meinungen und Werthaltungen aufgezeigt hat. Dadurch wurde die Aufmerksamkeit darauf gelenkt, dass sich in der westlichen Mittelstandsgesellschaft der Nachkriegszeit neben den ökonomischen Unterscheidungen eine Fülle von symbolischen Unterscheidungen etabliert haben, die Lebensstile als bestimmend für die Abgrenzung gesellschaftlicher Gruppen entstehen lassen, die das alte Schicht- und Klassensystem überlagern. Lebensstile sind aber für Bourdieu nicht Zeitgeisterscheinungen, sondern durch relativ stabile Wahrnehmungsweisen der Wirklichkeit konstituiert. Der Habitus stabilisiert die Ungleichheit in der Gesellschaft. Mit diesem Ansatz wird die Verwandtschaft zum Klassenbegriff deutlich. Für Bourdieu unterliegt die Entwicklung der sozialen Ungleichheit auch nicht einer willkürlichen Beliebigkeit, sie ist sogar sehr manifest. Ich nenne es die pessimistische Wende im Ansatz Bourdieus, dass die Grenze zur Elite in unserer Gesellschaft relativ wenig durchlässig ist und durch fundamentale Ungleichheit bestehen bleibt. Sozialer Wandel wird nur durch einen Streit innerhalb der Eliten, nicht durch Bewegung von unten vorangetrieben.

7 Rational Choice und verhaltenstheoretische Soziologie

George Casper Homans (1910–1989) hielt als Präsident der amerikanischen Gesellschaft für Soziologie 1964 seine Eröffnungsrede unter dem Titel „Bringing the men back in" und meinte damit, dass wir den Menschen wieder in den Mittelpunkt der soziologischen Theorie stellen sollten, den Menschen mit seinen physischen Möglichkeiten, seinen Emotionen, seiner Persönlichkeit. Diese Rede war als direkter Angriff auf die zur damaligen Zeit in den USA herrschende große Theorie des Strukturfunktionalismus zu sehen. George Casper Homans gilt als der klassische Vertreter des verhaltenstheoretischen Ansatzes in der Soziologie. Mit seiner programmatischen Rede zeigt er das Verständnis dieser verhaltenstheoretischen Ansätze, die sich in neuerer Zeit zu den Ansätzen einer *Rational Choice*, also der Theorie der rationalen Wahl, entwickelten. Es geht um zweierlei: einerseits um die Analyse des sozialen Handelns, oder besser gesagt – in Abgrenzung zur verstehenden und interpretativen Soziologie – um die Analyse des Verhaltens, also der tatsächlichen Aktivität von Menschen, und es geht andererseits um eine Abgrenzung gegenüber großen Theorien, die den einzelnen Menschen vernachlässigen. Insofern stehen diese verhaltenstheoretischen Ansätze unter dem Paradigma des sozialen Handelns und der Perspektive, den einzelnen Menschen und seine Verhaltensweisen zu beobachten. Sie grenzen sich aber deutlich von einer interpretativen Soziologie ab, die auf Bedeutung, Sinn und Kultur abzielt – Begriffe, die im verhaltenstheoretischen Gedankengebäude keinen Raum haben.

George Casper Homans wurde mit seiner Theorie der sozialen Gruppe berühmt. Er entwickelt seine Theorie vor allem aus der Untersuchung von Whyte über die Street Corner Society aber auch aus anderen Gruppenuntersuchungen wie der Hawthorne-Experimenten. Von Whyte, dessen Analyse der sozialen Gruppe wir im Kapitel über interpretative Soziologie behandelt haben, extrahiert er vor allem das Verhalten von Führern gegenüber den Mitgliedern. Die Hawthorne-Experimente waren Gruppenexperimente in der amerikanischen Elektroindustrie, die die Produktivität von Arbeitsgruppen darlegen sollten. Es sollte damit gezeigt werden, dass sich Gruppendruck auf die Arbeitsbedingungen auswirkt. Auch diese Ergebnisse, die zum Beispiel den Einfluss zeigten, den Gruppenmitglieder aufeinander ausüben, um die Produktion zu heben oder zu senken, wurden von Homans in der Theorie der sozialen Gruppe aufgenommen. Er zieht hier also Verallgemeinerungen aus sehr spezifischen Untersuchungen. Wir können in Anlehnung an Anselm Strauß davon sprechen, dass hier aus einer gegenstandsbezogenen Theorie, die sich einerseits etwa auf die Gangs in einem italienischen Einwandererviertel und andererseits auf Arbeitergruppen in der Elektronikindustrie beziehen, eine substanzielle Theorie des Verhaltens von Menschen in Gruppen entwickelt wurde. Diese Theorie der sozialen Gruppe wird noch stärker in Homans' Grundlagenwerk zu den „Elementarformen sozialen Verhaltens" (1968) verallgemeinert. In diesem Werk entwickelt er verschiedene Hypothesen über das Verhalten von Menschen. Im Wesentlichen kristallisieren sich diese Thesen um das Begriffspaar der Belohnung und Bestrafung. Alles, was belohnt wird, wird verstärkt, und damit wird dieses Verhalten in Zukunft wahrscheinlicher. Was bestraft wird, wird eher nicht wiederholt. Verhalten wird also durch Belohnungen maximiert und durch Bestrafungen minimiert. Von diesem Prinzip ausgehend, wird eine Fülle von sozialen Situationen wie etwa Konflikt, Partnerschaft, Konkurrenz behandelt. In diesem Bereich findet sich die verhaltenstheoretische Soziologie durchaus in der Nähe der Lernpsychologie, und sie leitet sich auch vom Behaviorismus ab. Die Reaktion auf Belohnung und Bestrafung erinnert sehr an die Entdeckung des bedingten Reflexes von Skinner. Ein bestimmter Reiz führt zu einer bestimmten Reaktion. Wenn die Ratte im Käfig bei einem nicht zum Ziel führenden

Gang durch ein Labyrinth mit einem Elektroschock bestraft wird, dann wird sie in Zukunft diesen Gang meiden. Sie wird solange suchen, bis sie einen Weg findet, bei dem sie nicht bestraft wird und direkt zum Ziel, das heißt zum Futterplatz, findet. Dieses Reiz-Reaktions-Schema wird so stark internalisiert, dass die Ratte schließlich auch die Gänge lernt und alle Gänge meidet, bei denen sie einen elektrischen Schlag erwartet, auch wenn dieser dann nicht mehr erfolgt.

Neben dieser Belohnungshypothese treten bereits bei Homans zwei andere Aspekte auf, die in der *Rational Choice*-Theorie später verstärkt werden. Der eine Aspekt ist der Blick auf die Wirtschaftswissenschaften, die offensichtlich darin erfolgreich waren, den Menschen als Homo öconomicus, als rational Handelnden zu konzipieren. In diesem Zusammenhang beobachtet auch Homans, dass Verhalten vom Kosten-/Nutzenaspekt bestimmt wird. Diese Konzentration auf die Wirtschaftswissenschaften bildet die eigentliche Grundlage der modernen Theorie des *Rational Choice*.

Rational Choice als individualistische Theorie

Ebenso wie die Verhaltenstheorie konzentriert sich auch die Theorie des *Rational Choice*, der rationalen Wahl, auf den einzelnen Akteur. Grundlegendes Vorbild ist dabei der Homo öconomicus, nicht der im Rahmen eines eher strukturfunktionalistischen Ansatzes von Dahrendorf in den 50er Jahren entwickelte *Homo sociologicus*. Während dieser *Homo sociologicus* von Gewohnheiten, Rollen, Werten beeinflusst ist, unterliegt der *Homo öconomicus* einer rationalen Entscheidungsstruktur. Er wägt die Kosten ab, die ihm erwarteter Nutzen bringt. Dieser Aspekt des *Homo öconomicus* kann, ohne dass dies vor allem in der Wirtschaftstheorie besonders ausführlich beschrieben wird, auch als Antwort auf die klassische Theorie Wilfredo Paretos (1848–1923) gesehen werden, der Handlungen in logische und nichtlogische unterteilt, wobei im Zuge seiner Ausführungen klar wird, dass Menschen vorwiegend nichtlogische Handlungen ausführen. In der *Rational Choice*-Theorie geht es genau um das Gegenteil, nämlich darum darzulegen, dass hauptsächlich logische oder besser gesagt, rationale Entscheidungsstrukturen zum Handeln führen. Methodologisch verfolgt diese Theorie im Sinne eines Paradigmas, das auf soziales Verhalten abzielt, einen Individualismus, das heißt, sie konzentriert sich auf die Handlungen des einzelnen Akteurs. Dieser Akteur und seine Weiterentwicklung steht auch im Zentrum von Colemans Sozialtheorie, die als Leittheorie des *Rational Choice*-Ansatzes gesehen werden kann.

Colemans Grundlagen der Sozialtheorie

James S. Coleman (1926–1995) entfaltet in seinem dreibändigen, 1995 auf Deutsch erschienenen Werk die Grundlagen einer Sozialtheorie. Sein Werk ist sehr klar gegliedert. Es geht ihm um die Entwicklung einer Sozialtheorie unter dem Gesichtspunkt des Akteurs und in der Folge einer Gemeinschaft von Akteuren, also der Gesellschaft. Schließlich versucht er im dritten Band für diese Sozialtheorie die mathematischen Grundlagen zu liefern.

Wie Coleman formuliert, besteht das grundlegende Prinzip einer *Rational Choice*-Theorie darin, dass eine Handlung umso wahrscheinlicher wird, je eher der Akteur einen Nutzen darin sieht und je mehr der Akteur auch Fähigkeiten hat, diesen Nutzen abzuschätzen und zu erreichen. Das heißt, auf der Ebene des Akteurs beschäftigt sich Coleman nicht nur mit ihm selber, sondern auch mit jenen Elementen, die seine Fähigkeiten und Ressourcen darstellen. Auf einer zweiten Ebene versucht die *Rational Choice*-Theorie von James Coleman die Makroebene mit der Mikroebene zu verbinden. Er entwickelt seine Grundlagen der Sozialtheorie von der Beschreibung des einzelnen Akteurs ausgehend über die Beschreibung von intermediären Gebilden, wie etwa Vereinen hin zur Gesellschaft als Makrogebilde.

Wir wollen seine Theorie auf vier Ebenen entfächern, die auch Bestandteil seiner ersten beiden Bände der Grundlagen zur Sozialtheorie sind. Zunächst geht es um den einzelnen Akteur, dann um die Strukturen der Handlungen, weiters um den Zusammenschluss von Akteuren zu sogenannten korporativen Akteuren und schließlich um die moderne Gesellschaft.

Akteure

Die grundlegenden Elemente für die Gesellschaft bilden laut Coleman die einzelnen Handelnden, die Akteure in der Gesellschaft. Es geht darum herauszufiltern, wodurch sie es schaffen, dem Kosten-/Nutzenprinzip gerecht zu werden beziehungsweise aufzuzeigen, dass wir in der Sozialtheorie Elemente extrahieren können, die die rationale Entscheidungsstruktur von Handlungen nahe legen. Auf der Ebene des Akteurs sieht Coleman vor allem folgende Elemente gegeben. Die Akteure verfolgen in ihrem Handeln bestimmte Interessen. Sie wollen etwas erreichen. Um etwas erreichen zu können, brauchen sie Ressourcen, also Fähigkeiten, die Dinge zu erreichen. Eine der wesentlichsten Ressourcen sieht Coleman in den Handlungsrechten, die in der Gesellschaft an verschiedene Aktionen und Akteure gebunden sind. Es wird gesagt, was sie tun dürfen und was nicht. Diese Rechte werden durch Normen geregelt. Allerdings werden diese Rechte auch kontrolliert, und es ist klar, dass andere Handelnde, die das gleiche Ziel erreichen möchten, ebenfalls versuchen, diese Rechte zu erhalten. Hier tritt Macht als eine Möglichkeit auf, sich Rechte zu beschaffen. Macht, die an bestimmte Positionen in der Gesellschaft gebunden ist. Wer über Macht verfügt, kontrolliert die Rechte, er hat aber auch die Möglichkeiten, Belohnungen – und hier sind wir wieder bei den fundamentalen verhaltenstheoretischen Konzepten von George Casper Homans – zu verteilen. Akteure interagieren also miteinander, und in dieser Interaktion geht es um die Verteilung von Ressourcen, es findet ein permanenter Austausch, es finden Verhandlungen statt. Ein Mindestausmaß an Vertrauen ist notwendig, um diese Interaktionen erfolgreich durchführen zu können.

Struktur von Handlungen
Die Elemente wie Rechte und Ressourcen des Einzelnen sind in der Gesellschaft in Handlungssystemen organisiert. In diesem zweiten Teil beschreibt Coleman die Austauschsysteme, in denen die Handelnden ihre Handlungen durchführen. Dabei gibt es zunächst Autoritätssysteme, etwa Systeme der rationalen Bürokratie, die angeben, welche Administratoren öffentliche Güter verteilen können. Er unterscheidet weiters Vertrauenssysteme, aufgrund derer die Menschen handeln. Eine Handlung kann nur dann erfolgreich sein, wenn Menschen auf – man könnte sagen: prosoziales – Verhalten vertrauen können. Sie müssen sich etwa darauf verlassen können, dass die öffentlichen Administratoren in gerechter, neutraler Weise Güter verteilen. Auf der Ebene der Handlungssysteme betrachtet Coleman auch kollektives Verhalten, wie zum Beispiel Massen-

kundgebungen oder Panik, und versucht zu zeigen, dass Panikreaktionen durchaus einer gewissen Rationalität unterliegen, etwa dadurch, dass es bei einem Ausbruch eines Brandes selbstverständlich rational ist, als erster aus einem Raum zu stürmen. Dass dies von einer allgemeineren Warte aus nicht rational ist, weil dadurch die Ausgänge blockiert werden, liegt eben nicht auf der Ebene des Akteurs. Um aber auch irrationales kollektives Verhalten zu reduzieren, existieren in der Gesellschaft Normen, die die Handelnden internalisiert haben und an denen sie sich in ihren Handlungen orientieren. Schließlich liegt auf der Ebene der Handlungssysteme und Handlungsstrukturen auch die Wichtigkeit des sozialen Kapitals. Wir haben diesen Aspekt bereits im vorigen Kapitel bei Bourdieu erwähnt. Soziales Kapital heißt auch bei Coleman Verfügungsmöglichkeit über soziale Kontakte, über Freunde, Bekannte, Integration in ein soziales Netzwerk. Dies ist notwendig, um sich in der Gesellschaft bewähren zu können.

Korporative Akteure, Körperschaften

Auf den Ebenen 1 und 2 hat sich Coleman mit Handlungsbeziehungen und Handlungsstrukturen beschäftigt. Beide sind in der Gesellschaft in größeren Einheiten organisiert, die man als korporative Akteure (vgl. auch Olson 1968) beziehungsweise als Körperschaften bezeichnen kann. Diese korporative Akteure liefern ein vordefiniertes Set an Handlungsbeziehungen und -strukturen. Beispiele dafür sind Administrationen, Vereine, Familie, Clubs, religiöse Gemeinschaften, Schulen, Universitäten und ähnliche Organisationen. Sie stellen jene Elemente zur Verfügung, die die Akteure in ihren Beziehungen brauchen. In ihnen ist Herrschaft organisiert, etwa in der Art der Führer-Mitglieder-Beziehung in Vereinen oder bei der Verteilung öffentlicher Güter in Administrationen. Bei letzterem entstehen Dilemmata – das Gefangenendilemma oder das Problem der Trittbrettfahrer, die von den öffentlichen Gütern profitieren, aber keinen Beitrag dazu leisten. Je mehr Trittbrettfahrer es gibt, je mehr Leute also sozusagen die schönen Parks, die reichen Museen ausnützen, desto geringer werden die öffentlichen Güter. Eine Gesellschaft muss daher Möglichkeiten schaffen, diesen Dilemmata zu begegnen, oder muss einen prinzipiellen Umgang mit diesen Dilemmata finden. In diesem Zusammenhang ist es auch wichtig zu bemerken, dass kleine Einheiten eher die Verteilung dieser öffentlichen Güter und eher die Beziehungen und Handlungen zwischen den Akteuren regeln können und mit weniger kontraproduktiven Aktionen befasst sind als zu große Körperschaften.

Moderne Gesellschaften

Moderne Gesellschaften haben vor allem das Problem, die Verantwortlichkeit der Körperschaften und der korporativen Akteure, die ja keine natürlich Handelnden sind, zu koordinieren. Diese Verantwortlichkeit – oder die Gewährleistung der Verantwortlichkeit von Körperschaften – wird durch Gesetze geregelt, etwa durch Steuergesetze, Arbeitsrecht und ähnliche Strukturen. Moderne Gesellschaften, so sieht es auch Coleman, sind gekennzeichnet durch eine Weiterentwicklung und vielleicht auch Auflösung traditioneller Körperschaften. So beschreibt Coleman bereits in dieser Theorie sehr allgemein die Entwicklung von der Familie als Einheit von Eltern und Kindern, die in einem Haushalt leben, hin zu Generationen als eigentliche wesentliche Elemente, die moderne Gesellschaften bestimmen. Neue Generationen mit bestimmten Erfahrungshorizonten (zum Beispiel die 68er Generation) treten in einer neuen Sozialstruktur auf, die etwa auch durch neue soziale Bewegungen gekennzeichnet ist. Die Soziologie und Sozialforschung hat die Aufgabe, diese neue Sozialstruktur zu analysieren. Coleman spricht hier ebenfalls von einer neuen Sozialwissenschaft, die sowohl angewandte Forschung als auch Theorie umfassen muss. Der *Rational Choice*-Ansatz wird programmatisch zum Ansatz einer modernen Politikberatung.

Weiterentwicklung

Der *Rational Choice*-Ansatz wird heute im deutschsprachigen Raum in verschiedener Weise vertreten. Treibel (2000, S91ff) bemerkt, dass eigentlich kaum Frauen Vertreterinnen dieses Ansatzes sind. In verhaltenstheoretischer Weise entwickelt Opp (*1937) den *Rational Choice*-Ansatz weiter. Er beschäftigt sich vor allem mit kollektiven Akteuren und mit der Frage, was entsteht, wenn nicht alle Ressourcen bekommen, die sie wollen. Solche Krisen sind einerseits durch Apathie, andererseits durch Protest gekennzeichnet.

In neuerer Zeit hat Esser versucht, die *Rational Choice*-Theorie weiterzuentwickeln und den *Homo öconomicus* auch mit dem *Homo sociologicus* zu verbinden. Statt allein Kosten und Nutzen zu betrachten, versucht Esser auch Traditionen, Gewohnheiten und Rahmen (vgl. auch Goffman 1977) als Bestandteile des rationalen Handelns von Akteuren zu beschreiben. Esser beruft sich in seiner Weiterentwicklung in diesem Zusammenhang auch auf phänomenologische Traditionen. Sein Konzept von Soziologie kann in dem von ihm publizierten Einführungsbuch (Soziologie 1993) nachgelesen werden.

Schluss

Eine verhaltenstheoretische Soziologie und ihre Weiterentwicklung in der *Rational Choice*-Theorie besticht vor allem durch den Versuch, klare Definitionen für Begriffe zu finden, Variablen miteinander in Beziehung zu setzen und eine allgemeine Sprache für die Soziologie zu entwickeln – mit dem Ziel, eine formale Theorie in mathematischer Sprache zu formulieren. *Rational Choice*-Ansätze bieten daher ein reiches Betätigungsfeld, die komplexe soziale Realität auf klar definierte Strukturen und Beziehungen abzubilden. Sie entwickelt ein durchsichtiges und nachvollziehbares Bild sozialen Verhaltens. Die Kritik bleibt, ob menschliches Verhalten und Handeln tatsächlich unter dem Aspekt der Rationalität gesehen werden kann, vor allem unter dem Aspekt der Vorhersehbarkeit sozialen Handelns. Schon bei der grundlegenden Verhaltenstheorie Georg Casper Homans' wurde kritisiert, das Verhalten werde im Nachhinein so interpretiert, dass es aufgrund von Belohnungen geschah. Insofern sind diese Begriffe eigentlich inhaltsleer, denn was für den einen eine Belohnung sein kann (etwa für den Masochisten auch körperliches Leid) muss für den anderen keineswegs so aussehen. Insofern werden derartige Begriffe der Kosten und des Nutzens für menschliche Gesellschaft inoperabel. Kultur und Verstehen, Bedeutung von Handlungen sind nicht etwas, mit dem sich *Rational Choice*-Theorie beschäftigt. Anders etwa als die Systemtheorie fokussiert sie auf konkret beobachtete Aktionen und weniger auf systemische Umweltbedingungen, die einen Einfluss auf das Handeln gewinnen können. In einer etwas weicheren Form operiert sie auch nicht mit direkten Einflüssen, sondern mit Wahrscheinlichkeiten.

Sie bleibt im heutigen Reigen der Soziologie eine Theorienische, wenn sie auch durch ihren Anschluss an die ökonomischen Theorien in einer Zeit, in der ökonomische Rationalität in der Gesellschaft positiv besetzt ist, wichtiger wird.

8 Feministische Theorien

Barbara Ossege

8.1 Natürlichkeit des Geschlechts?

Vor knapp 50 Jahren erklärt Simone de Beauvoir: „Man kommt nicht als Frau zur Welt, man wird es." 1984 singt Herbert Grönemeyer „[...] werden als Kind schon auf Mann geeicht." In der Analyse einer Philosophin wie in einem poppigen Männerlied mutet Frau- bzw. Mannwerden als ein Prozess an. Was Mädchen zu Frauen und Jungen zu Männern formt, liegt also nicht in der Wiege. Auf der Grundlage von Anatomie und Biologie *(Sex)* ist es unmöglich, das Ausmaß unserer zweigeschlechtlichen Gesellschaftsordnung zu erklären. In feministischen Analysen wird der sozio-kulturelle Aspekt dieser Ver-Geschlechtlichung erfasst. Es ist der Begriff *Gender* (soziale Geschlechtlichkeit, Geschlechtsidentität), mit dem hier gearbeitet wird. Drei Perspektiven bieten sich an, um die Bedeutung und auch Wirkungsmacht von Gender und Geschlechterdifferenz zu analysieren:

Individuelle Ebene: Als kulturelle Norm leitet Gender die psychosozialen Entwicklungen einzelner Mädchen/Frauen und Jungen/Männer; bedeutend sind beispielsweise Studien zur Sozialisation: Wie werden Kinder auf die Annahme einer Geschlechtsidentität getrimmt, die im Erwachsenenalter zu unterschiedlichen *Vorlieben* führt wie Kleidung, Haarschnitt, Sport, Hobbys, Kommunikationsverhalten, Studium- oder Berufswahl usw. usf.?

Strukturelle Ebene: Die Organisation der sozialen Beziehungen zwischen den Geschlechtern steht hier im Zentrum; etwa durch die Analyse der Arbeitsteilung.

Symbolische Ordnung: Die gesamte Welt der Erscheinungen ist vergeschlechtlicht aufgeladen; bei der Begriffsbestimmung oder Konnotation von Dingen greifen wir auf das vergeschlechtlichte Prinzip zurück, wie *Mutter Erde* oder *Krieg als Vater aller Dinge.* Die Dichotomisierung bewirkt, dass kein geschlechtsneutraler Bereich offen bleibt.

Gut, wir sind also von Weiblichkeit und Männlichkeit, die klar voneinander unterscheidbar und abgegrenzt sind, umgeben. Diese Ordnung ist darüber hinaus – im langwierigen Prozess der Moderne – in folgendes Herrschaftsverhältnis eingepasst: Es gibt das universelle Menschliche; dargestellt als selbstidentisches Subjekt. Von diesem wird ein Gegenstück abgeleitet und gespiegelt: das Objekt. Die Subjekt-Objekt-Beziehung wird beschrieben als eine

- zwischen dem Einen/Selbst und dem Anderen/Fremden; das Andere/Fremde als nicht-männlich, nicht-zivilisiert, nicht-europäisch, nicht-erwachsen, nicht-vernünftig usw. usf.,
- die über- und untergeordnet figuriert ist; etwa der naturwissenschaftliche, männlich konnotierte Geist durchleuchtet die zu erforschende, weiblich konnotierte Natur,
- wobei das eine sichtbar und das andere wie nicht vorhanden wirkt, wie die herkömmliche Geschichtsschreibung eine his/story ist.

Die asymmetrische Ausformung des vergeschlechtlichten Verhältnisses bestimmt das Männliche durch den Ausschluss all dessen und die rechtmäßige Herrschaft über all das, was sozio-kulturell als weiblich definiert und konnotiert ist. Als wichtigster Indikator zur Installation des patriarchalen Herrschaftsverhältnisses dient die heterosexuelle Familienkonstruktion. Frau wird historisch die längste Zeit aus den Räumen mit Öffentlichkeitscharakter ausgeschlossen. An dem Ort, an dem sie eine Position einzunehmen und die reproduktive Funktion zu erfüllen hat, ist sie über das definiert, was aus ihrem Körper herauskommt; dies gilt jedoch als Nachkomme und Besitz des Vaters. Am familiären Ort wird das Innerste der Frau zu ihrer Bestimmung. Sie ist (potenziell) *GebärMutter* und unterliegt in dieser Position sexuellen Regelungen: Jungfräulichkeit, Monogamie, Scheidungsverbot, Gebärzwang (Frausein durch Mutterschaft), Sanktion und Verfolgung unehelicher Mutterschaft, Verbot von Verhütungsmitteln, physische Verbannung ins Haus usw. Feministische Gesellschaftsanalysen verdeutlichen den untergeordneten, unfreien und abhängigen Status in der sozialen Ordnung. Die gesellschaftliche Position definiert sich aus dem Verhältnis zu einem Mann – und zwar als Tochter (mit Vatersnamen), Ehefrau (inklusive Namenwechsel), Mutter (am besten eines *Knäbleins* zur Weitergabe des Geschlechtsnamens); ihr letzter Rollenwechsel ist der zur Witwe. Hiermit ist der vorgeschriebene gesellschaftliche Weg, die weibliche Karriere skizziert. Der zu erreichende Status zielt auf die Erfüllung der Mutterrolle ab, womit sie durch diese familiäre Position ans Haus gebunden ist. Hingegen erhöht die Ehemann- und Vaterrolle den Status des Mannes und setzt ihn für außerhäusliche Qualifikationen frei. (Welcher Top-Politiker ist selbst heute unverheiratet und kinderlos?) Erfüllt frau die von ihr verlangte Einhaltung der Mutterrolle, erhält sie soziale Anerkennung. In dieser Anbindung an Mann und Kind wird die *MutterFrau* aus der Position der Untergeordneten und Minderen scheinbar herausgenommen, wenngleich sie keine unabhängige Statuszuweisung hat. Ein Lobgesang, ein Überhöhen und Anbeten erfolgt über die Möglichkeit des Mutterns (bis zum himmlischen Ideal Madonna – siehe unten). Die klassische Weiblichkeitskonstruktion baut auf ein geteiltes, über die Körperlichkeit definiertes Bild auf. Ist die Mutter gut und nichtabweichend, so erfüllt die Hure das schlechte und abweichende Bild.

In diesem Sinn besteht historisch keine eigenständige Kategorie Frau.

Inzwischen ist diese (moderne) Starre im Verhältnis der Geschlechter aufgeweicht, besonders die Weiblichkeitskonstruktion bietet variationsreiche Aspekte, wodurch verdeutlicht ist, dass die vergeschlechtlichte Ordnung nicht wie von Gott gegeben und/oder von Natur aus geschaffen und somit unabwendbar, sondern historisch gewachsen und sozial-politisch verursacht ist. (Ossege 1998) Dieser entlarvende Blick auf die Geschlechterdifferenz und die Analyse der Geschlechtskonstruktion ist ein relativ junger wissenschaftlicher Ansatz.

8.2 Egalität versus Differenz

Wie ist es dazu gekommen? Neben einigen historischen Quertrei-
berinnen bietet sich erst durch die Aufklärung und Französische
Revolution ein Instrumentarium an, politische, wirtschaftliche und
kulturelle Ansprüche zu formulieren. Darüber hinaus führen im
19. Jahrhundert die durch die industrielle Revolution veränderten
Lebens- und Arbeitsbedingungen zu einem Wandel der gesellschaftlichen Verhältnisse.

Ab Mitte des 19. Jahrhunderts macht sich eine massive Auf-
bruchsstimmung breit (vor allem durch die Revolution von 1848).
Historisch ist dieser Einschnitt als *Alte Frauenbewegung* bekannt.

Ein Merkmal des deutschsprachigen Raumes ist die Herausbildung zweier unterschiedlicher Richtungen: Die *proletarische Frauenbewegung* (deren Entstehen mit der Arbeiterbewegung zusammenfällt) nimmt den sozialistischen Emanzipationsgedanken auf: In der
ökonomischen Unabhängigkeit liegt die Voraussetzung für die Beseitigung der Unterdrückung. Es geht hier nicht allein um Reformen, einige streben die Revolution selbst an. Die *bürgerliche Frauenbewegung* hingegen trachtet mehrheitlich nach Gleichberechtigung der Geschlechter ohne grundlegende Änderung gesellschaftlicher Verhältnisse; Freiheitsansprüche werden eingefordert wie das
Recht auf Wahl, Beruf, Bildung oder soziale Tätigkeiten.

Mit diesen zwei Flügeln innerhalb der Frauenbewegung sind
auch unterschiedliche Ansätze verbunden (die bis heute diskutiert
werden): das *Egalitätskonzept* und die *Differenztheorie*.

Das – aufklärerische – Egalitätskonzept sieht die Frau als Mensch
und fordert die gleichberechtigte Staatsbürgerin, womit prinzipiell
Ausschlüsse aufgrund des Geschlechts aufgehoben werden sollen.
Vornehmlich soziale, politisch-legislative Probleme werden hier
aufgegriffen: Jede Unterscheidung, ob in der moralischen Beurteilung oder in den politischen Rechten, wird angeprangert. (Aber
selbst 100 Jahre später ist die Gleichbehandlung und -berechtigung
nicht realisiert, und für den politisch-ökonomischen Sektor werden
Quotenregelungen verordnet.)

Der zweite Ansatz, die Differenztheorie, betont den Gegensatz
zwischen Frau und Mann und hebt den kulturellen Frauenbeitrag
hervor. Die These des Anderen wird beibehalten, ja sogar als das

Besondere hervorgehoben und zwar als eine „Eigenart der weiblichen Natur" bis zu einer „Überbetonung des Mutterideals". (Frederiksen 1981: 10) Mit diesem Ansatz, meist durch bürgerliche Frauenrechtlerinnen vertreten, werden ethisch-soziale Probleme aufgenommen, etwa mit der Forderung, den – gerade auch mütterlichen – Leistungen die soziale Minder- und Geringschätzung zu nehmen. (Die Starre der Geschlechterdifferenz zeigt auch hier Beständigkeit: etwa der Arbeitsmarkt, der nicht für Eltern geschaffen ist, sondern Kinderbetreuung als etwas Privates ausklammert; die Geburt des Nachwuchses ist vornehmlich eine lebensgeschichtliche Veränderung für Frauen, Männer können kontinuierlicher auf dem Weg ihrer Karriere fortschreiten.)

Mit der Alten Frauenbewegung wird ein Stimmrecht erobert, um die gesellschaftliche Situation zu hinterfragen und zu kritisieren. Um die Jahrhundertwende wird dem sozialen Wandel auch Rechnung getragen. *Die Unbefugten* dürfen Räume betreten, die für sie bis dahin verschlossen waren – etwa die Institution des hohen Wissens. (Es ist weniger die männliche Einsicht in die Ungerechtigkeit, die zur Erfüllung weiblicher emanzipatorischer Wünsche führt, sondern vielmehr eine Reaktion auf strukturelle Probleme: Durch die Industrialisierung fehlt wissenschaftliches Personal – jetzt wird es durch Frauen aufgefüllt.)

8.3 Zweite Frauenbewegung

Nach den massiven Einbrüchen durch nationalsozialistische und faschistische Ein-Mann-geführte-Völkerschaften, dem Zweiten Weltkrieg und der Wiederaufbauphase plus Restaurierung des konservativen Frauenbildes in den 50er Jahren erfolgt eine erneute Rebellion Ende der 60er Jahre.

Aus der Studentenbewegung schert die *Zweite* oder *Neue Frauenbewegung* aus, die linke Strömungen aufnimmt und an die proletarische Frauenbewegung anknüpft. Gefordert wird eine Neuerung durch tiefgreifende Veränderungen auf der Bewusstseinsebene und in den Verhaltensweisen. Aus unterschiedlichsten Zusammenschlüssen entstehen Projekte (Lokale, Buchläden, Zeitschriften sowie Verlage), Selbsthilfeorganisationen (Frauenhäuser, Notrufe für vergewaltigte Mädchen/Frauen oder Selbsterfahrungsgruppen) und spezielle Veranstaltungen (etwa Filmfestspiele und Sommeruniversitäten). Die Eroberung und Schaffung dieser männerfreien Räume ermöglicht Auseinandersetzungen: Welche Wirkungen liegen in unserer Geschichtslosigkeit? Wie sieht ein selbstständiges Bewusstsein aus? Was bedeutet – jenseits von Ehefrau- und Mutterdasein – weibliche Identität oder Subjektivität? Wie sind unsere Wünsche und Leistungen zu formulieren und gesellschaftlich sichtbar zu machen?

In dieser Phase dominieren Praxisbezogenheit und Aktionsorientierung, die in den Kampf für die ersatzlose Streichung des Abtreibungsverbots münden. 1971 wird zuerst in Frankreich, dann in der BRD die öffentliche Selbstbezichtigungskampagne „ich habe abgetrieben" initiiert.

Alle gesellschaftlichen Institutionen werden kritisiert, so auch die Wissenschaft, die nicht nur als elitär und männlich, sondern auch als ein Herrschaftsinstrument identifiziert wird. Auf der Suche nach anderen Modellen zur Umsetzung gesellschaftlicher Erkenntnisse besteht zuerst eine mehr oder minder große Theoriefeindlichkeit bis bewusste Theorieabstinenz. (Bis heute gibt es divergierende Meinungen, ob Feminismus als universitäre Disziplin nicht ein Antagonismus sei.)

Aber was, wie und warum innerhalb der gesellschaftlichen Ordnung zu verändern ist, behandelt der entstehende *Feminismus*, der theoretische Aspekt der Frauenbewegung.[1]

Feministische Wissenschaftskritik

Nach der distanzierten Haltung gegenüber der institutionalisierten Lehre wird eine radikale Kritik formuliert. Die herkömmliche Wissenschaftskritik belegt, dass wissenschaftliches Arbeiten nicht außerhalb eines historischen, kulturellen und sozialen Kontextes geschieht. Die *feministische Wissenschaftskritik* knüpft daran an und verdeutlicht, dass Wissenschaft als Denk- und Erkenntnisgebäude ein durch Männer geformtes ist. (Der historische Ausschluss wirkt bis heute auf der strukturellen Ebene: in den höheren Etagen sind Männer überrepräsentiert.) Und auch der Aufbau der Wissenschaft selbst, der auf männlicher Kopfarbeit beruht, ist davon betroffen.

In der Erkenntnisproduktion wird die Geschlechterdifferenz und die vergeschlechtliche (Herrschafts-)Ordnung reproduziert: Frauen, ihre Arbeit, Geschichte und Lebensweisen liegen im Bereich der Unsichtbarkeit, da das Wissen von der Anerkennung der kulturellen Werte geprägt ist, die zunächst als männlich und später als universell verstanden werden. Nicht nur auf der Mikroebene, sondern auch in (bürgerlichen wie marxistischen) Gesellschaftstheorien wird das Herrschaftsverhältnis zwischen den Geschlechtern aufgenommen, und – alles in allem – affirmiert, verschleiert oder entschuldigt. Die wissenschaftliche Betrachtung der Realität ist somit weder objektiv noch universal. Diese Art von Beschränkung wird in der feministischen Kritik als *Androzentrismus* bezeichnet.

Auch innerhalb der Soziologie bestand/besteht die These, dass eine einheitliche Gesellschaft für Frauen und Männer existiert, womit etwa Schichtunterschiede *geschlechtsneutral* wirken. Dazu thematisier(t)en soziologische Arbeiten verstärkt den öffentlichen Bereich und vernachlässig(t)en den privaten. Hierdurch wird in einem weitaus größeren Ausmaß Männerwelt erforscht. Wenn aber beides berücksichtigt wird, etwa mit den Kategorien Arbeit/Freizeit, wie kann dann Frauen-Tun, die typische Beziehungs- und Familienarbeit, eingeordnet werden?

Sexismus wird an jenen wissenschaftlichen Arbeiten festgemacht, die Frau/Weiblichkeit zwar berücksichtigen, aber als das Andere darstellen und zwar als Abweichung von der männlichen Matrix, die für das Allgemeine und Menschliche steht. Dieses Männlich-Allgemein-Menschliche sprengt frau gerade in der Rolle, in der ihr ein Mit-Schaffen und Mit-Tun innerhalb der Gesellschaft zugestanden wird: in der Mutterrolle. Obwohl sie vom Mann abweicht, steht sie innerhalb weiblicher Kategorien auf der nicht-abweichenden Seite. Auf der Grundlage biologistischer Argumentationen – im Zentrum die Gebärfunktion – folgt, dass Kindererziehung und alles, was innerhalb des Heims anfällt, eine separate Sphäre, folglich Frauenangelegenheit ist. Zitiert wird dafür der *natürliche Instinkt* des mütterlichen Gefühls. Bei der Mutterliebe und dem damit verbundenen *Muttern* handelt es sich aber um die Konstruktion eines Gefühls des 18. Jahrhunderts (Badinter 1984).

Auf der anderen Seite werden Aspekte des *typisch Weiblichen*, die für das Mutterbild nicht notwendig sind, als *wirklich* abweichend eingestuft. Zu beachten wäre hier etwa die lange Tradition der Tabuisierung der Menstruation (Werbeslogans für Binden und Tampons versprechen noch heute, diese Tage *geruchsfrei* zu halten, damit sie *sauber* und *diskret* überstanden werden). Relativ jung ist darin auch ein Vorgehen, das Mitte bis Ende des 19. Jahrhunderts einsetzt, also mit der Alten Frauenbewegung und der Vergrößerung von Lebensräumen zusammenfällt: Verhaltensweisen, die bis dahin durchwegs nicht auffielen oder unbeachtet blieben, werden kategorisiert und pathologisiert, etwa die Hysterie wie auch das Lesbentum.

Forschung & Methode

Es werden nicht nur wissenschaftliche Denkmodelle hinterfragt, sondern auch methodische Vorgehensweisen im Forschungsprozess. 1978 formuliert Maria Mies die nach ihr benannten Mies-Postulate für einen sozialwissenschaftlichen Ansatz der Frauenforschung und ihrer Methode. (Mies 1978) Es gelten die Prinzipien der „bewussten Parteilichkeit", der „Sicht von unten" (als horizontale Beziehung zwischen Forschender und zu Erforschender) und der bewussten Teilnahme an der emanzipatorischen Aktion. Der Forschungsgegenstand ergibt sich aus den Erfordernissen der Frauenbewegung. Und die Ziele des Forschungsprozesses sind die Veränderung der gesellschaftlichen Situation. In diesem gegenseitigen Bewusstwerdungsprozess sollen Forschende und zu Erforschende Subjekte werden, was zur Aneignung der Geschichte von Frauen durch Frauen führt.

Gegenüber quantitativen, angeblich objektiven Methoden (wie vollstandardisierte Fragebögen) werden qualitative Methoden bevorzugt. Um Unerforschtes zu analysieren, sind offene Interviews, Literaturforschung, Quellenforschung oder teilnehmende Beobachtung geeigneter. Da inzwischen eine Fülle erforscht ist, werden jetzt auch (selten, aber doch) quantitative Methoden angewandt, etwa um einen zeitlichen Vergleich in der Einstellung zu Berufstätigkeit, Mutterschaft oder Feminismus darzustellen.

Theorie & Praxis

Bei der kritischen Betrachtung der Wissenschaft wie der Formulierung neuer Ansätze darf eines nicht übersehen werden: Feminismus ist als *politische Theorie* zu verstehen. Das Ziel ist die Änderung des vergeschlechtlichten Herrschaftssystems und der gesellschaftlichen Ordnung. Gesellschaftsanalysen sind somit unumgänglich. Besondere Wirkungen erhalten die (meist historisch-materialistisch aufgebauten) *Patriarchatsanalysen* der 70er Jahre, die die Unnatürlichkeit der bestehenden Ordnung aufdecken. Grundlegende Arbeiten entstehen, die die Bedeutung, Wirkung und Einschreibung des Geschlechts auf der individuellen und strukturellen Ebene aufdecken. Nach der allgemein bekannten his/story wird der Blick auf eine herstory eröffnet.[2]

Der Blick auf die gesellschaftlich vergeschlechtlichte Konstante führt zum ersten feministischen Ansatz: der *Opferthese*. Das Verhältnis zwischen Frau und Mann wird als eines zwischen Opfer und Täter beschrieben und der Opferstatus ausreichend belegt. Damit ist der unerlässliche Grundstein für eine Weiterentwicklung von Theorien und Methoden gelegt.

Eines darf nicht außer Acht gelassen werden: Feminismus als Theorie und Frauenbewegung als Praxis bedingen einander. Als in der Frauenbewegung der Prozess der Ausdifferenzierung begann, schlug sich dies auch in der theoretischen Arbeit nieder. Die Praxis, als Eroberung von Autonomie, wurde an der Abtreibungsfrage demonstriert. Dieser politisch-soziale Kampf endete mit einer Niederlage: Dem herausfordernden Slogan „der Bauch gehört mir" wurde Mitte der 70er Jahre prinzipiell nicht Recht gegeben. Abtreibung ist weiterhin strafbar, wenn auch Ausnahmebestimmungen für legale Schwangerschaftsunterbrechungen geschaffen werden.

In der Frauenbewegung treten unterschiedliche Auffassungen über feministische Ziele und Durchsetzungsmethoden auf. Bezüglich der Opferthese entstehen Konflikte, da sie sich als zu eng angesetzt erweist. Beispielsweise zeigt sich der alleinige Zusammenschluss von Frauen als nicht herrschaftsfrei, Opfer ist nicht gleich Opfer; die Geschlechterdifferenz ist nicht nur ein politisches Problem, das durch die Umsetzung der Gleichberechtigung zu lösen wäre.

Forschungsschwierigkeiten ergeben sich auch mit den Analysen der 70er Jahre. Sie bilden noch keine kategorialen Schemata, um historische und kulturelle Bedingungen der Geschlechterdifferenz erfassen und erklären zu können. Hier setzt die Unterscheidung zwischen den anfänglich gleichgesetzten Begriffen *Frauenforschung* und *feministische Theorien* ein:

- Frauenforschung wirkt zur herkömmlichen Wissenschaft ergänzend; in diesen Arbeiten ist mehrheitlich der Begriff *Geschlechterverhältnis* aufzufinden; Gegenstand der Forschung ist das Thema Frau und zwar vor allem durch *Defizit-Bilanzierung* (Darstellung der Benachteiligung von Frauen) wie *Vorbild-Recherche* (Suche nach Frauen, die es geschafft haben);
- feministische Theorien sind als Nachfolgewissenschaft zu bewerten (vgl. Harding 1990: 151): Es geht um die Aufdeckung partriarchaler bzw. phallischer Logiken der *Geschlechterdifferenz*, die – mehr oder minder verschleiert – in allen gesellschaftlichen Ordnungssystemen wirkt; Wissenschaft und ihre Produkte werden nicht ergänzt, sondern gegen den Strich gelesen; es besteht keine Themeneingrenzung.

8.4 Psychoanalytische Erklärungen

Zur Erklärung der Herausbildung des sozialen Geschlechts etablieren sich vor allem zwei Ansätze, die sich auf die Freud'sche Psychoanalyse der ödipalen Phase beziehen. Es handelt sich dabei um die *Objektbeziehungstheorie* und das *Gesetz des Vaters*.

Objektbeziehungstheorie

Die *Objektbeziehungstheorie* (u. a. von D. W. Winnicott und Margeret Mahler ausgearbeitet) stellt die körperlich-psychische Entwicklung und damit die erste prägende, emotional-soziale Beziehung in den Mittelpunkt. Das Mädchen und der Junge müssen in unterschiedlichen Prozessen ihr eigenes Ich entwickeln. Diese verlaufen in Abgrenzung zur Mutter und ihrer Welt: Aus dem Spannungsverhältnis, einerseits die symbiotische Mutterwelt nicht verlassen zu wollen und andererseits sich von dieser ursprünglichen Einheit trennen zu müssen, folgen unterschiedliche Merkmale weiblicher und männlicher Geschlechtsidentität.

Tochter: Sie durchläuft einen Ablösungsprozess gegenüber einer Person, die das gleiche Geschlecht hat. Es steht somit hier nicht die Frage der Identität im Mittelpunkt, sondern die des Begehrens (als libidinöser Wechsel von der Mutter auf den Vater). Das Ergebnis dieses mehr oder minder bruchlosen Identitätsprozesses der Tochter bedeutet für die Frau: Sie bildet dehnbare Ich-Grenzen aus, befürchtet keine zu engen Bindungen und entwickelt ein stärkeres Wir-Gefühl. Da Weiblichkeit mit dem Makel des Minderen behaftet ist (à la Freuds Penisneid), lernt das Mädchen, dass es sich zu dem entwickeln wird, was ihre Mutter ist: das kastrierte Andere – ein Mangelwesen.

Sohn: Er muss eine stärkere Abgrenzung vollziehen, da seine Mutter ein anderes Geschlecht hat. Die Ich-Grenze des Mannes bildet sich relativ stark aus, er hat auf Autonomie zu achten, enge Verbindungen untergraben dieses Ich, womit das Wir-Gefühl mit Angst besetzt ist.

Die Soziologin Nancy Chodorow ist (neben Dorothy Dinnerstein und Jane Flax) eine der ersten feministischen Interpretinnen dieser Theorie. (Methodologisch beruft sie sich auf die Theorien von Parsons und der Frankfurter Schule.) In Konzentration auf die Entwicklung der Geschlechtsidentität weist sie nach, wie von Mutter zu Tochter Mütterlichkeit – das *Muttern* – reproduziert wird, die ein Teil der geschlechtsspezifischen Arbeitsteilung ist. Ihr Resümee: „Jede Strategie der Veränderung, die die Befreiung von den Belastungen durch eine ungleiche soziale Organisation des Geschlechts zum Ziel hat, muss sich der Notwendigkeit einer fundamentalen Neuorganisation der Elternschaft bewusst sein, die eine Aufteilung der primären Elternfunktionen auf Männer und Frauen zur Folge haben müsste." (Chodorow 1990: 276)

Bezogen auf die männliche Geschlechtsidentität, die auf ein klares Ich und das (mütterliche) Andere aufbaut, leitet sich die männliche Auffassung und Darstellung der Welt ab. Im wissenschaftlichen Denkgebäude kommt diese Interdependenz ebenfalls zum Tragen: Das Ich/Selbst (als männlich) und das Andere (als mütterlich-weiblich) widerspiegelt sich in Subjekt und Objekt und überträgt sich auf Geist/Wissenschaft und Natur. Evelyn Fox Keller deckt die Dichotomisierung in das Selbst und das Andere bis in die Organisation der (natur-)wissenschaftlichen Herrschaft über die mütterliche/weibliche Macht (Natur) auf. (Keller 1986) Diesen Einfluss belegt auch Sandra Harding, die, wie Keller, Strategien für eine feministische Wissenschaft anführt. (Harding 1990)

Gesetz des Vaters

Das zweite Erklärungsmodell zur gesellschaftlichen Bedingung von Geschlechtlichkeit beruft sich ebenfalls auf Freuds Ödipuskomplex, hier auf die Interpretation durch den französischen Psychoanalytiker Jacques Lacan (1901–81), die feministisch übersetzt wird. In der Trennung von der anfänglichen Einheit mit der Mutter tritt *das Gesetz des Vaters* auf den Plan.

Das Gesetz des Vaters ist als Ordnung zu verstehen.

Der Vater ist *symbolisch* aufzufassen als nicht-existenter Repräsentant des Phallus; nicht-existent meint, dass der symbolische Vater nicht mit dem realen Familienvater zu verwechseln ist, der entmachtet und geköpft werden kann – gleich dem Königsmord in der Französischen Revolution.

Der Phallus differenziert weiblich und männlich; er ist ein Signifikant (das Bezeichnende) ohne Signifikat (das Bezeichnete), an sich nichts, nur ein Symbol (der Differenz). Dieser vermeintlich neutrale Phallus ist nach Lacan nicht mit dem Penis gleichzusetzen. Und doch ist unsere Kultur davon bestimmt, dass im Penis ein Wert übertragen wird, der es ihm ermöglicht, für den Phallus zu stehen.

„Als Instanz, die das Existieren bewirkt, ‚beschlägt' er (der Phallus, BO) sodann den menschlichen Körper, so dass sowohl die Organe der Zeugung wie auch ein Körper insgesamt ‚phallisch' genannt werden können." (Widmer 1990: 14) Die Existenz des Mannes wird durch dieses Stück Natur bestimmt. Der Frau fehlt das sichtbare Zeichen, durch das sie als Frau existiert; sie wird als das *kastrierte Andere* wahrgenommen und muss sich einer Substitution des Phallus bedienen.

„Die Annahme einer männlichen Gender-Identität hängt deswegen an der Abwertung der Frau, die im Gegenzug die Verwerfung des Weiblichen als die Grundlage unserer Kultur erklärt. Das Ergebnis für Frauen ist, dass wir uns in einem Zustand des Mangels befinden, was technisch – immer von der Definition der Frau als des kastrierten Anderen ausgehend – bedeutet, dass das kleine Mädchen die Beziehung zu seiner Mutter, und damit zu seinem eigenen ‚Geschlecht' nicht positiv darstellen kann." (Cornell 1995: 88)

Das phallische Symbol degradiert somit das Weibliche zum Anderen und weist das Männliche als das Mehr aus.

Mit dem Eintritt in die symbolische Ordnung unterstellen wir uns dem Gesetz des Vaters. Lacan wertet die Sprache als *das* Symbolsystem schlechthin. Er beschreibt es als ein soziales System, das jeder einzelnen Personen vorausgeht, in das sie sich hineinfinden muss; dadurch konstituiert sich jede einzelne als Subjekt.

In der feministischen Interpretation bestätigt das Gesetz des Vaters die phallische Struktur von Identität, Denken, Erkenntnis, Sprache, sozialer Ordnung usw. usf.

Mit der Theorie des Gesetzes des Vaters wird nicht nur die individuelle und strukturelle Ebene aufgegriffen, sondern die symbolische Ordnung erfasst. Die Dimension des Phallus, die sich im Symbolischen niederschlägt und *nur* eine Leerstelle ist, kann aber nicht zur Änderung der Geschlechterdifferenz durch einen anderen Signifikanten ersetzt werden. Dieser relativ neue Ansatz wird vornehmlich in *Diskursanalysen* angewandt. Die Diskursanalyse kann als Rückübersetzung (De- und Rekonstruktion) von Texten verstanden werden, in denen die dahinter stehende Erzählstruktur freigelegt wird. Feministische Analysen erfassen ihren phallischen Charakter.

Eine Vorreiterin dieses Ansatzes ist Luce Irigaray, die eine Diskurskritik an erkenntnistheoretischen Texten vornimmt (etwa von Freud zurück zu Platon). Über die weibliche Substitution des Phallus schreibt sie, Freud zitierend: „So löscht sich die Weiblichkeit selbst aus, um der Mutterschaft Platz zu machen, um in der Mutterschaft zu verschwinden. (...) Damit der Penis, das Emblem des Phallus, immer im Wunschobjekt präsent, re-präsentiert ist, kann das Glück nur dann vollkommen sein, ‚wenn das Kind *ein Knäblein* ist, das den ersehnten Penis mitbringt'." (Irigaray 1980: 92)

In den männlichen Erkenntniswerken stößt sie nicht auf die Geschlechterdifferenz, sondern auf eine sexuelle Indifferenz; das alles bestimmende Zeichen ist eben phallisch: „Immer wird das ‚Weibliche' beschrieben als Fehlen, als Verkümmerung, als Kehrseite des einzigen Geschlechtes, das den Wert monopolisiert: das männliche Geschlecht." (Irigaray 1979: 71) Die Frau ist nur insofern vorhanden, als sie als Spiegel des Männlichen dient.

8.5   Strömungen

Wie wird mit der feministischen Perspektive gearbeitet? Zwei Hauptrichtungen sind hier zu skizzieren: die *Standpunktorientierte Erkenntnistheorie*, die sich in den 80er Jahren herausbildete und der *postmoderne Ansatz*, der besonders in den 90er Jahren aufgekommen ist.

Standpunktorientierte Erkenntnistheorie
Die Standpunktorientierte Erkenntnistheorie geht von einem feministischen Ort des Denkens und Erkennens aus, der der androzentristischen Rationalität gegenübersteht. Ein *weiblicher Ort* besteht durch die historisch und gesellschaftlich bedingten Erfahrungen von Frauen in der patriarchalen Ordnung, die andere sind als jene der Männer. Die marxistische Theorie spielt hier hinein: Die Erkenntnis der unterdrückten Klasse ist die richtigere gegenüber der herrschenden. (Grundlage dieser Richtung ist Hegels Dialektik des Herr-Knecht-Verhältnisses, ihre Weiterentwicklung durch Marx, Engels, Lukács und die feministische Kritik daran.) Vertreterinnen dieser Richtung sind beispielsweise Veronika Bennholdt-Thomsen, Maria Mies (Verfasserin der Postulate) und Claudia von Werlhof. 1983 veröffentlichten sie ihre Theorie zur „Hausfrauisierung der Arbeit": Das Verhältnis zwischen Mann und Frau wiederholt sich im Verhältnis der sogenannten Ersten Welt zur Dritten Welt: weiße Lohnarbeiter hier, nicht-weiße, weibliche bzw. feminisierte NichtlohnarbeiterInnen dort; die gegenwärtige Umstrukturierung unserer Ökonomie ist die Tendenz des Kapitals, zunehmend auch LohnarbeiterInnen in den Prozess der Hausfrauisierung miteinzubeziehen. (von Werlhof, Mies, Bennholdt-Thomsen 1988) Bezogen auf die Erste Welt wird vor allem eine Technologiekritik formuliert: „Die Maschine ist die Realisation dessen, was Männer sagen wollten, als sie anfingen, die Mutter, die Göttin zu verhöhnen und zu ermorden. Gleichzeitig ist sie Ausdruck der männlichen Unfähigkeit, der Mutter und der Göttin tatsächlich etwas entgegenzusetzen. [...] Es ist wie eine infantile und verantwortungslose Trotzreaktion von Männern im Patriarchat, dies dennoch immer wieder anzustreben: die Maschine als Gebärmaschine, als ‚schneller Brüter'." (vgl. Werlhof 1991: 45).

In der standpunktorientierten Erkenntnistheorie besteht die Annahme eines weiblichen Überlegenheitsanspruchs: Die Erfahrungen der Frauen und ihre Lebensbereiche sind nicht nur andere als die der Männer, sondern sie sind eben die richtigeren. Damit nimmt diese Theorie die Differenztheorie auf (auch die Marxistische und Kritische Theorie) und beruft sich mehrheitlich auf die Objektbeziehungstheorie. Durch die strikte Konzentration auf die Differenz entstehen hier maßgebliche Arbeiten, die die strukturimmanente Durchdringung aller gesellschaftlichen Bereiche mit der Geschlechterdifferenz aufdecken und deren Auswirkungen auf das Individuelle aufzeigen.

Zwei Kritikpunkte seien hier angeführt: Bedingt das Andere einen Standort des Erkennens? Kann eine Variable bestimmend sein für das breite Spektrum der Farbigen oder Weißen, der Arbeiterin oder der Bürgerin, der Afrikanerin oder Asiatin und diese noch als Mutter und/oder als Lesbe usw.? Der Klassen- und Rassenwiderspruch stellt nicht einen Nebenwiderspruch zur Geschlechterherrschaft dar, sondern er läuft parallel dazu. Ob frau sich diskriminiert fühlt, muss sie nicht eindeutig auf ihr Geschlecht zurückführen; komplex ist die Verquickung von Rassismus und Sexismus. (Hooks 1994) Wird aber die standpunktorientierte Erkenntnistheorie als Sammelbecken für Feminismen verstanden, so haben hier unterschiedliche Ausprägungen Platz.

Ein anderes Problem leitet sich aus der Perspektive ab: Die Definition von Weiblichkeit als soziales und emotionales Verhalten (das Muttern) beruft sich auf eine Tradition männlicher Beschreibungen und bedient sich somit eines männlichen Blicks. Selbstverständlich ist die Abqualifizierung der männlichen Zuschreibung aufzuheben. Aber da, wo ein Ursprünglich-Weibliches als Basis einer *weiblichen Subjektivität* dienen soll, treten Grenzen auf. Die Weiblichkeitskonstruktion in der Ausprägung der Mutter/Madonna und der Hure/Hexe ist bisher – leider – durch keinen Gegenentwurf außer Kraft gesetzt.

Exkurs: Mittäterschaftsthese

1987 setzen Christina Thürmer-Rohr und Carola Wildt mit der *Mittäterschaftsthese* einen Kontrapunkt und lösen heftige Diskussionen in der Frauenbewegung aus. Ihr Ansatz widerspricht ausdrücklich einem Besser-Sein und bricht ein Tabu: Frauen sind nicht nur Opfer, sondern auch „mit den Tätern". Diese Mittäterschaft ist nicht an einzelnen Handlungen festzumachen, sondern bezieht sich auf die Tragweite von Tat und Handlung über deren naheliegenden Zweck hinaus. Frau wird zur Mittäterin, wenn sie so handelt und denkt, wie es der patriarchalen Logik entspricht: Den Mann bestätigt, ihn in seinen Taten bestärkt, ihn umsorgt, alles auf ihn ausrichtet und nicht verrät, bekämpft oder behindert. Für dieses Mittun innerhalb der patriarchalen Ordnung erhält frau einen Ort beim Mann (eben als Tochter, Ehefrau oder Mutter); erfüllt sie nicht ihre weiblichen Funktionen des Mittuns, wird sie vertrieben.

Mit der Mittäterschaftsthese werden nicht nur die patriarchalen Gewalttaten, sondern vielmehr die Handlungen der Frau am Mann und an sich selber, die bisher unsichtbar blieben, aber für die Erhaltung der patriarchalen Ordnung hoch wirksam und unentbehrlich sind, analysiert. Das Mittun der Frau ist zu bewerten und zu verneinen. (Klar formuliert sind hier die Ansprüche der feministischen Wissenschaft.) Christina Thürmer-Rohr nennt den Ehe- und Familienort Scheinheimat, stellt ihm aber keinen Ort entgegen. Als möglichen Ausweg schlägt sie ein physisches und psychisches Vagabundieren vor. (Thürmer-Rohr 1990)

Die Mittäterschaftsthese behält den Blick auf die Differenz bei, das Weibliche wird aber nicht als das Bessere dargestellt. Die historisch unterschiedlichen Erfahrungen zwischen Frauen und Männern sind vorausgesetzt, um deren Auswirkungen im Heute darzustellen. Lösungen oder Auswege bieten sich zur Zeit aber nicht an; keine Flucht nach hinten (wie Matriarchatsvorstellungen oder die Idee einer Rückeroberung der Natur) wie nach vorne (Befreiung durch Technologien zum androgynen Menschen). In dem Moment des Innehaltens und der radikalen Konzentration auf die Gegenwart wird nicht auf die Bildung einer Theorie der Identität oder Subjektivität abgezielt, sondern maßgeblicher ist Kritik, auch wenn sich diese in Zweifeln äußert: „Zweifel durchkreuzen den Identitätsspuk, die Einheits- und Reinheitsideale und das Diktat der dichotomen Konstrukte, die Bausteine des westlichen Patriarchats sind. (…) Zweifel führen zu keiner Verhaltenslinearität. Sie machen vorsichtig, hellhörig. Sie konterkarieren jede Neigung zu Größenwahn und Omnipotenz. Sie machen bescheiden, oder sie machen mutig, je nachdem, was dem Zweifel anheimfällt." (Thürmer-Rohr 1994: 170f)

Die Mittäterschaftsthese kann als ein Mittelding zwischen der standpunktorientierten Erkenntnistheorie und dem postmodernen Ansatz verstanden werden. Sie ähnelt der Erkenntnistheorie in der Forschungsweise und doch klingt der auf die Zukunft bezogene postmoderne Skeptizismus durch.

Postmoderne Ansätze

Die Postmoderne ist, jenseits zeitgeistiger Aufbereitung, weniger als neue Kulturepoche zu verstehen, sondern als ein epistemologischer Einschnitt, der Raum zum Nachdenken schafft. Die stärksten Impulse setzen französische PhilosophInnen. Zwar nehmen sie, wie Michel Foucault oder Jacques Derrida, die Rationalitätskritik in der „Dialektik der Aufklärung" (1949/1969) von Max Horkheimer und Theodor W. Adorno auf, sie halten aber nicht wie diese an der Einheit der Vernunft fest. Im 20. Jahrhundert – gekennzeichnet von zwei Weltkriegen (besonders dem Zweiten Weltkrieg), weitgreifender Naturzerstörung und Umweltvergiftung – ist das *Projekt der Moderne* ruinös am Auslaufen; ins Wanken geraten sind die totalitären Behauptungen über Existenz, Wesen und Kraft der Vernunft, des Fortschritts, der Wissenschaft wie der Figur des Subjekts und seiner Identität. Für Jean-François Lyotard sind die „Meta-Erzählungen" vorbei. (Lyotard 1986)

Statt des dichotomen Modells des Selbst und des Anderen lanciert der postmoderne Ansatz den Blick auf die Heterogenität in der Differenz und stört sich gerade nicht an dem Zutagetreten von aufgespalteten Identitäten. Und diese Anschauung verbündet sich geradezu mit feministischen Theorien, die das Andere aufspüren und kein unitäres Bild (+/- Abweichungen) skizzieren, sondern in aller Vielfältigkeit darstellen und Schnittstellen herausarbeiten.

Methodologisch wird mit der Dekonstruktion (geprägt durch Jacques Derrida) gearbeitet: In Diskursanalysen ist die totalisierende Sprache und Logik in jeder Art von Text – Geschriebenes, Gesprochenes, wie aber auch Architektonisches – freizulegen. Entblößt und sichtbar gemacht wird dadurch, vor allem von Feministinnen, die phallische Erzählstruktur.

Eine der stärksten Rezeptionen im Feminismus erlebt der Ansatz von Michel Foucault (1926–84). (Er bezeichnete sich weder als

Postmoderner noch als Poststrukturalist und wird doch immer in einem Atemzug mit diesen Richtungen genannt, die er maßgeblich beeinflusste.) Foucault *erschüttert* das wissenschaftliche Denken, indem er objektive Größen demontiert – etwa die Wahrheit. Diese ist an sich weder in der Vernunft und Moral noch in der Normalität aufzufinden; vielmehr wird sie produziert und in einem Diskurs organisiert. Es geht Foucault um Wahrheitswirkungen, nicht um die Identifikation einer *falschen* Wahrheit, der die richtige gegenüber zu stellen ist. In seinen Analysen zur Geschichte des Irrenhauses, der Klinik und des Gefängnisses zeigt er die Wahrheitsproduktion und ihr Wirken auf. Es handelt sich dabei um „die Geschichte des *Anderen*, dessen, das für eine Zivilisation gleichzeitig innerhalb und außerhalb steht, also auszuschließen ist (um die innere Gefahr zu bannen), aber indem man es einschließt (um seine Andersartigkeit zu reduzieren)." (Foucault 1990: 27)

An die Diskursanalyse schließt Foucault eine Machtanalyse: Die Wahrheit und das Wissen können nur produziert werden und wirken, da Machttechniken sie legitimieren. Der Wille zum (Wahrheits-)Wissen ist der Wille zur Macht. Und auch hier definiert Foucault Macht ganz spezifisch: „[…] die Macht ist nicht eine Institution, ist nicht eine Struktur, ist nicht eine Mächtigkeit einiger Mächtiger. […] Die Macht ist nicht etwas, was man erwirbt, wegnimmt, teilt, was man bewahrt oder verliert; die Macht ist etwas, was sich von unzähligen Punkten aus und im Spiel ungleicher und beweglicher Beziehungen vollzieht." (Foucault 1988: 115) Somit gibt es auch nicht *den* machtvollen Repräsentanten, der, zur Veränderung der gesellschaftlichen Verhältnisse, zu demontieren wäre. Und die Macht wirkt nicht nur durch Repressionen, Tabus und Verbote: „Der Grund dafür, dass die Macht herrscht, dass man sie akzeptiert, liegt ganz einfach darin, dass sie nicht nur als neinsagende Gewalt auf uns lastet, sondern in Wirklichkeit die Körper durchdringt, Dinge produziert, Lust verursacht, Wissen hervorbringt […]." (Foucault 1978: 35) Das heißt, Macht schafft eine soziale Wirklichkeit. Die Beziehung zwischen Macht und Wissen demonstriert Foucault an der Diskursivierung der Sexualität. Er geht nicht von einer natürlich-triebhaften Lust als einem wahren Begehren aus. Sex ist im Gegenteil immer schon zur Sprache gebracht, um ihn ist ein Imperativ errichtet worden, verbunden mit Disziplinierungs-, Kontroll- und Sanktionsmechanismen. In dem unendlichen Reden über Sexualität als Wille zum Wissen/zur Macht – Foucault beschreibt hier eindringlich den Geständniszwang – werden Leidenschaften nicht allein unterdrückt, sondern es werden Lüste auch hervorgebracht. Die Rebellion gegen ersticktes Begehren ist demnach systemimmanent und widerspricht nicht der Macht.

Foucault ist nicht Feminist. Es ist aber nicht weiter schwer seine Theorie feministisch aufzunehmen. Die Diskursivierung der Weiblichkeit als das Andere der Männer-Menschlichkeit folgt den Mechanismen des Aus- und Einschlussverfahrens: Die Neuzeit (bezogen auf Foucaults historischen Einschnitt des 16./17. Jahrhunderts) baut auf die Ausmerzung anormaler Anteile auf, die nicht mit den natürlichen Gesetzen der Fortpflanzung übereinstimmen. (Ist die Hexerei typisch weiblich, so wird parallel dazu, mit gleicher Strenge, Homosexualität als typisch männliches Vergehen gejagt.) Das Undisziplinierte, sogenannte Hexenhafte wird ausgeschlossen. Daran schließt sich die Diskursivierung der Bedingung für den Einschluss von Weiblichkeit: Frau wird innerhalb der gesellschaftlichen Ordnung als Mutter positioniert. (Ossege 1998: 43ff)

Gegen die Definition – frau ist durch das Innerste als Gebär-Mutter bestimmt – treten besonders Feministinnen der Neuen Frauenbewegung auf. Aber die Abtreibungsfrage führt nicht zu einer Rückeroberung und Einverleibung des Körpers. Die Rebellion gegen unterdrückte Weiblichkeit wurde leicht untergrabbar – und zwar durch die ungeahnten Möglichkeiten der Gen- und Reproduktionsmedizin. Der Kampf um Abtreibung war gerade verebbt, als 1978 das erste Retortenbaby kräftig nach Luft schrie. Gerade die neuen Technologien lösen einen Transformationsprozess aus, der die Geschlechterdifferenz in Frage stellt. „Denn dem ‚Punkt Null' des aus der Frau herausgenommenen Embryos, der für Grundlagenforschung und Anwendung den rechtlich legitimierten ‚Pool' abgibt, entspricht, dass die Frau als Mutter mehr und mehr selbst zur ‚Abgetriebenen' wird." (Treusch-Dieter 1990: 256) An diesem *Punkt Null* definiert sich Leben nicht mehr aus dem Mutterbauch heraus, es ist einem Mann als Tochter/Sohn zuzuordnen. Der *Pool* führt die Existenzberechtigung ins *Pränatale*; der genetische Code als eine mehr oder weniger defekte DNS wird zur Richtlinie für eine Abtreibung oder eine Auferstehung zum postnatalen Leben. Die Geschlechterdifferenz, die im Verschmelzungsakt von Frau und Mann und durch das Zeichen der Liebe, dem Kind, überwindbar schien, wird damit außer Kraft gesetzt. Nichts mehr scheint hier eindeutig; schon heute sind genetische, biologische und soziale Mutterschaft und genetische und soziale Vaterschaft juristisch zu regeln.

Was Feminismus und Postmoderne einigt, ist die Entmystifizierung des männlichen, sich in der Krise befindenden Subjekts, womit die Moderne selbst in die Krise geraten ist. Der Unübersichtlichkeit wird eine kritische Bestandsaufnahme der gegenwärtigen Zustände und Tendenzen für die Zukunft entgegengehalten. Eine Vertreterin ist die Soziologin Gerburg Treusch-Dieter. Sie verwendet für ihre Analysen nicht allein Material aus der Moderne, sondern geht in ihrer Diskursgeschichte bis in die Antike zurück, gelangt ins Heutige und führt den Bogen noch einen Schritt weiter. Beispielsweise deckt Treusch-Dieter die Realisierung einer Metaerzählung des Abendlandes auf: Ausgehend von der antiken Zeugungstheorie, die mit einer „Neukonstruktion der Genealogie" eine „grundlegende Reorganisation der Geschlechterdifferenz" (Treusch-Dieter 1997: 89) hervorruft, vollendet in der Gen- und Reproduktionstechnologie führt diese zu einer „Lebensproduktion, die als biotechnologische Innovation für das 21. Jahrhundert fungiert." (Treusch-Dieter 1990: 9) Das heißt, wenn *das Zeugen* als männlich konnotiert in die Sprache eingeht (männliches Genealogieprinzip: Mann als Zeuger), wird der Frauenkörper als Brutkasten verstanden (Frau als Amme): nur mehr Gebären wird als weibliches Schaffen des in ihr Gezeugten verstanden (Zeugen & Gebären als Differenz zwischen den Geschlechtern); was sich im Dunklen dieses Körpers abspielt, wird inzwischen in den alles transparentmachenden Verfahren des Labors simuliert, um Leben herstellbar zu machen (Biotechnologien zur Lebensproduktion).

Aber der postmoderne feministische Ansatz hat auch seine Tücken. Er kann beispielsweise das Emanzipationsideal der Frauenbewegung irritieren. Je stärker in dieser Denkrichtung das Gesetz des Vaters angesprochen wird, desto expliziter wird die völlige Durchdringung der gesellschaftlichen Ordnung mit der phallischen Logik aufgedeckt. Und es bietet sich kein Ausweg an. Es kann nicht die Subjekt-Werdung der Frau angestrebt werden, jedenfalls nicht jene, die sich aus dem modernen, eben männlichen Rationalitätskonzept ableiten lässt. Somit setzt auch eine Strömung ein, die vom mangelhaften, kastrierten Wesen Frau ausgeht und doch nicht die Suche nach einer authentischen Konzeption weiblicher Identität aufnimmt. Judith Butler versucht es etwa mit einer radikalen Dekonstruktion: „Die Identität des feministischen Subjekts darf nicht die Grundlage feministischer Politik bilden, solang die Formation des Subjekts in einem Machtfeld verortet ist, das regelmäßig durch die Setzung dieser Grundlage verschleiert wird. Vielleicht stellt sich paradoxerweise heraus, dass die Repräsentation als Ziel des Feminismus nur dann sinnvoll ist, wenn das Subjekt ‚Frau(en)' nirgendwo vorausgesetzt wird." (Butler 1991: 22)

Einen Schritt weiter geht etwa Donna Haraway, die die Möglichkeiten der neuen Technologien aufnimmt. Sie sieht in der momentanen Grenzverwischung zwischen Tier, Mensch und Maschine neue Handlungsfähigkeiten für Frauen: Sie sind, wie Cyborgs, Grenzgeschöpfe, die für Heterogenität, Nicht-Identität und kritische Positionierung stehen und von denen aus das männliche Subjekt zu destabilisieren ist. „Cyborgs sind Geschöpfe in einer Post-Gender-Welt. [...] Eine Ursprungsgeschichte im ‚westlichen', humanistischen Sinn beruht auf dem Mythos ursprünglicher Einheit, Vollkommenheit, Glückseligkeit und des Terrors, der durch die phallische Mutter repräsentiert wird, von der sich alle Menschen lösen müssen [...]. Die Cyborg überspringt die Stufe ursprünglicher Einheit, den Naturzustand im westlichen Sinn. [...] Die Cyborg ist eine überzeugte AnhängerIn von Partialität, Ironie, Intimität und Perversität. Sie ist oppositionell, utopisch und ohne jede Unschuld." (Haraway 1995: 35)

Mit Butler und Haraway sind Theoretikerinnen zitiert, die jenseits der herkömmlichen Geschlechtskonstruktion Figurationen (Performanz) bzw. Figuren (DIE Cyborg) ins Feld führen, um das eingelernte Raster zu sprengen.

8.6   Schluss

Feministische Ansätze sprengen die eingewöhnte Lehre und bestehen auf ihrem interdisziplinären Charakter. Somit sind hier jene theoretischen Ansätze präsentiert, die besonders für die Soziologie relevant sind, wenn auch nicht alles, was ebenso spannend und aktuell wäre, erwähnt wurde. Als neuer Trend beispielsweise sei auf eine Richtung innerhalb der gender studies hingewiesen, die – aufbauend auf feministisches Wissen – die Männlichkeitskonstruktion nachzeichnet. (Connell 1999)

Abschließend ist festzuhalten, dass feministische Theorien ein komplexes Spannungsfeld eröffnen. Die Geschlechterdifferenz und ihre Auswirkung auf die Geschlechtskonstruktion wird mit all ihren sozio-kulturellen Wendungen nach-erzählt. Hierdurch eröffnen sich Perspektiven für Erzählstile, die Heterogenität im Verhältnis Weiblichkeit versus Männlichkeit, aber auch unter Weiblichkeiten zur Sprache bringen. (Lauretis 1999) Gleichzeitig lösen die neuen Technologien einen Transformationsprozess aus, der die eingewöhnten Kategorien ins Schleudern bringt. Und auch hierfür ist ein Blick auf die Dinge erst zu er-finden. „Those were the days. Wir waren alle am Meer. Es kommt mir wie gestern vor. Geschlecht, Spezies, Rasse, Klasse – nichts davon hatte damals irgendeine Bedeutung. [...] Doch dann geschah etwas. Das Klima veränderte sich. [...] Wir mutierten in einem solchen Ausmaß, dass wir uns selbst nicht mehr wiedererkannten, zusammengefasst in Einheiten einer Art, die – wie alles – vorher undenkbar gewesen war. [...] So oder so wurden wir zu Bestandteilen unseres eigenen Gefängnisses." (Plant 1998: 11f) Die britische Cyberfeministin Sadie Plant nimmt Frauen die Aura dieses Gefängnisses, die eine Unsichtbarkeit über ihre Leistungen beim computing legt. Frauen haben vielmehr durch Weben, Tippen, Verbinden und Vernetzen die intimsten Erfahrungen mit diesen technologischen Prozessen. So sehr sie mit dem Mythos der Feindschaft Frau versus Technik aufräumt, konstruiert sie – ganz postmoderne Technotheoretikerin – aber kein neues dichotomes Feld und schon gar nicht den Beginn eines Goldenes Zeitalters. „Das späte 20. Jahrhundert sieht sich selbst überspült, überschwemmt, auf offener See, überflutet von einem Ozean molekularer Aktivität, auf dem nur gesurft werden kann [...]. Es ist immer auf der Kippe, an den Gestaden und Stränden dazwischen, auf den Linien zwischen Ozean und Land: hier finden Mutationen statt und beginnen neue Aktivitäten aufzutauchen. Wassertropfen, Sandkörner, Ozeane und Wüsten, das sehr Nasse und das sehr Trockene stellen eigene Verbindungen her." (Plant 1998: 256)

Anmerkungen

1 Die folgenden Sammelbände geben erstens Einblick in das Verhältnis Feminismus
– Wissenschaft, zweitens üben sie Kritik an den universellen Kategorien (männer-
geprägte Rationalität, Moral oder Ideologie wie Sexualität als Zwangsheterosexua-
lität) und stellen drittens feministische Ansätze in einzelnen Disziplinen vor: Pusch,
Luise F. (Hg.). 1983. Feminismus. Inspektion der Herrenkultur, Frankfurt a.M.
Hausen, Karin/Nowotny, Helga (Hg.). 1986. Wie männlich ist die Wissenschaft?
Frankfurt a.M.
List, Elisabeth/Studer, Herlinde (Hg.). 1989. Denkverhältnisse. Feminismus und
Kritik, Frankfurt a.M.
Krüll, Marianne (Hg.). 1990. Wege aus der männlichen Wissenschaft, Pfaffenweiler
Knapp, Gudrun-Axeli/Wetterer, Angelika (Hg.). 1992. Traditionen Brüche. Ent-
wicklung feministischer Theorien, Freiburg
speziell für die Soziologie: Brück, Brigitte/Kahlert, Heike/Krüll, Marianne/Milz,
Helga/Osterland, Astrid/Wegehaupt-Schneider, Ingeborg. 1992. Feministische So-
ziologie, Frankfurt a.M.
Becker-Schmidt, Regina/Knapp, Gudrun-Axeli. 2000. Feministische Theorien zur
Einführung, Hamburg

2 Einige Beispiele: Sulamith Firestone geht 1970 in „Frauenbefreiung und sexuelle
Revolution" von der Biologie aus, verlangt die Infragestellung der westlichen Kultur und der geschlechtsbedingten Natur. Kate Millett stellt 1971 in „Sexus und
Herrschaft" das Patriarchat als ein Herrschaftssystem dar, das überwunden werden
kann und muss, unter anderem durch die Auflösung der Institution Familie. Susan
Brownmiller belegt 1975 in „Gegen unseren Willen" die Geschichte der Vergewal-
tigung als herrschaftsimmanente Handlung. Alice Schwarzer lässt 1975 in „Der
‚kleine Unterschied' und seine großen Folgen" Frauen über Sexualität reden und
analysiert die sexuelle Monopolstellung der Männer. Wie massiv auf die Einnahme
weiblicher und männlicher Geschlechterrollen bei Kindern gedrängt wird, belegt
1977 Ursula Scheu: „Wir werden nicht als Mädchen geboren – wir werden dazu gemacht".

9   Theorie der postmodernen Gesellschaft

Die Veränderungen in den Achtzigerjahren, das Zusammenrücken der Welt durch Fernsehen und Internet, der weltweite Ausbau medialer Infrastruktur, die Entwicklung der globalen Computernetzwerke, das alles fällt zusammen mit deutlichen Strukturänderungen in der Gesellschaft. Die alten Klassen (Arbeiter, Bürgertum) in Europa verschwinden, neue Abhängigkeiten zwischen Peripherie und Zentrum bauen sich auf, Irrationalitäten wie neue Sekten und neue Religiosität fließen in das rationale Denken der westlichen Welt ein. Dies sind nur einige wenige Aspekte, die manche Autoren (vgl. Bauman 1992) veranlasst haben, von postmoderner Gesellschaft zu sprechen. Die Moderne mit ihrem hohen Stellenwert der Vernunft und der aufgeklärten Rationalität ist für sie an ein Ende gekommen. Unsere heutige Gesellschaft kann nicht mehr an dieser klaren Achse gemessen werden. Wenn wir uns Strukturcharakteristika der modernen Gesellschaft ansehen, dann liegt nahe, dieser eine neue Gesellschaftsqualität zuzuordnen, die wir als postmodern bezeichnen.

9.1   Postmoderne: Bestimmung als Epoche?

Erzählung vom Beginn und den Grundcharakteristika der Moderne

Postmoderne ist eigentlich ein inhaltsleerer Begriff, der wörtlich genommen eine Gesellschaftsformation bezeichnet, die nach der Moderne kommt. Er kann aber auch als zeitloser typologischer Begriff gesehen werden. Inhaltlich ist er nur dann zu fassen, wenn wir wissen, was eigentlich die Moderne ist. Man kann die Rede von der Postmoderne nur annehmen oder ablehnen, wenn man eine Vorstellung davon hat, was die Moderne ausmacht. Darauf gibt es, je nach Perspektive oder Standpunkt des Autors, unterschiedliche Antworten. Ich will hier einige erwähnen.

In der Geschichte wird die Zeit von 1600 bis 1650 oft als „early modern history" bezeichnet, und so wird hier der Ursprung der Moderne angesetzt. Das kommt unserer Einteilung der Soziologie entgegen. Wir haben im ersten Kapitel des Buches die Vorläufer der Soziologie in dieser Zeit bemerkt. Andere wiederum gehen zurück auf 1500. Sie sehen in der Entwicklung der Typenlettern von Gutenberg oder den Humanisten wie Erasmus und Montaigne die ersten Ansätze der Moderne. Auch dies ist nicht von der Hand zu weisen. Denn die Humanisten verbreiteten und vertraten jenes Gedankengut, das zur Herausbildung des modernen Bildungssystems führte. Durch ihre humanistischen Überlegungen wurde das Entstehen einer eigenen Phase der Kindheit beeinflusst (Aries 1990). Die Humanisten propagierten den Gedanken der Erziehung, der Betreuung und Fürsorge für Kinder, die in geschützter Umgebung lernen sollten. Auch das Humboldt'sche Universitätsideal der Gemeinsamkeit von Forschung und Lehre entstand hier.

Folgt man Paul Kennedys Buch „Aufstieg und Fall großer Mächte" (1989), dann könnte man in folgender Weise den Beginn der Moderne festlegen und Epochen bestimmen.

Abb. 1: *Großmächte von der Vormoderne zur Postmoderne*

Vormoderne	Moderne (ab ca. 1500)	Übergang nach 1945	Postmoderne
China	Europa	USA, UdSSR	Japan
Osman. Reich			Europa=EU
Nordindien			China?
(Mogulreich)			USA?
Japan (Shoguns)			Zerfall der UdSSR
Europa und Russland			Nord-Süd-konflikt?

In der Vormoderne herrschten für China, Japan, Nordindien, das Mogulreich, das Osmanische Reich, Europa und Russland ähnliche Ausgangsbedingungen. Es war vor 1500 keineswegs klar, dass Europa sich durchsetzen würde. Wie die meisten historischen Entwicklungen war auch diese nicht eindeutig ableitbar, sondern durch ein Zusammentreffen verschiedener Faktoren bedingt. Kennedy nennt nach einer Zusammenschau der Gesellschaftsstrukturen ein Schlüsselcharakteristikum für die Durchsetzung Europas: die dezentrale Organisation. Die anderen großen Mächte verstärkten eher ihren Zentralismus, auch begannen sie, sich gegenüber außen abzuschirmen, den Überseehandel zu beschneiden oder (wie Japan) gänzlich zu verbieten. Europa hingegen war flexibler, offener und dezentraler. Als sich mit Karl V. die Habsburgerdominanz durch die Verbindung Österreichs und Spaniens durchzusetzen drohte, gab es ständig Kämpfe, um diese Vorherrschaft zu brechen. Die Europäer wollten offensichtlich keine eindeutig dominierende Macht dulden. Zudem erlaubten die Gesetze freien Handel und ermöglichten überseeische Entdeckungsreisen. Auch verschloss sich Europa nicht gegenüber den Gütern, die aus Asien importiert wurden.

Neben der historischen Betrachtungsweise wird die Moderne mit einer besonderen Sicht der Wissenschaften verbunden, nämlich mit naturwissenschaftlicher Erkenntnisweise. Aus dieser Perspektive kann man den Beginn der Moderne mit Descartes und seiner cartesianischen Philosophie und mit Galileo Galilei ansetzen.

Eine weitere Sicht setzt die Moderne mit der Aufklärung gleich und verlagert sie damit ins 18. Jahrhundert. Erst die Aufklärung habe dem Rationalismus zum Durchbruch verholfen. Zu diesen Aufklärern zählen aber nicht nur Deutsche Immanuel Kant, auch die schottischen Moralphilosophen wie David Hume, eigentlich Skeptiker, gelten als Aufklärer.

Der Rationalismus des 17. Jahrhundert kann als das Zentrum der Modernität angesehen werden. Er drückt sich in Physik und Astronomie aus, in der Philosophie des Wissens (Cartesius) und der politischen Theorie. Wichtig dabei ist das Ziel, Systeme zu entwickeln und Sicherheit durch das Denken zu gewinnen. Wertfreie Theorien aufzustellen ist das Postulat dieser Wissenschaft, die gleichsam zur Religion der Moderne wird.[1]

Folgt man Archer (1990), so kann man die moderne wissenschaftliche Theorie ganz eindeutig mit einem Begriff beschreiben: Zweckrationalität. Die klare Abwägung der Mittel, um ein bestimmtes Ziel zu erreichen, ist die Leitidee moderner Wissenschaft, wie wir sie auch bei Max Weber kennengelernt haben. Sie schließt Werthaltungen aus der wissenschaftlichen Vorgangsweise aus, sie ist gekennzeichnet durch „Fallacy of Amoral Objectivity" – den Trugschluss der wertfreien Objektivität, wie Archer festhält.

Diese Zweckrationalität hat folgende Logik:

Desire + Instrumental Rationality + Technology = Progress

Wünsche → Kann ich sie verwirklichen? → Was muss ich dazu tun? = Lösung

Beispiel: langes Leben → Arzt → Medikamente gegen Altzheimer = längeres Leben

Das Grundcharakteristikum dieser Denkweise ist, dass es für jedes Problem eine Lösung gibt, oder noch schärfer formuliert: dass prinzipiell jedes Problem zweckrational gelöst werden kann. In dieser Sichtweise werden Gefühle, Werte oder Befindlichkeiten zu Störfaktoren am Lösungsweg und müssen deshalb ausgeschalten werden. Diese Rationalität kulminiert in der modernen Systemtheorie, die Menschen als Umwelt des Systems ansieht, das selbst aus Kommunikationen besteht.

Postmoderne Theoretiker, aber auch empirische Gesellschaftsbeobachter finden, dass diese Moderne im Schwinden begriffen ist. In der Literatur stellt Musils „Mann ohne Eigenschaften" mit seiner eigenartigen Ambivalenz von Wirklichkeit und Nicht-Wirklichkeit den Markstein dieser Tendenz zur Auflösung dar.

Eigenheiten der Postmoderne

Die Postmoderne wird als Gegensatz zur Moderne gesehen. Wir wollen hier keine epochale Begriffsbestimmung verfolgen, also den Beginn einer Epoche der Postmoderne zu einem bestimmten Zeitpunkt bestimmen. Zeitgenossen können das wohl nur, wenn sie programmatische Ziele verfolgen, es wird künftigen Historikern überlassen bleiben, solche geschichtlichen Eckpunkte zu markieren. Auf jeden Fall wird das nicht leichter sein, als die Moderne abzugrenzen. Wie wir gesehen haben, gibt es auch historische Zugangsweisen, die um Jahrhunderte differieren.

Es ist also deshalb besser, qualitativ Postmoderne durch die zentralen Prinzipien zu charakterisieren, durch die sie gekennzeichnet ist. Wenn die Moderne durch Zweckrationalität als Schlüsselkategorie ausgezeichnet ist, so wird sich die Postmoderne davon abheben. Aber wie?

Vertreter der Postmoderne wie Lyotard oder Rorty sehen das mühsam aufgebaute Gerüst der Sicherheit zusammenbrechen. Wissenschaftsgeschichtlich bewirkte diese Sicht zunächst an der Pariser Sorbonne einen Zusammenbruch der alten Philosophie. In anderen Ländern blieb die Diskussion eher philosophisch. Der Skeptizismus wurde neu belebt und brachte die Humanisten des 16. Jahrhunderts wieder ins Spiel.

In ihrer Philosophie reicht die Postmoderne auf die Gedankenwelt vor Cartesius zurück. Wir können sie auch als Wiederentdeckung des Humanismus bezeichnen. Der Mensch mit seinen Gefühlen, seinen Stärken und Schwächen rückt wieder ins Zentrum der Wissenschaft. Während die moderne Wissenschaft bestrebt war, gerade die emotionale Ebene als Störfaktor aus der Betrachtung auszuschalten und die größte Anstrengung darin bestand, die Emotionen zu zähmen und Wertfreiheit zu postulieren, werden gerade diese unter modernem Blick verunsichernden Dinge Bestandteil auch des wissenschaftlichen Forschens. Bildlich gesprochen setzen Werthaltungen und Gefühle offensichtlich wieder ihren Anspruch durch. Sie waren in der Wissenschaft verdeckt, nicht ausgeschaltet. Eine der wesentlichen Aufgaben einer Wissenschaft in der Postmoderne wird es sein, dieser menschlichen Dimension einen angemessenen Stellenwert zu verschaffen. Für die Wissenschaft bedeutet dies, dass sie sich anderen Ebenen der Gesellschaft stellen muss und sich nicht mehr in Rationalität selbst genügen kann. Sie muss ihre Auswirkungen auf menschliches Handeln ins Kalkül ziehen. In der Praxis zeigt sich dies in dem schwindenden Vertrauen auf Experten. Es wird im Zuge allgemeiner Partizipationsbestrebungen auch verlangt, dass Expertenmeinungen kontrolliert werden. Das bekamen und bekommen nicht nur technische Experten, sondern solche aus allen Bereichen, zuletzt auch Ärzte zu spüren. Ein Wissenschaftler kann nicht mehr wie früher gleichsam als Mönch in einem abgeschiedenen Kloster, der Universität, leben. Es wird von ihm erwartet, dass er sich der Öffentlichkeit stellt.

Die Zweckrationalität, die die vornehmste Aufgabe der Wissenschaft war, muss sich der Beurteilung durch Wertrationalität aussetzen. Nicht alles ist mehr erlaubt. Am deutlichsten hat dies wohl die Haltung zur Atomkraft oder der Gentechnik gezeigt. Nicht alles darf technisch ermöglicht werden. Die Umweltproblematik, die schon Anfang der Sechzigerjahre (Carson 1963) ins Bewusstsein tritt, ist ein Beispiel für Auseinandersetzungen in der Postmoderne. Der diesbezüglich letzte Schritt liegt in der Diskussion über Möglichkeiten und Grenzen der Gentechnologie. Wissenschaftliche Gesellschaften beginnen Selbstkontrolle, Ethikkommissionen entstehen. Auf der Erkenntnisebene kommt die Zweckrationalität der Moderne ins Schwanken.

Übung: Denken Sie nach, ob es auch in den Sozialwissenschaften Themen gibt, die moralisch bedenklich sind. Sind nicht alle Themen, die soziale Kämpfe anheizen, aufbauen oder überhaupt erst erzeugen, bedenklich? Nicht die Analyse sozialer Ungerechtigkeit und Ungleichheit sind damit gemeint, sondern die Erzeugung vermeintlicher Benachteiligungen durch Etikettierungen. Eine Studie zum Beispiel will testen, ob sich die Albaner in den USA noch als Albaner fühlen. Wozu? Der Hintergedanke besteht wohl im von den ForscherInnen erwünschten Aufbau von Gruppenidentität, die die Gruppe selbst vielleicht gar nicht sucht. Können durch Studien Wirklichkeiten in ähnlicher Weise verändert werden, wie genmanipulierte Nahrung?

Wiederum Archer (1990): Die Theorie in der Postmoderne muss neue Anforderungen erfüllen:

1. Die Moralität der Handelnden ist zu berücksichtigen. Es geht hier nicht um die Frage, ob die Lösungen rational zustande gekommen sind, sondern ob es überhaupt gut ist, dieses Problem zu behandeln. Es geht darum zu fragen, ob die Wünsche gut sind. Ist es zum Beispiel gut, Leben immer zu verlängern?

2. Die Soziologie erscheint in der Theorie der Postmoderne als „Advokat des Teufels". Ihr selbst auferlegter moralischer Asketismus könnte fast als neue Form der Zweckrationalität angesehen werden. Es geht dabei darum aufzuzeigen, dass es auch andere Meinungen, andere Wünsche und andere – nicht rationale – Lösun-

gen geben kann, und darzustellen, dass die Frage, für welche man sich entscheidet, eine Frage von Werthaltungen ist, für die aber nicht von vornherein feststeht, welche die beste ist.

3. Kein Mythos der kulturellen Integration mehr. Die kennzeichnende Moralität der Moderne war es zu versuchen, unter einem einzigen allgemeinen Oberbegriff Verschiedenheiten zu integrieren.

Das geschah in unterschiedlichen Bereichen. Beginnen wir bei der Wissenschaft. Da ist die Suche nach einer einheitlichen Theorie zu nennen. Das setzt sich auf Gesellschaftsebene fort. Übernationale Einheiten zu konstruieren, nationale und ethnische Unterschiede als irrelevant zu betrachten oder eben als nicht zweckrational und daher zu versuchen, sie zu verwischen, ist für die Haltung der Moderne charakteristisch. Die Konsequenz wurde nach dem Zusammenbruch des kommunistischen Blocks deutlich, wo alte Differenzen, die mühsam verdeckt waren – aber nicht behandelt wurden –, wieder aufbrachen. Dazu gehören aber auch sogenannten Integrationsbemühungen auf tagespolitischer Ebene. Wie integriere ich Ausländer in die Schule? Wie mache ich es, dass zum Beispiel bosnische Familien mit einer völlig anderen Familienstruktur als unserer die Entscheidungen der Familienrichter bei Scheidungen oder bei Kindesmisshandlungen akzeptieren können (vgl. Pflegerl 1995)? Die Lösungswege gehen immer davon aus, dass man die eigene Kultur möglichst schmackhaft macht und Strategien entwickelt, durch die eine menschliche Integration ohne Gewalt und Benachteiligung möglich wird. Vielleicht sollte man aber gar nicht integrieren wollen! Die Postmoderne sagt: Man muss mit Multikulturalität leben. Das bedeutet keinen laissez faire-Liberalismus oder „Alles ist möglich". Die Strategie ist eine andere als die „moderne". Statt zu versuchen, die für die Moderne dysfunktionalen Elemente zu behandeln (zum Beispiel den Begriff der Ehre bei islamischen Familien), geht es darum, Strategien zu entwickeln, wie man multikulturell neben- und miteinander leben kann. Wir werden darauf zurückkommen.

Wir wollen nun an Hand zweier zentraler Autoren, Baumann und Rorty, einige Argumente der Theorie der Postmoderne darstellen.

9.2 Theorien der Postmoderne

Theorie der Postmoderne nach Baumann

Zygmunt Baumann bringt das Leben in der Postmodernen auf eine Formel: *Mit Ambivalenz leben*. Ambivalenz ist für ihn die Grundkategorie des Lebens schlechthin. Sie bedeutet, dass ein Gegenstand mehreren Kategorien zuordenbar ist. Es ist keineswegs eindeutig zu entscheiden, welche nun richtig ist. Diese Ambivalenz ist immer gegeben. Als Beispiel führt er die Position des Fremden an: Sie ist unbestimmt, der Fremde ist weder Freund noch Feind. Diese Ambivalenz führt zu genereller Unordnung. In der Moderne wird versucht, das zur Ordnung zu bringen, die Ambivalenz aufzulösen, eindeutige Zuordnungen zu treffen und damit Klarheit zu schaffen. Damit wurde aber keine größere Ordnung erzeugt, sondern – um in Begriffen der Thermodynamik zu formulieren – die Entropie vermehrt. In der Folge der Lösungen entstand nämlich noch mehr Ambivalenz. Das beste Beispiel ist die Medizin. Kaum wird eine Krankheit besiegt, schon entstehen neue mit neuen Problemen. Sollen die gelöst werden, entstehen noch mehr usw. ad infinitum. In der Formel von Archer, die wir weiter oben erwähnt haben, wäre ein typisch moderner Lösungsweg etwa der folgende: Der Wunsch, lange zu leben, führt uns zum Arzt, der uns Medikamente verschreibt, etwa gegen drohenden Altzheimer, was aber danach zu Altersdepressivität führen kann, die wiederum durch Medikamente zu heilen versucht wird, die neue Probleme entstehen lassen usw. Diese Entwicklung gilt besonders stark im psychosozialen Bereich, am deutlichsten im Dschungel der Therapieformen und den vielfältigen psychischen Zuständen, die als behandelnswert eingestuft werden.

Für die Lösung der Probleme wird Expertenwissen herangezogen. Expertenwissen löst aber nur Probleme, die durch Expertenwissen entstanden sind. Die durch die Mannigfaltigkeit der Aufgaben notwendige Spezialisierung des Expertenwissens lässt neue Probleme entstehen. Denn das spezialisierte Wissen kann nur einen äußerst engen Ausschnitt der Wirklichkeit berücksichtigen und muss vieles übersehen. Ein spezialisierter Experte ist notwendig, um ein spezifisches Problem zu lösen, man kann aber sicher sein, dass diese Lösung weitere, unvorhersehbare Probleme schaffen wird.

Ein beliebtes Beispiel für das postmoderne Leben in der Stadt sind die Einkaufsmöglichkeiten. Eine Entwicklung waren die Shopping Malls am Rande der Städte, riesige Einkaufszentren mit zahlreichen Geschäften, die ganz auf das Einkaufen zentriert sind, aber trotzdem Unterhaltung und Ästhetik schaffen. Man kann darin Flanieren, allerdings nicht im klassischen Stil des Flaneurs. Die Ambivalenz, die mit dem Einkaufen in der Stadt verbunden ist, führt folgender Werbeslogan aus dem Jahre 1995 klar vor Augen, der die Konsumenten zurück in die Stadt Wien locken soll, die durch das damals größte Shopping-Center Europas im Süden Wiens abgesogen wurden. Der Slogan lautete: „Shopping ist out, Einkaufen ist in. Kauf lieber in Wien, Wiens Einkaufsstraßen bieten mehr: Vielfalt und Flair." Das Interessante daran ist, dass Straßenzüge in der Stadt, die urbane Qualität besitzen, auf ein funktionales Element – das Einkaufen – beschränkt werden. Es fällt ein Widerspruch auf: Shopping bedeutet eigentlich flanieren, sich umsehen usw. Das wäre die städtische Qualität. Dagegen ist Einkaufen rein funktional. Die Shopping Malls hingegen dehnen sich aus, sie werden multifunktional. Auf den Freizeitkonsum konzentriert, bieten sie zahlreiche Möglichkeiten auch der Freizeitgestaltung, – etwas, das die Stadt auf so klar abgegrenzten relativ engem Raum nicht hat. Dagegen scheint die Stadt ein Rückzugsgefecht zu führen. Sie lieferte ursprünglich das urbane Leben, wirbt aber nun im Slogan gänzlich monofunktional: „Einkaufen" ist in. Dem Texter ist das sofort aufgefallen und die Monofunktionalität wird am Ende aufgelöst mit dem Hinweis, dass die Stadt Straßen bietet, in denen man nicht nur einkaufen, sondern auch andere Dinge tun kann. Es wird Multifunktionalität angesprochen. Aber nicht nur das. Die Möglichkeiten werden auch ästhetisiert. Und so endet der Werbespruch in postmoderner Weise in der Verknüpfung von Möglichkeiten mit dem sinnlichen Gehalt, der mit dem Genuss verbunden ist. Vielfalt und Flair werden geboten! Die Argumentationslinie verläuft wohl so: Die moderne Lösung des Einkaufsproblems ist es, das Einkaufen zu funktionalisieren, Geschäfte auf engen Raum zusammenzupacken und notwendige Infrastruktur, zum Beispiel, Lokale hinzuzusetzen. Dann tritt ein weiterer Aspekt auf: Das ist ja keine „wirkliche Stadt". Also werden weitere städtische Qualitäten hinzugefügt: Freizeiteinrichtungen wie Kinos, Sporthallen usw., bis eine künstliche Stadt entsteht. Gleichzeitig steigt damit der Verkehr in der Umgebung dieser Zentren, sie liegen in Europa meist am Rande der Städte, weil sie große Flächen benötigen, und sind deshalb oft auch schwer mit öffentlichen Verkehrsmitteln zu erreichen. Damit ist die Ambivalenz auf die Spitze getrieben. Künstliche Städte, die nicht Urbanität besitzen, entstehen, um den Bedürfnissen der Konsumenten gerecht zu werden und ein Optimum an Gewinn bei den Geschäftsleuten zu erzielen. Man könnte daraus weiter folgern, dass man nun auch das Wohnen optimieren müsste und künstliche Städte nur für möglichst angenehmes Wohnen errichten sollte. Ein Weg, der zum Beispiel in der Gartenstadtbewegung in England tendenziell gegangen wurde. Beide Speziallösungen bringen Verkehrsprobleme mit sich. Sowohl in den Gartenstädten als auch in den Shopping Malls soll der Verkehr draußen bleiben, aber der Individualverkehr erhöht sich zwischen den spezialisierten Zentren. Der öffentliche Verkehr, auf den Transport innerhalb der Stadt spezialisiert, kann die dezentral liegenden Zentren nicht häufig genug erreichen. Es kommt zu einem enormen Verkehrsaufkommen. Die nächste moderne Lösung bietet sich an: Gehe weder in die Stadt noch in die Shopping Mall, bleibe zu Hause und bestelle per Versandkatalog oder Internet. Damit würden aber zahlreiche neue Probleme entstehen, zum Beispiel Fragen der sozialen Kompetenz und Kontakte. Auch kann das Surfen durch das Internet natürlich nicht die bunte Abwechslung der Stadt oder einer Shopping Mall bieten. Wahrscheinlich wird es sich nicht durchsetzen, aber Einkaufen über den Computer zu propagieren, könnte Verkehrsexperten einfallen. Unter Umständen entstehen dann aber wieder neue Verkehrsprobleme, weil die Güter transportiert werden müssen und Lastwägen die Umwelt wesentlich mehr beeinträchtigen als Pkws. So sucht die Moderne nach Lösungen, vervielfältigt aber damit die Ambivalenz und schafft neue Probleme.

Die Antwort der Postmoderne dagegen lautet: Man kann das nicht lösen, man muss lernen, *mit Ambivalenz zu leben.* Lasst die Dinge nebeneinander stehen! Die Konsumentin geht einmal in die Shopping Mall, ein anderes Mal in die Einkaufsstraße und weniges wird über den Versandhandel bestellt. Jeder Bereich spricht ein eigenes Kundensegment an. Keine Möglichkeit ist die beste – man sieht auch in der Praxis, dass dieses Problem – das des Einkaufens –

nicht eindeutig gelöst werden kann. Ambivalenz ist nicht rational zu lösen. Dies kann gleichsam als Leitidee für den überforderten Klienten dastehen. Keine Therapie ist die beste, kein Organisationsmodell kann von sich beanspruchen, das einzig wahre zu sein, kein Bildungssystem ist vollkommen. Man muss lernen, mit dem Wissen, das alles auch anders sein könnte und trotzdem funktionieren würde, zu leben.

Mit Ambivalenz leben heißt auch, verschiedene Kulturen in einer Gesellschaft zuzulassen und nicht mehr oder weniger zwangsweise integrieren zu wollen oder aus falsch verstandenem Schuldbewusstsein die eigene Mehrheitskultur schlecht zu machen. Wenn zum Beispiel eine mündlich orientierte Kultur wie die der Roma und Sinti der schriftlichen Kultur der Schule fremd gegenübersteht und sie manchmal weniger wichtig nimmt, dann wird es nichts nützen, noch so sehr auf sie zur Meinungsänderung einzuwirken oder gar die schriftliche Kultur aufzuzwingen. Es wird auch nicht sinnvoll sein, sie in eigenen Schulen zu gettoisieren. Es würde aber den Lehrkräften helfen, wenn sie diese unterschiedlichen Sichtweise kennen, so dass sie manches Verhalten besser verstehen könnten (vgl. Supper 1996). Ebenso hilft es Familienrichtern, wenn sie wissen, dass es unterschiedliche Familienkulturen gibt. Dadurch können Entscheidungen besser angepasst und verständlich werden, ohne dass man unsere Rechtssprechung aufgibt (vgl. Pflegerl 1995).

Mit Ambivalenz leben ist durch verschiedene Strategien möglich. Die eine ist es, *Kontingenz als Geschick* zu betrachten: Man hat aus seinen unendlichen Möglichkeiten das Beste gemacht. Es ist wichtig, dass der Mensch diese Sicht akzeptiert. Das hat nichts mit „Schicksal" zu tun. Ein Schicksal hat man erlitten, ohne versucht zu haben, es selbst zu gestalten. Die Auffassung von Kontingenz als Geschick sieht die Möglichkeit vor, in den Gang der Dinge einzugreifen.

In der Postmoderne tritt ein weiteres Phänomen auf, das Baumann *Neotribalismus* nennt. Darunter versteht er die Suche nach Gemeinschaft. Diese Gemeinschaft ist aber eine „ästhetische Gemeinschaft". Ästhetische Gemeinschaften kann man leichter wieder verlassen als natürliche. Sie kristallisieren sich eher an Erscheinungen als an einem inneren Kern, also zum Beispiel an Symbolen. So entsteht eine Jugendkultur ohne politisches Programm. Symbole werden zur Kennzeichnung von Zugehörigkeit wichtiger als gemeinsame soziale Lagen. Dies kann soweit gehen, dass durch Symbole bewusst die soziale Lage verdeckt wird. Ein Arbeitsloser geht weiterhin allmorgendlich in seinem gewohnten Arbeitsoutfit fort, arme Leute leisten sich Symbole der Reichen usw.

In dieser Vielfältigkeit zu leben und sie auch zu bejahen verlangt nach einer wichtigen Tugend, nach *Toleranz*. Man lässt dem anderen das Recht auf seine Fremdheit. Wichtig ist es, Toleranz nicht mit Ignoranz zu verwechseln. Es kann nicht darum gehen, völlig zu ignorieren, dass es andere Lebensweisen gibt. Toleranz beinhaltet, dass man bewusst andere Lebensweisen zu verstehen versucht. Es heißt aber auch nicht Selbstaufgabe der eigenen Lebensweise. Toleranz beruht auf Gegenseitigkeit: Man muss auch vom anderen erwarten können, dass er die eigenen Lebensweise gelten lässt.

Tolerante Personen sind gegenüber denen, die vorgeben, ihre Möglichkeit sei die einzig richtige, ohnmächtig. Das ist die zentrale Schwäche der Postmoderne. Die Moderne ist mächtiger. Da man auch die eigene Position immer relativiert, kann man sie schwer behaupten. Der postmoderne Mensch weiß um seine eigene Kontingenz. Dies macht ihn politisch wenig durchsetzungsfähig. Baumann gibt eine Empfehlung ab. Die Chance der Toleranz ist die *Solidarität*. Sie wird nötig, um Ideen durchzusetzen. Es ist notwendig, dass all jene, die erkennen, dass es verschiedene Lebensmöglichkeiten gibt, man also mit Ambivalenz leben muss, und die die verschiedenen Lebensweisen auch tolerieren, miteinander solidarisch sind. Baumann verlangt hier, meiner Meinung nach, eine Solidarität der politisch Schwachen. Ob dies irgendeinen Erfolg in Richtung einer Entwicklung zur humaneren Gesellschaft leisten kann, mag allerdings dahingestellt bleiben. Die Prinzipien der Macht und Machterhaltung lassen mich am Erfolg eines Programms der Solidarität der Unorganisierten zweifeln. Vielleicht ist seine Auffassung ebenso romantisch, wie es nach Denzin (1990) die von Rorty ist, die im Anschluss vorgestellt wird.

Theorie der Postmoderne nach Rorty

Rorty spannt seine Theorie der Postmoderne mit den Begriffen Kontingenz – Ironie – Solidarität auf.

Kontingenz liegt nach Rorty vor allem in der Sprache. Die Wirklichkeit – und die Wahrheit – ist nicht „dort draußen", sondern in den Sätzen. Das heißt, mit den Sätzen konstruieren wir Wirklichkeit. Das geschieht nicht willkürlich, sondern ist durch unseren historischen Kontext bedingt. Bestimmte Konstruktionen sind zu einem bestimmten Zeitpunkt möglich oder wahrscheinlich, andere nicht. Auch spielen unsere Gefühle bei der Durchsetzung des Sprachspiels eine nur unbedeutende Rolle. Wir entscheiden uns nicht für ein bestimmtes Sprachspiel, es ergibt sich vielmehr. Europa hat sich nicht entschieden, die romantische Liebe zu propagieren, sondern sich an ein bestimmtes Sprachspiel der romantischen Dichtung gewöhnt. Man könnte auch meinen, dass unterschiedliche Wissenschaftsauffassungen unterschiedliche Sprachspiele sind. Vokabulare entstehen durch Gewohnheiten. Sie werden in Literatur aufgezeigt. Deswegen ist Literaturkritik zentral für die Beschreibung gesellschaftlicher Vokabulare. (Rorty analysiert etwa Nabokov und Orwell). Rortys Einteilung von Literatur kann sich jeder Leser zu nutze machen. Er unterscheidet inspirierende, zum Weiterdenken anregende Literatur, für ihn zum Beispiel Dickens und entspannende wie zum Beispiel der Krimi von Agatha Christie „Mord im Orientexpress". Die Zuordnung der Literatur zu einer dieser beiden Kategorien geschieht für jeden individuell.

Wie die Sprache, die immer auch eine andere sein könnte, ist das Selbst kontingent – es könnte immer ein anderes geben. Auch im Gemeinwesen muss Bewusstheit darüber herrschen, dass Sprache und Selbst, Rationalitäten und Gefühle kontingent sind, das heißt, dass es auch anders sein könnte. Die Folgerung: Rorty stellt sich als Ideal ein liberales Gemeinwesen vor. Das kann durch einen Satz des österreichischen Ökonomen Josef Schumpeter charakterisiert werden: „Die Einsicht, dass die Geltung der eigenen Überzeugung nur relativ ist, und dennoch unerschrocken für sie einzustehen, unterscheidet den zivilisierten Menschen vom Barbaren."(zit. nach Rorty 1989, S. 87)

Liberal sein hat auch ein Ethos, das heißt, das Schlimmste, was wir begehen können, ist Grausamkeit. Die Frage ist: Haben Du und Ich dasselbe Vokabular? Weltsichten sind bestimmte Vokabulare, es gibt keinen äußeren Haltepunkt, nach dem zu bestimmen wäre, was gut ist. Vor allem Wahrheit kann nicht von außen bestimmt werden. Jeder Versuch, dies zu tun, führt zu Totalitarismus. Das eigene Vokabular gewaltsam durchsetzen zu wollen, wäre grausam.

Das Idealbild einer künftigen Gesellschaft nennt Rorty: *Liberale Ironikerin*. Er verwendet dabei bewusst die weibliche Form. Ironikerin sein heißt: Man weiß, dass man selbst nur ein Vokabular hat, das eventuell durch ein anderes ersetzt werden könnte. Daher kann es nicht Ziel sein, das eigene durchzusetzen, sondern die soziale Frage, die sich stellt, lautet: „Hast du Schmerzen? Leidest du?". Diese Fragen entstehen aus der Überzeugung, dass das eigene Selbst kontingent ist. So verbindet sich Öffentlichkeit (liberal) mit Privatem (Ironie). Drei Bedingungen muss nach Rorty eine Ironikerin erfüllen (Rorty 1989 S.127): „Sie hegt radikale und unaufhörliche Zweifel an dem abschließenden Vokabular, das sie gerade benutzt, weil sie schon durch andere Vokabulare beeindruckt war …, sie erkennt, dass Argumente in ihrem augenblicklichen Vokabular diese Zweifel weder bestätigen noch ausräumen können … wenn sie philosophische Überlegungen zu ihrer Lage anstellt, meint sie nicht, ihr Vokabular sei der Realität näher als andere oder habe Kontakt zu einer Macht außerhalb ihrer selbst."

Schließlich sieht Rorty wie auch Baumann in der Solidarität eine zentrale Kategorie der Postmoderne – Solidarität aber nicht mit Menschen schlechthin, sondern in einem identifizierbaren Rahmen: „weil sie Kinder hat" … „weil sie Österreicherin ist …" Es können uns hier wieder die ästhetischen Gemeinschaften Baumanns einfallen. Aufgabe der Intellektuellen ist es, möglichst viele Identifikationsmöglichkeiten aufzuzeigen (durch Romane, Ethnografien), das heißt, Demütigungen, Leiden genau zu beschreiben, oder aber andere Situationen zu beschreiben, um aufzuzeigen, dass auch andere leiden. Damit wird die soziologische Forschung von einer direkten Politikberatung, die Vokabulare der Politiker verwendet, weg- und hingeführt zur Vermittlungsfunktion als einer neuen Aufgabe des Intellektuellen in der Gesellschaft. Sie sollten Lebensentwürfe und -möglichkeiten aufzeigen. Das soll der Politik vor Augen halten, über welche Realitäten sie zu herrschen versucht.

Zusammenfassung: Allgemeine Grundcharakteristika der Postmoderne

Wir wollen hier einige Dimensionen nennen, die Theoretiker der Postmoderne unabhängig von individuellen Spielarten der Theorie wohl als charakteristisch für diese Gesellschaftsformation ansehen.

Im Wesentlichen lehnen wir uns dabei an die anschauliche Zusammenfassung von Heinz-Günther Vester (1993) an.

War die Moderne gekennzeichnet durch Differenzierung, so kann die Postmoderne durch *Dedifferenzierung* beschrieben werden. Was in der Moderne in funktionaler Differenzierung sauber voneinander getrennt und unterschieden wurde, zum Beispiel Wissenschaft und Moral, Kunst und Wissenschaft fällt, in der Postmoderne wieder zusammen. Dedifferenzierung bedeutet aber nicht systemloses Auflösen und Zusammenfallen. Viel eher bewusstes neues Zusammenfügen, wie es Künstler in einer Collage tun. Vester nennt auch den Begriff des Pastiches, der in der Kunst für Plagiieren und Zitieren verwendet wird. Das heißt, es wird nicht eigenständig Neues geschaffen, sondern Altes neu zusammengefügt.

Man kann also sagen, dass formale Prinzipien und ästhetische Kriterien in der Postmoderne überwiegen. Die *Rhetorik* wird wichtig. Im Zentrum steht die Wirkung einer Aussage, nicht ihre Wahrhaftigkeit. Die Form der Darstellung tritt vor den Inhalt. Figuren sind Ironie und Intertextualität. Das wiederum hat zur Folge, dass sich Texte auf andere Texte – nicht auf die sogenannte Wirklichkeit – beziehen. Sie repräsentieren immer weniger die Wirklichkeit, sondern zeigen eher, in welchen Kontext sie sich befinden. Aus einem wissenschaftlichen Text kann man eher erkennen, welcher Schule dieser angehört, als etwas über die Wirklichkeit erfahren. Ebenso spiegeln statistische Aussagen nach dieser Auffassung die Wirklichkeit nicht wider, sondern stellen eigentlich die Fähigkeit statistischer Methoden dar.

Räumlich wird die Unterscheidung Zentrum und Peripherie unklarer. *Dezentrierung* statt Zentralisierung erfolgt. Man kann diese Entwicklung anhand der Entfaltung der Metropolen beobachten, die sich nicht von einem Zentrum ausbreiten, sondern in denen plötzlich viele Zentren entstehen, während das alte Zentrum verslumt. Diese Unterscheidung ist weltweit problematisch geworden. Wirtschaftlich ist der islamische Raum Peripherie, vielleicht ausgenommen durch die Ölvorkommen. Aber in Bezug auf Religion? Auch die Philosophie Asiens scheint heute für viele Europäer „zentraler" zu sein als die christliche Philosophie Europas. Diese wird wiederum in der dritten Welt, besonders Afrika, zentraler. Zentrum und Peripherie durchdringen einander. In soziologischer Theorie wird etwa formuliert: Das Selbst steht nicht mehr im Zentrum, das Menschenbild der Moderne kann verschwinden wie ein „Gesicht im Sand" (Foucault). Statt einem Zentrum gibt es viele, die nebeneinander bestehen und wo keines Vorherrschaft über ein anderes hat. Es gibt eine Vielzahl „gleichberechtigter" Zentren (Polyvalenz). Dies kann zur Entwicklung von Toleranz führen, die Unterschiedliches nebeneinander bestehen lässt.

Diese Ansichten dürfen allerdings meiner Meinung nach nicht darüber hinwegtäuschen, dass es politisch natürlich sehr wohl wesentlich chancenreichere Gebiete gibt und dass gleichzeig die Kluft zwischen arm und reich größer wird. Die Rede über Dezentrierung verwischt das Problem der armen Länder der Welt und lässt auch nicht erkennen, dass es zu Beginn des 21. Jahrhunderts eigentlich nur mehr eine Weltmacht gibt: die USA. (vgl. Hobsbawm 1995)

Ein weiteres Phänomen der Postmoderne ist *Kulturalisierung* – das neu erwachte Interesse an Kultur. Heute sind Politik und Kultur, Wirtschaft und Kultur eng verflochten. Die Werbekampagnen großer Konzerne geben immer weniger sachliche Informationen zum Produkt, sondern wirken durch künstlerische Gestaltung. Der Werbespot, das Plakat wird zum Kunstgegenstand. Kultur wird kommerzialisiert. (Vgl. dazu auch die Bemerkungen der kritischen Theorie zur Kulturindustrie im entsprechenden Kapitel) Kulturalisierung bedeutet auch Zitieren oder Übernehmen von Stilelementen aus unterschiedlichen Sinnwelten, die dann nicht mehr authentisch sind: aus dem bäuerlichen Bereich rustikale Einrichtung, aus Griechenland Säulen und Torbögen, aus den Palästen die riesige Couch usw.

In der Postmoderne erhalten die Intellektuellen eine neue Rolle. Sie sind nicht mehr „legislator", die den Weg weisen, sie werden immer mehr zum Dolmetscher, besser wohl gleich zur Dolmetscherin – denn es sind vermehrt Frauen – von Sinnzusammenhängen. Ihre Aufgabe ist es weniger, Modelle für Wirklichkeit zu entwickeln, sondern Sinnzusammenhänge für andere zu übersetzen.

Übung: Überlegen Sie selbst, wie weit diese postmodernen Tendenzen auf soziale Phänomene zutreffen. Inwieweit ist bestehende soziale Ungleichheit in der Gesellschaft „postmodern"? Wie können unter postmodernem Gesichtspunkt die ungeheuer großen Unterschiede zwischen arm und reich in der Weltgesellschaft erfasst werden? Welche modernen, welche postmodernen Charakteristika zeigen sich etwa im Bereich Familie und Partnerschaft?

9.3   Eine neue Wissenschaft für das Video-Zeitalter?

Wie Denzin (1992) formuliert, ist Teletheorie (Ulmer 1989) die der postmodernen Gesellschaft und Wissenschaft angemessene Theorie. Sie steht in der Tradition der Dekonstruktivisten (etwa Derrida). Teletheorie ist nicht nur als literarischer Text brauchbar – das auch –, vor allem aber ist sie so verfasst, dass sie in jedem Medium, auch in den audiovisuellen als Theorie bestehen und erzählt werden kann. Teletheorie involviert den Schreiber. Sie erzählt „mystory" und lässt damit his-story und her-story hinter sich. Teletheorie ist ein Schritt über das Verstehen hinaus. Sie stellt so sehr auf das individuelle Bewusstsein ab, dass ihre Grundkonzeption nicht mehr die Hermeneutik (das Verstehen), sondern Euretik (von Eureka = Ich fand es, die Entdeckung) ist.

Mystory ist eine Geschichte über die Wahrnehmung der eigenen Wirklichkeit. Gleichzeitig mit dem wissenschaftlichen Text wird erzählt, warum gerade ich als Wissenschaftler auf diesen Text komme. Die wissenschaftliche Entdeckung ist nicht unabhängig von mir. Mystory ist nicht zu verstehen, niemand kann sie verstehen, sie ist einfach zu akzeptieren. Sie ergibt sich in der Folge von Wirklichkeitsausschnitten in meiner Wahrnehmung. Ich kann nie die ganze Wirklichkeit wahrnehmen, sondern selektiere aus den mir eigenen Möglichkeiten und Wünschen heraus.

Das Zappen durch die Fernsehkanäle scheint mir ein Prototyp von „mystory" zu sein. Ich steige in Kanal 15 ein, ich weiß, dass auf Kanal 8 manchmal ein für mich interessantes Programm läuft – so tippe ich auf Kanal 8, dann auf 10, dann gehe ich durch: 10, 11, 12, 13 … Dieses Zappen ist mystory. Zunächst ist es nicht zu verstehen, weil ich es selbst nicht völlig verstehe. Details sind zu verstehen, zum Beispiel warum ich gerade Programm 8 schätze – es gibt dort nur Sport, keine sogenannten Bildungssendungen. Aber sonst ist die Abfolge nicht zu verstehen, sie ist einfach da. Punktuell. Es macht keinen Sinn, sie zu verstehen. Irgendwer hat vor mir Programm 15 gesehen, deswegen bin ich dort eingestiegen. Ich bin von 8 zu 10 und nicht zu 36 gegangen, weil dieser Kanal gleich daneben liegt. Die Reihenfolge des Zappens ist eine situative mystory des Zusehens. Einen anderen Tag mag sie anders aussehen. Es könnte unendlich viele Erklärungen geben. Das Erklärungsmuster würde ein Chaos widerspiegeln. Es liegt keine erkennbare Struktur darin. Man stelle sich nur einmal vor, dass man selbst neben einem sitzt, der durch das Programm zappt. Das ist äußerst verwirrend und entspricht überhaupt nicht der eigenen Gangart. Man wird der Programmschaltung nicht folgen können. Man wird sagen wollen: „hier bleiben, nicht schon weiter, jetzt tu doch weiter, das ist ja nichts". Die Zappgeschichte ist his- und herstory, aber nicht mystory. Ähnliche chaotische Strukturen kann man auch bei der Abfolge des Abrufens von Internetsites beobachten. Auch die unterliegen nicht immer einer rationalen Suchstrategie. Das machen sich auch Softwarehersteller zunutze, die ein „adventurous Internetsurfen" anbieten, bei dem man sich zu interessanten Sites führen lassen kann. Noch besser wäre es, einen Zufallsgenerator bestimmen zu lassen, wohin man surft. Man hat die mystory zu nehmen, wie sie ist. Man kann davon beeindruckt sein, man kann in der Regel nichts damit anfangen. Mystory bleibt mit sich alleine.

Ist das nun eine neue, angemessenere Logik für die postmoderne Gesellschaft? Mit Hilfe von nichtlinearen Gleichungen schafft die Chaostheorie realitätsähnliche Gebilde. Sie erfindet solche Gleichungen, sie findet sie nicht. Das wäre dann auch für die wissenschaftliche Theorie der Sprung von hermeneutic zu euretics, von Interpretation zur Erfindung. Die Aufgabe von soziologischer Theorie wäre es dann, Wirklichkeiten zu erfinden.

Erfindungsgabe könnte auch die Fähigkeit sein, die eine neue postmoderne, entbürgerlichte Gesellschaft braucht. Damit wird der Boden der traditionellen soziologischen Theorie verlassen.

Ich meine, das Ziel aller Theorien über Postmoderne ist eigentlich ein sehr „modernes": die Unbestimmtheit in den Griff zu bekommen, gleichsam Eindeutiges über die Vielfältigkeit zu sagen. Die Autoren der Postmoderne versuchen Unbestimmtheit und Pluralität moralisch zu rechtfertigen. Die Postmoderne zeigt eine Vielfältigkeit von Vorschriften und Regeln. In der Sprache der soziologischen Theorie kann man davon sprechen, dass Regeln als kontingent erscheinen. Tendenziell führt dies zu moralischer Indifferenz: alles ist möglich. Auf diese Situation kann seitens der Wissenschaft auf verschiedenen Ebenen reagiert werden (Joas 1992):

1. Zunächst können wir empirisch darauf reagieren, indem wir die Prozesse der Unbestimmtheit belegen: Das geschieht zum Beispiel in Wertwandelstudien und Lebensstilstudien.
2. In moralischen Forderungen, die theoretisch begründet werden, wie jener nach Toleranz und Solidarität.
3. In einer Neuentwicklung soziologischer Ansätze.

Joas verlangt also für die soziologische Theorie, dass sie die Postmoderne ernst nehmen und dementsprechende soziologische Studien durchführen soll, die sich auf das Kulturelle in einer Gesellschaft beziehen. Sie muss Struktur- und Lebensstiluntersuchungen durchführen und eine grundlegende neue Begrifflichkeit entwickeln. Dies führt zu einer „Theorie der Kreativität", wie sie Joas für die Soziologie als zentral erachtet.

Wie immer man auch neue Tendenzen in der Entwicklung der Gesellschaft sieht, ob man sie als Varianten der Moderne oder als Postmoderne etikettiert, die Gesellschaftsformation des 21. Jahrhunderts wird andere Antworten verlangen als es die Gesellschaft im 19. Jahrhundert tat, in dem die Soziologie als wissenschaftliche Disziplin entstand.

Anmerkung

1 Das Zusammenbringen von Moderne und Religion ist nicht ganz abwegig, wenn auch Säkularisierung eines ihrer Kennzeichen ist. Wie wir beim Gründer der Soziologie, Auguste Comte, gesehen haben, entstehen parallel zur Entwicklung des positivistischen und szientistischen Denkens eine Reihe von positivistischen Sekten, die sich um einen charismatischen Vorsitzenden wie etwa Comte selbst scharen, der sich als Hohepriester einer Positivistensekte versteht. Die wissenschaftliche Erkenntnistheorie wird in quasireligiösen Vereinigungen zelebriert.

10   Literatur

(1973). Alltagswissen, Interaktion und gesellschaftliche Wirklichkeit. Reinbek bei Hamburg, Arbeitsgruppe Bielefelder Soziologen.

(1988). Austrian Life Style 1988, Band I und II (Sachbearbeiter Mathias Richter). Wien, Dr. Fessel und GfK Institut.

Adorno, Theodor W. (1966). Negative Dialektik. Frankfurt am Main.

Adorno, Theodor W. (1969). Minima Moralia. Frankfurt am Main.

Adorno, Theodor W. (1979). Ohne Leitbild. Parva Aesthetica. Frankfurt am Main.

Adorno, Theodor W.; Dahrendorf, Ralph; Pilot, Harald; Hans, Albert; Habermas, Jürgen; Popper, Karl R. (1969). Der Positivismusstreit in der deutschen Soziologie. Darmstadt/Neuwied.

Adorno, Theodor W.; Frenkel-Brunswik, Else; Levinson, Daniel J.; Sanford, Nevitt R. (1950). The authoritarian personality. New York.

Alexander, Jeffrey (1982/1983). Theoretical Logic in Sociology. Berkeley.

Alexander, Jeffrey (1985). Neofunctionalism. London.

Alexander, Jeffrey (1991). Bringing Demogracy Back In. Universalistic Solidarity and the Civil Sphere. Intellectuals and Politics. Social Theory in a Changing World. Los Angeles.

Alexander, Jeffrey (1993). Citizen and Enemy as Symbolic Classification. On the Polarizing Discourse of Civil Society. Where Culture Talks. Exclusion and the Making of Society. Chicago.

Alexander, Jeffrey (1993). Handeln und seine Umwelten. Soziale Differenzierung und kultureller Wandel. Essays zur neofunktionalistischen Gesellschaftstheorie. Frankfurt am Main: 196-231.

Alexander, Jeffrey (1993). Citizen and Enemy as symbolic classifications. On the polarizing discourse of Civil Society. Where culture talks. Exclusion and the making of Society. Chicago: 289-308.

Altheide, David L. (1996). Qualitative Media Analysis. Thousand Oaks, SAGE.

Amann, Anton (1986). Soziologie. Ein Leitfaden zu Theorien, Geschichte und Denkweisen. Wien/Köln.

Appelsmeyer, H. (1996). Stil und Typisierung in weiblichen Lebensentwürfen. Eine vergleichende Analyse biographischer und literarischer Konstruktionen älterer Frauen. Weinheim.

Archer, Margaret (1990). Theory, Culture and Post-Industrial Society. Global culture. Nationalism, globalization and modernity. London: 97-121.

Aries, Philippe (1990). Geschichte der Kindheit. München.

Aron, Raymond (1965). Hauptströmungen des klassischen soziologischen Denkens. Reinbek bei Hamburg.

Badinter, Elisabeth (1984). Die Mutterliebe. München.

Baecker, Dirk (1993). Kybernetik zweiter Ordnung. Wissen und Gewissen. Versuch einer Brücke. Frankfurt am Main.

Baecker, Dirk et al. (1987). Theorie als Passion. Niklas Luhmann zum 60. Geburtstag. Frankfurt am Main.

Bahrdt, Hans Paul (1984). Schlüsselbegriffe der Soziologie: eine Einführung mit Lehrbeispielen. München.

Bateson, Gregory (1983). Ökologie des Geistes. Frankfurt am Main.

Bateson, Gregory (1984). Geist und Natur. Eine notwendige Einheit. Frankfurt am Main.

Bauman, Zygmunt (1992). The Intimations of Postmodernity. London.

Bauman, Zygmunt (1995). Ansichten der Postmoderne. Hamburg.

Bauman, Zygmunt (1995). Moderne und Ambivalenz. Das Ende der Eindeutigkeit. Frankfurt am Main.

Beck, Ulrich (1986). Die Risikogesellschaft. Frankfurt am Main.

Beck, Ulrich (1991). Politik in der Risikogesellschaft. Frankfurt am Main.

Beck, Ulrich (1993). Die Erfindung des Politischen. Frankfurt am Main.

Beck, Ulrich (1997). Was ist Globalisierung? Frankfurt am Main.

Beck, Ulrich; Giddens, Anthony; Lash, Scott (1996). Reflexive Modernisierung. Eine Kontroverse. Frankfurt am Main.

Becker, Howard (1981). Außenseiter. Zur Soziologie abweichenden Verhaltens. Frankfurt am Main.

Behnke, C. (1997). „Frauen sind wie andere Planeten": Das Geschlechterverhältnis aus männlicher Sicht – eine empirische Analyse von Gruppendiskussionen mit Männern. Frankfurt/New York.

Berger, Peter L.; Berger, Brigitte (1974). Wir und die Gesellschaft. Stuttgart.

Berger, Peter L.; Luckmann, Thomas (1969). Die gesellschaftliche Kontruktion der Wirklichkeit. Frankfurt am Main.

Blau, Peter M. (1977). Inequality and Heterogeneity. A Primitive Theory of Social Structure. New York/London.

Blumer, Herbert (1933). Movies and Conduct. New York.

Blumer, Herbert (1969). Symbolic Interactionism. New Jersey.

Blumer, Herbert (1973). Der methodologische Standort des Symbolischen Interaktionismus. Opladen: 80-146.

Blumer, Herbert (1986). Symbolic Interactionism, Perspective and Method. Berkeley.

Bohnsack, R. (1995). Auf der Suche nach habitueller Übereinstimmung. Peergroups: Cliquen, Hooligans und Rockgruppen als Gegenstand rekonstruktiver Sozialforschung. Erziehungswissenschaftliche Biographieforschung. Opladen.

Bohnsack, R. (1997). „Adoleszenz, Aktionismus und die Emergenz von Milieus – Eine Ethnographie von Hooligan-Gruppen und Rockbands." Zeitschrift für Sozialisationsforschung und Erziehungssoziologie 17. Jahrgang, Heft 1.

Bohnsack, R.; Loos, P.; Schäffer, B.; Städtler K.; Wild, B. (1995). Die Suche nach Gemeinsamkeit und die Gewalt der Gruppe. Hooligans, Musikgruppen und andere Jugendcliquen. Opladen.

Bottomore, Tom (1984). The Frankfurt School. London.

Boudon, Raymond (1980). Die Logik gesellschaftlichen Handelns. Eine Einführung in die soziologische Denk- und Arbeitsweise. Neuwied/Darmstadt.

Bourdieu, Pierre (1973). Kulturelle Reproduktion und soziale Reproduktion. Grundlagen einer Theorie der symbolischen Gewalt. Frankfurt am Main.

Bourdieu, Pierre (1982). Die feinen Unterschiede. Frankfurt am Main.

Bourdieu, Pierre (1985). Sozialer Raum und „Klassen". Frankfurt am Main.

Brown, George Spencer (1971). Laws of Form. London.

Bude, H. (1995). Das Altern einer Generation. Die Jahrgänge 1938-1948. Frankfurt am Main.

Butler, Judith (1991). Das Unbehagen der Geschlechter. Frankfurt am Main.

Capra, Fritjof (1986). Wendezeit. Bausteine für ein neues Weltbild. Bern/München/Wien.

Carson, Rachel (1963). Der stumme Frühling. München.

Charon, Joel, (1992). Symbolic Interactionism: an introduction, an interpretation, an integration. Englewood Cliffs/New Jersey.

Chodorow, Nancy (1990 (orig. 1978)). Das Erbe der Mütter. Psychoanalyse und Soziologie der Geschlechter. München.

Cicourel, Aaron (1974). Methode und Messung in der Soziologie. Frankfurt am Main.

Clough, Patricia Ticineto (1991). The End(s) of Ethnography. Newbury Park.

Coleman, James S. (1986). Die asymmetrische Gesellschaft. Weinheim/Basel.

Coleman, James S. (1990). Foundations of Social Theory. Cambridge, Mass.

Collins, Randall (1981). „On the Microfoundations of Macrosociology." American Journal of Sociology 86, No 5: 984-1014.

Comte, Auguste (1974). Die Soziologie. Die positive Philosophie im Auszug (orig. 1830-1842: Cours de philosophie positive, 4 Bände).

Comte, Auguste (1979 (orig. 1844)). Rede über den Geist des Positivismus. Hamburg.

Connell, Robert (1999). Der gemachte Mann. Konstruktion und Krise von Männlichkeit. Opladen.

Cornell, Drucilla (1995). Gender, Geschlecht und gleichwertige Rechte. Der Streit um Differenz. Feminismus und Postmoderne in der Gegenwart. Frankfurt am Main: 80-103.

Coser, Lewis A. (1965). Theorie sozialer Konflikte. Neuwied und Berlin.

Demirovic, Alex (1999). Der nonkonformistische Intellektuelle. Die Entwicklung der Kritischen Theorie zur Frankfurter Schule. Frankfurt am Main.

Denzin, Norman K. (1992). Symbolic Interactionism and Cultural Studies. Oxford/Cambridge.

Derrida, Jaques (1976). Die Schrift und die Differenz. Frankfurt am Main.

Dewey, John (1930). Demokratie und Erziehung. Braunschweig.

Dülmen, Richard van (1990). Kultur und Alltag in der frühen Neuzeit. Band 1: Das Haus und seine Menschen. München.

Durkheim, Emile (1976). Die Regeln der soziologischen Methode. Neuwied/Berlin.

Durkheim, Emile (1977). Über die Teilung der sozialen Arbeit. Frankfurt am Main.

Durkheim, Emile (1994). Der Selbstmord. Frankfurt am Main.

Durkheim, Emile (1994). Die elementaren Formen des religiösen Lebens. Frankfurt am Main.

Eberl, Friedrich; Maindok, Herlinde (1984). Einführung in die soziologische Theorie. München/Wien.

Eco, Umberto (1973). Das offene Kunstwerk. Frankfurt am Main.

Esser, Hartmut (1993). Soziologie. Allgemeine Grundlagen. Frankfurt am Main/New York.

Ferguson, Adam (1986). Versuch über die Geschichte der bürgerlichen Gesellschaft. Frankfurt am Main.

Ferguson, Adam; Forbes, Duncan, Ed. (1966). An Essay on the History of Civil Society. Edinburgh.

Flynn, Pierce J. (1991). The ethnomethodological movement: Sociosemiotic interpretations. Berlin/New York.

Foerster, Heinz v. (1985). Sicht und Einsicht. Versuche zu einer operativen Erkenntnistheorie. Braunschweig/Wiesbaden.

Foucault, Michel (1978). Dispositive der Macht. Michel Foucault über Sexualität, Wissen und Macht. Berlin.

Foucault, Michel (1988). Archäologie des Wissens. Frankfurt am Main.

Foucault, Michel (1988). Der Wille zum Wissen. Sexualität und Wahrheit, Band 1. Frankfurt am Main.

Foucault, Michel (1990). Die Ordnung der Dinge. Frankfurt am Main.

Foucault, Michel (1992). Das Subjekt und die Macht. Frankfurt am Main.

Frederiksen, Elke, Ed. (1981). Die Frauenfrage in Deutschland 1865-1915. Stuttgart (Texte der Alten Frauenbewegung).

Gadamer, Hans-Georg (1965). Wahrheit und Methode. Tübingen.

Garfinkel, Harold (1986). Ethnomethodological Studies of Work. London/New York.

Garfinkel, Harold (1992). Studies in ethnomethodology. Cambridge.

Geertz, Clifford (1983). Dichte Beschreibung. Frankfurt am Main.

Giambattista, Vico (1966). Die neue Wissenschaft über die gemeinschaftliche Natur der Völker. Reinbek bei Hamburg.

Giddens, Anthony (1981). Die klassische Gesellschaftstheorie und der Ursprung der modernen Soziologie. Geschichte der Soziologie, Band 1. Frankfurt am Main: 96-137.

Giddens, Anthony (1988). Die „Theorie der Strukturierung". Ein Interview mit Anthony Giddens. Zeitschrift für Soziologie Jg. 17, Heft 4: 286-295.

Giddens, Anthony (1988). Die Konstruktion von Gesellschaft. Grundzüge einer Theorie der Strukturierung. Frankfurt am Main.

Giddens, Anthony (1992 (engl. 1984)). Die Konstitution der Gesellschaft. Frankfurt am Main/New York.

Giddens, Anthony (1995 (engl. 1990)). Konsequenzen der Moderne. Frankfurt am Main.

Giddens, Anthony (1997 (engl. 1994)). Jenseits von Links und Rechts. Frankfurt am Main.

Glatzer, Wolfgang; Zapf, Wolfgang, Ed. (1984). Lebensqualität in der Bundesrepublik. Frankfurt am Main.

Gmünder, Ulrich (1985). Kritische Theorie. Stuttgart.

Goffman, Erving (1969). Wir alle spielen Theater. München.

Goffman, Erving (1977). Rahmen-Analyse. Ein Versuch über die Organisation von Alltagserfahrungen. Frankfurt am Main.

Goffman, Erving (1981). Geschlecht und Werbung. Frankfurt am Main.

Grathoff, Richard (1989). Milieu und Lebenswelt. Frankfurt am Main.

Habermas, Jürgen (1968). Technik und Wissenschaft als Ideologie. Frankfurt am Main.

Habermas, Jürgen (1981). Theorie des kommuikativen Handelns, 2 Bände. Frankfurt am Main.

Habermas, Jürgen (1982). Zur Logik der Sozialwissenschaften. Frankfurt am Main.

Habermas, Jürgen (1986). Vorstudien und Ergänzungen zur Theorie des kommunikativen Handelns. Frankfurt am Main.

Habermas, Jürgen; Luhmann, Niklas (1981). Theorie der Gesellschaft oder Sozialtechnologie? Frankfurt am Main.

Haferkamp, Jürgen; Schmid, Michael, Ed. (1987). Sinn, Kommunikation und soziale Differenzierung. Beiträge zu Luhmanns Theorie sozialer Systeme. Frankfurt am Main.

Hahn, Alois (1987). Sinn und Unsinn. Sinn, Kommunikation und soziale Differenzierung. Beiträge zu Luhmanns Theorie sozialer Systeme. Frankfurt am Main.

Hahn, Achim; Reuter, F.; Vonderach, G. (1987). Fremdenverkehr in der dörflichen Lebensumwelt. Frankfurt am Main/New York.

Haller, Max (1999). Soziologische Theorie im systematisch-kritischen Vergleich. Opladen.

Hamilton, Peter (1983). Talcott Parsons. London.

Haraway, Donna (1995). Die Neuerfindung der Natur. Primaten, Cyborgs und Frauen. Frankfurt am Main.

Harding, Sandra (1990). Feministische Wissenschaftstheorie. Zum Verhältnis von Wissenschaft und sozialem Geschlecht. Hamburg.

Heckmann, Friedrich; Kröll, Friedrich, Ed. (1984). Einführung in die Geschichte der Soziologie. Stuttgart.

Heisenberg, Werner (1986). Der Teil und das Ganze. Gespräche im Umkreis der Atomphysik. München/Zürich.

Helle, Horst Jürgen (1992). Verstehende Soziologie und Theorie der Symbolischen Interaktion. Stuttgart.

Hermanns H.; Tkocz, C.; Winkler, H. (1984). Berufsverlauf von Ingenieuren. Biographieanalytische Auswertungen narrativer Interviews. Frankfurt am Main.

Hettlage, Robert; Lenz, Karl, Ed. (1991). Erving Goffman - ein soziologischer Klassiker der zweiten Generation. Bern/Stuttgart.

Hitzler, R. (1996). Der in die Polizeiarbeit eingebundene Bürger. Zur symbolischen Politik mit der bayerischen Sicherheitswacht. Qualitäten polizeilichen Handelns. Beiträge zu einer verstehenden Polizeiforschung. Opladen: 30-47.

Hobbes, Thomas (1969 (orig. 1651)). Leviathan oder Wesen, Form und Gewalt des kirchlichen und bürgerlichen Staates. Reinbek bei Hamburg.

Hobsbawm, Eric (1995). Das Zeitalter der Extreme. Weltgeschichte des 20. Jahrhunderts. Darmstadt.

Homans, George C. (1968). Elemantarformen sozialen Verhaltens. Köln/Opladen.

Homans, George C. (1970). Theorie der sozialen Gruppe. Opladen.

Homans, George C. (1972). Grundfragen soziologischer Theorie. Opladen.

Honegger, C. (2978). Die Hexen der Neuzeit. Analysen zur anderen Seite der okzidentalen Rationalisierung. Die Hexen der Neuzeit. Frankfurt am Main: 21-151.

Honer, Anne (1989). „Einige Probleme lebensweltlicher Ethnographie." Zeitschrift für Soziologie, 18. Jahrgang: 297-312.

Honer, Anne (1994). Die Produktion von Geduld und Vertrauen. Zur audiovisuellen Selbstdarstellung des Fortpflanzungsexperten. Expertenwissen. Opladen: 44-61.

Hooks, Bell (1994). Black Looks. Popkultur – Medien – Rassismus. Berlin.

Horkheimer, Max (1968). Kritische Theorie. Frankfurt am Main.

Horkheimer, Max (1968). Traditionelle und kritische Theorie. Kritische Theorie. Frankfurt am Main: 137-200.

Horkheimer, Max (1981). Gesellschaft im Übergang. Frankfurt am Main.

Horkheimer, Max; Adorno, Theodor W. (1968 orig. 1944)). Dialektik der Aufklärung. Frankfurt am Main.

Hradil, Stefan (1987). Sozialstrukturanalyse in einer fortgeschrittenen Gesellschaft. Von Klassen und Schichten zu Lagen und Milieus. Opladen.

Huntington, Samuel P. (1996). Kampf der Kulturen. Die Neugestaltung der Weltpolitik im 21. Jahrhundert. München/Wien.

Husserl, Edmund (1993). Arbeiten an den Phänomenen. Frankfurt am Main.

Irigaray, Luce (1979). Das Geschlecht, das nicht eins ist. Berlin.

Irigaray, Luce (1980). Speculum. Spiegel des anderen Geschlechts. Frankfurt am Main.

Jahoda, Marie; Lazarsfeld, Paul F.; Zeisel, Hans (1919). Die Arbeitslosen von Marienthal: ein soziographischer Versuch über die Wirkung langandauernder Arbeitslosigkeit. Frankfurt am Main.

James, William (1977). Der Pragmatismus. Hamburg.

Jensen, Stefan (1980). Talcott Parsons. Eine Einführung. Stuttgart.

Jensen, Stefan (1983). Systemtheorie. Stuttgart.

Joas, Hans (1988). „Symbolischer Interaktionismus. Von der Philosophie des Pragmatismus zu einer soziologischen Forschungstradition." Kölner Zeitschrift für Soziologie und Sozialpsychologie, 40. Jahrgang: 417-446.

Joas, Hans (1996). Die Kreativität des Handelns. Frankfurt am Main.

Johnson, John; Farbermann, Harvey A.; Fine, Gary Alan, Ed. (1992). The Cutting Edge. Greenwich/Connecticut.

Jonas, Friedrich (1968). Geschichte der Soziologie. Reinbek bei Hamburg.

Jong, Erica (1996). Keine Angst vor Fünfzig. München.

Jung, T; Müller-Doohm, St.; (1995). Die kulturelle Kodierung des Schlafens oder die symbolische Sprache der Schlafraumkultur. Oldenburg.

Kant, Immanuel (1968 (orig. 1784)). Ideen zu einer allgemeinen Geschichte in weltbürgerlicher Absicht. Werke in zwölf Bänden. Frankfurt am Main.

Käsler, Dirk (1976/78). Klassiker des soziologischen Denkens, Band 1 und 2. München.

Kaupa, Isabella (1996). Leben ist eine Welt – meine Welt ist mein Leben. Eine qualitative Studie zur Identitätsbildung türkischer Jugendlicher im Spannungsfeld zweier Kulturen. Wien.

Keller, Evelyn Fox (1986). Liebe, Macht und Erkenntnis. Männliche oder weibliche Wissenschaft? München/Wien.

Kennedy, Paul (1989). Aufstieg und Fall der großen Mächte. Ökonomischer Wandel und militärischer Konflikt von 1500 bis 2000. Frankfurt am Main.

Kern, Horst (1982). Empirische Sozialforschung. Ursprünge, Ansätze, Entwicklungslinien. München.

Kiss, E. (1977). Einführung in die soziologische Theorie. Opladen.

Kneer, Georg; Nassehi, Armin (1993). Niklas Luhmanns Theorie sozialer Systeme. Eine Einführung. München.

Knoblauch, H. (1991). Die Welt der Wünschelrutengänger und Pendler. Frankfurt am Main.

Knoblauch, H., Ed. (1995). Kommunikative Lebenswelten. Konstanz.

Knorr-Cetina, Karin (1989). „Spielarten des Konstruktivismus." Soziale Welt, Jahrgang 40: 86-96.

Knorr-Cetina, Karin (1992). Die Fabrikation von Erkenntnis. Frankfurt am Main.

König, H. D. (1992). Der amerikanische Traum. Eine tiefenhermeneutische Analyse gesellschaftlich produzierter Unbewußtheit. Bilderflut und Sprachmagie. Fallstudien zur Kultur der Werbung. Opladen: 50-69.

König, H. D. (1995). Der in dem Film „Basic Instinct" inszenierte Geschlechterkampf. Kulturinszenierungen. Frankfurt am Main: 141-164.

König, Rene, Ed. (1967). Einleitung zum Handbuch der empirischen Sozialforschung. Stuttgart.

Korte, Hermann (1992). Einführung in die Geschichte der Soziologie. Opladen.

Krüll, Marianne (Hrsg.) (1987). „Grundkonzepte der Theorie autopoietischer Systeme." Zeitschrift für systemische Theorie, Jahrgang 5, Heft 1.

Kuhn, Thomas S. (1967 (orig 1962)). Die Struktur wissenschaftlicher Revolutionen. Frankfurt am Main.

Lau, T. (1992). Die heiligen Narren. Punk 1976-1986. Berlin/New York.

Lauretis de, Teresa (1999 (1996)). Die andere Szene. Psychoanalyse und lesbische Sexualität. Frankfurt am Main.

Lepenies, Wolf, Ed. (1981). Geschichte der Soziologie. Frankfurt am Main.

Lepenies, Wolf (1985). Die drei Kulturen. München/Wien.

Locke, John (1967 (orig. 1688)). Zwei Abhandlungen über die Regierung. Frankfurt am Main/Wien.

Lofland, John (1970). Doomsday Cult (enlarged edition). New York.

Loos, P. (1998). Der Aufstand der Gerechten – Zur Lebenswelt von Anhängern der Republikaner. Opladen.

Lüders, Chr. (1991). Deutungsmusteranalyse. Annäherung an ein risikoreiches Konzept. Qualitativ-empirische Sozialforschung. Opladen.

Luhmann, Niklas (1971). Politische Planung. Aufsätze zur Soziologie von Politik und Verwaltung. Opladen.

Luhmann, Niklas (1975a). Macht. Stuttgart.

Luhmann, Niklas (1975b). Soziologische Aufklärung 2. Opladen.

Luhmann, Niklas (1981a). Politische Theorie im Wohlfahrtsstaat. München/Wien.

Luhmann, Niklas (1981b). Soziologische Aufklärung 3. Opladen.

Luhmann, Niklas (1982). Liebe als Passion. Zur Codierung von Intimität. Frankfurt am Main.

Luhmann, Niklas (1984). Soziale Systeme. Grundriß einer allgemeinen Theorie. Frankfurt am Main.

Luhmann, Niklas (1985). „Die Autopoiesis des Bewußtseins." Soziale Welt, Jahrgang 36: 402-446.

Luhmann, Niklas (1986). Ökologische Kommunikation. Kann die moderne Gesellschaft sich auf ökologische Gefährdungen einstellen? Opladen.

Luhmann, Niklas (1987a). Soziologische Aufklärung 4. Beträge zur funktionalen Differenzierung der Gesellschaft. Opladen.

Luhmann, Niklas (1987b). Archimedes und wir. Interviews. Berlin.

Luhmann, Niklas (1988). Die Wirtschaft der Gesellschaft. Frankfurt.

Luhmann, Niklas (1988). „Frauen, Männer und George Spencer Brown." Zeitschrift für Soziologie, 17. Jahrgang, Heft 1: 47-71.

Luhmann, Niklas (1989). Gesellschaftsstruktur und Semantik. Studien zur Wissenssoziologie der modernen Gesellschaft. Frankfurt am Main.

Luhmann, Niklas (1990a). Die Wissenschaft der Gesellschaft. Frankfurt am Main.

Luhmann, Niklas (1990b). Soziologische Aufklärung 5. Konstruktivistische Perspektiven. Opladen.

Luhmann, Niklas (1991). Soziologie des Risikos. Berlin/New York.

Luhmann, Niklas (1992). Beobachtungen der Moderne. Opladen.

Luhmann, Niklas, Ed. (1996). Zwischen System und Umwelt. Fragen an die Pädagogik. Frankfurt am Main.

Luhmann, Niklas (1996). Die neuzeitlichen Wissenschaften und die Phänomenologie. Wien.

Lyotard, Jean-François (1986). Das postmoderne Denken. Wien.

Lyotard, Jean-François (1993). Das postmoderne Wissen. Ein Bericht. Hamburg.

Lyotard, Jean-François (1993). Die Phänomenologie. Hamburg.

Maier, H.; Rausch, H.; Denzer, H. (1968). Klassiker des politischen Denkens. München.

Malinowski, Bronislaw (1962 (orig. 1953)). Geschlecht und Verdrängung in primitiven Gesellschaften. Reinbek bei Hamburg.

Marcuse, Herbert (1964). One Dimensional Man. London.

Marcuse, Herbert (1969). Ideen zu einer kritischen Theorie der Gesellschaft. Frankfurt am Main.

Marx, Karl (1969). Das Kapital. Kritik der politischen Ökonomie, 3 Bände. Berlin, MEW (Marx-Engels-Werke).

Marx, Karl (1978). Grundrisse zur Kritik der Politischen Ökonomie, Bd. 13. Berlin, (MEW).

Marx, Karl; Engels, Friedrich (1969). Die deutsche Ideologie, Bd. 3. Berlin, (MEW).

Marx, Karl; Engels, Friedrich (1977 (orig. 1848)). Manifest der Kommunistischen Partei, Bd. 4. Berlin, (MEW).

Massing, Otwin (1976). Comte. Klassiker des soziologischen Denkens. München. Bd. 1, V: 19-22.

Maturana, Humberto; Varela, Francisco J. (1987). Der Baum der Erkenntnis. Wie wir die Welt durch unsere Wahrnehmung erschaffen – die biologischen Wurzeln der menschlichen Erkenntnis. Berlin/München/Wien.

Mayntz, Renate; Rosewitz, Bernd; Schimank, Uwe; Stichweh, Rudolf (1988). Differenzierung und Verselbständigung. Zur Entwicklung gesellschaftlicher Teilsysteme. Frankfurt am Main.

McCarthy, Thomas (1989). Kritik der Verständigungsverhältnisse. Zur Theorie von Jürgen Habermas. Frankfurt am Main.

Mead, George Herbert (1968 (orig. 1934)). Geist, Identität und Gesellschaft. Frankfurt am Main.

Merton, Robert K. (1957). Social Theory and Social Structure. Glencoe.

Mies, Maria (1978). Methodische Postulate zur Frauenforschung. Beiträge zur feministischen Theorie und Praxis. Band 1: 41-63.

Mitchell, Arnold (1983). Nine American Life Styles. New York.

Montesquieu, Baron de (1967 (orig. 1748)). Vom Geist der Gesetze. München.

Mosberger, Brigitte (1996). Meine Heimat bin ich selbst. Eine qualitative Studie zur Identitätsbildung türkischer ImmigrantInnenkinder im Spannungsfeld zweier Kulturen. Wien.

Mulak, Christa (1990). Natürlich weiblich: die Heimatlosigkeit der Frau im Patriarchat. Stuttgart.

Müller, Hans-Peter (1989). „Lebensstile. Ein neues Paradigma der Differenzierungs- und Ungleichheitsforschung?" Kölner Zeitschrift für Soziologie und Sozialpsychologie, Jahrgang 41: 53-71.

Müller, Hans-Peter (1992). Sozialstruktur und Lebensstile. Frankfurt am Main.

Müller-Doohm, St.; Neumann-Braun, K., Ed. (1991). Öffentlichkeit, Kultur, Massenkommunikation. Oldenburg.

Nagler, K.; Reichertz, J. (1986). Kontaktanzeigen der Alternativ-Szene. Auf der Suche nach dem anderen, den man nicht kennen will. Handlung und Sinnstruktur. München.

Oevermann, U. (1995). Ein Modell der Struktur von Religiosität. Biographie und Religion. Frankfurt am Main: 27-102.

Olsen, Mancur (1965). The Logic of Collective Action: Public Goods and the Theory of Groups (dt. Ausg.: Die Logik des kollektiven Handelns. Kollektivgüter und die Theorie der Gruppen, Tübingen 1968). Cambridge.

Olson, Mancur (1968 (orig. 1965)). Die Logik des kollektiven Handelns. Tübingen.

Ossege, Barbara (1996). Verunsicherung im Sex. Liebe, Technik und Ökonomie. Wien: 85-97.

Ossege, Barbara (1998). „Mutterhure". Weiblichkeit im Wechsel der Diskurse. Pfaffenweiler.

Pareto, Vilfredo (1916). Trattato di Sociologia Generale (engl. Ausg.: The Mind and Society, hrsg. von Arthur Livingston, 4 Bde., New York 1935). Florenz.

Parsons, Talcott (1937). The Structure of Social Action. New York.

Parsons, Talcott, Ed. (1951). The Social System. Toward a General Theory of Action. Cambridge, Mass.

Parsons, Talcott (1972). Das System moderner Gesellschaften. Opladen.

Parsons, Talcott (1975). Gesellschaften. Evolutionäre und komparative Perspektiven. Frankfurt am Main.

Pasero, Ursula (1994). Geschlechterforschung revisited: konstruktuvistische und systemtheoretische Perspektiven. Denkachsen. Zur theoretischen und institutionellen Rede vom Geschlecht. Frankfurt am Main.

Patzelt, Werner J. (1987). Grundlagen der Ethnomethodologie. Theorie, Empirie und politikwissenschaftlicher Nutzen einer Soziologie des Alltags. München.

Peirce, Charles (1986/1990). Semiotische Schriften. Frankfurt am Main.

Pflegerl, Johannes (1995). Traditionelle Familienverhältnisse und Familienkonflikte von Zuwanderern. Wien.

Ploetz, Karl (1974). Der farbige Ploetz. Illustrierte Weltgeschichte von den Anfängen bis zur Gegenwart. Würzburg.

Popper, Karl R. (1973). Logik der Forschung. Tübingen.

Popper, Karl R. (1994). Alles Leben ist Problemlösen. München.

Quetelet, Adolphe (1869). Soziale Physik oder Abhandlung über die Entwicklung der Fähigkeiten der Menschen. Jena.

Reichertz, J. (1991). Aufklärungsarbeit. Polizisten und Feldforscher bei der Arbeit. Stuttgart.

Reichertz, J. (1994). Selbstgefälliges zum Anziehen. Benetton äußert sich zu Zeichen der Zeit. Interpretative Sozialforschung. Opladen.

Reichertz, J. (1995). „Wir kümmern uns um mehr als Autos. Werbung als moralische Unternehmung." Soziale Welt.

Reimann, H., Ed. (1975). Basale Soziologie, Theoretische Modelle. München.

Richter, Rudolf (1988). „Von der Klassenkultur zur Stilisierung des Lebens." SWS-Rundschau, 28. Jahrgang: 333-340.

Richter, Rudolf (1989). Lebensstile in Österreich. Werthaltungen und Verhaltensweisen. Kultur und Gesellschaft. Beiträge der Forschungskomitees (Sektionen und Ad-hoc-Gruppen). Frankfurt/New York: 201-202.

Richter, Rudolf (1991). „Der Orientierungsraum von Lebensstilen." Österreichische Zeitschrift für Soziologie, 16. Jahrgang, Heft 4: 72-81.

Richter, Rudolf (1994). Stilwandel und Stilkonflikte. Zur Analyse von Lebensstilen und Mentalitäten im sozialen Raum am Beispiel kleinbürgerlicher Stilmerkmale. Das symbolische Kapital der Lebensstile. Frankfurt am Main: 167-181.

Richter, Rudolf (1995). Grundlagen der verstehenden Soziologie. Wien.

Ritzer, George (1988). Sociological Theory. New York.

Ritzer, George (1997). Die McDonaldisierung der Gesellschaft. Frankfurt am Main.

Rorty, Richard (1989). Kontingenz, Ironie und Solidarität. Frankfurt am Main.

Rosenthal, G. (1990). „Als der Krieg kam, hatte ich mit Hitler nichts mehr zu tun." Zur Gegenwärtigkeit des „Dritten Reiches" in erzählten Lebensgeschichten. Opladen.

Rousseau, Jean Jacques (1971 (orig. 1762)). Vom Gesellschaftsvertrag oder die Grundsätze des Staatsrechtes. Stuttgart.

Schröer, N. (1992). Der Kampf um Dominanz. Hermeneutische Fallanalyse einer polizeilichen Beschuldigtenvernehmung. Berlin/New York.

Schulze, Gerhard (1992). Die Erlebnisgesellschaft. Frankfurt am Main.

Schütz, Alfred (1971). Gesammelte Aufsätze. Den Haag.

Schütz, Alfred (1981 (orig. 1932)). Der sinnhafte Aufbau der sozialen Welt. Eine Einleitung in die verstehende Soziologie. Wien.

Schütze, F. (1994). Das Paradoxe in Felix' Leben als Ausdruck eines „wilden" Wandlungsprozesses. Lebensgeschichte als Text. Zur biographischen Artikulation problematischer Bildungsprozesse. Weinheim.

Schütze, Y. (1986). Die gute Mutter. Zur Geschichte des normativen Muster „Mutterliebe". Bielefeld.

Seiffert, Helmut (1991). Einführung in die Wissenschaftstheorie. München.

Sichtermann, Barbara (1990). Der tote Hund beißt. Karl Marx, neu gelesen. Berlin.

Siebert, Horst (1998). Konstruktivismus: Konsequenzen für Bildungsmanagement und Seminargestaltung. Frankfurt am Main.

Simmel, Georg (1968 (orig. 1908)). Soziologie. Untersuchungen über die Formen der Vergesellschaftung. Berlin.

Simmel, Georg (1972). Vom Wesen des historischen Verstehens. Verstehende Soziologie. München: 77-99.

Smith, Adam (1978 (orig. 1776)). Der Wohlstand der Nationen. Eine Untersuchung seiner Natur und seiner Ursachen. München.

Sozialforschung, Institut für (1936). Studien über Autorität und Familie. Paris.

Sozialforschung, Institut für (1956). Soziologische Exkurse. Frankfurt am Main.

Spencer, Herbert (1877ff). Die Principien der Soziologie Bd. I-III. Stuttgart.

Strauss, Anselm L. (1968). Mirrors and Masks. The search for Identity. Glencoe, Illinois.

Stryker, Sheldon (1980). Symbolic Interactionism. A Socio-Structural Version. Menlo Park.

Swingewood, Alan (1984). A Short History of Sociological Theory. London.

Thomas, William I.; Znaniecki, Florian (1984 (orig. 1918-20)). The Polish peasant in Europe and America (ed. and abridged by Eli Zaretsky). Urbana/Chicago.

Thürmer-Rohr, Christina, Ed. (1989). Mittäterschaft und Entdeckungslust. Berlin.

Thürmer-Rohr, Christina (1990). Vagabundinnen. Berlin.

Thürmer-Rohr, Christina (1994). Verlorene Narrenfreiheit. Berlin.

Tomaschek, Nino (1998). Der Konstruktivismus. Versuch einer Darstellung der Konstruktiv(istischen) Philosophie. Wien: 107.

Tönnies, Ferdinand (1907). Die Entwicklung der sozialen Frage. Leipzig.

Tönnies, Ferdinand (1965). Einführung in die Soziologie. Stuttgart.

Tönnies, Ferdinand (1970 (orig 1887)). Gemeinschaft und Gesellschaft. Darmstadt.

Treibel, Annette (1993). Einführung in die soziologischen Theorien der Gegenwart. Opladen.

Treibel, Annette (2000). Einführung in soziologische Theorien der Gegenwart. Opladen.

Treusch-Dieter, Gerburg (1990). Von der sexuellen Revolution zur Gen- und Reproduktionstechnologie. Tübingen.

Treusch-Dieter, Gerburg (1997). Die Heilige Hochzeit. Studien zur Totenbraut. Pfaffenweiler.

Ulmer, Gregory (1989). Teletheorie, Grammatology in the Age of Video. New York/London.

Vester, Heinz-Günter (1993). Soziologie der Postmoderne. München.

Vico, Giambattista (1948 (orig. 1725, dt. 1981)). The New Science. New York.

Volmerg, B.; Senghaas-Knoblauch, E.; Leithäuser, T. (1986). Betriebliche Lebenswelt. Eine Sozialpsychologie industrieller Arbeitsverhältnisse. Opladen.

Völter, B. (1994). „Ich bin diesen Feind nicht losgeworden." Verschärfter „Identitätsdruck" als Handlungsproblem ostdeutscher junger Erwachsener vor und nach der Wende. Österreichische Zeitschrift für Geschichtswissenschaften, Heft 4.

Voß, A. (1993). Betteln und Spenden. Eine soziologische Studie über Rituale freiwilliger Armenunterstützung, ihre historischen und aktuellen Formen sowie ihre sozialen Leistungen. Berlin/New York.

Wallace, Ruth A.; Wolf, Alison (1986). Contemporary Sociological Theory. Continuing the Classical Tradition. Prentice Hall, New Jersey.

Wallerstein, Immanuel (1984). Der historische Kapitalismus. Berlin.

Wallerstein, Immanuel (1986). Das moderne Weltsystem. Die Anfänge kapitalistischer Landwirtschaft und die europäische Weltökonomie im 16. Jahrhundert. Hamburg.

Wallner, Ernst M.; Pohler-Funke, Margaret (1977). Soziologische Hauptströmungen der Gegenwart. Heidelberg.

Weber, Max (1972). Gesammelte Aufsätze zur Religionssoziologie. Tübingen.

Weber, Max (1976). Soziologische Grundbegriffe. Tübingen.

Weber, Max (1976 (orig. 1921)). Wirtschaft und Gesellschaft. Tübingen.

Weber, Max (1980). Wirtschaft und Gesellschaft. Grundriß der verstehenden Soziologie. Tübingen.

Weber, Max (1985). Gesammelte Aufsätze zur Wissenschaftslehre. Tübingen.

Weingarten, Elmar; Sack, Fritz; Schenkein Jim, Ed. (1976). Ethnomethodologie. Beiträge zu einer Soziologie des Alltagshandelns. Frankfurt am Main.

Werlhof, Claudia von (1991). Männliche Natur und künstliches Geschlecht. Texte zur Erkenntniskrise der Moderne. Wien.

Werlhof, Claudia von; Mies, Maria; Bennholdt-Thomsen, Veronika (1988). Frauen, die letzte Kolonie. Reinbek bei Hamburg.

Whyte, William Foote (1993 (orig. 1943)). Street Corner Society. Chicago.

Widmer, Peter (1990). Subversion des Begehrens. Jacques Lacan oder die zweite Revolution der Psychoanalyse. Frankfurt am Main.

Wiggershaus, Rolf (1986). Die Frankfurter Schule. München.

Willke, Helmut (1987). Systemtheorie. Eine Einführung in Grundprobleme. Stuttgart/New York.

Willke, Helmut (1992). Ironie des Staates. Frankfurt am Main.

Wilson, Thomas P. (1970). Theorien der Interaktion und Modelle soziologischer Erklärung. Alltagswissen und gesellschaftliche Wirklichkeit, Bd. 1. Reinbek bei Hamburg: 54-80.

Wohlrab-Sahr, M. (1992). Biographische Unsicherheit. Formen weiblicher Identität in der „reflexiven Moderne": Das Beispiel der Zeitarbeiterinnen. Opladen.

Zapf, Wolfgang; Schupp, Jürgen; Habich, Roland (1996). Lebenslagen im Wandel: Sozialberichterstattung im Längsschnitt. Frankfurt am Main.